教育部哲学社会科学研究后期资助一般项目（19JHQ023）最终成果

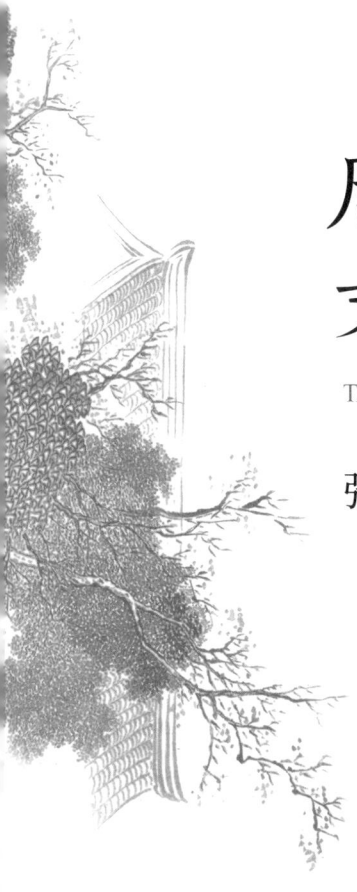

唐君毅
文化哲学研究

TANGJUNYI WENHUAZHEXUE YANJIU

张倩 著

中国社会科学出版社

图书在版编目（CIP）数据

唐君毅文化哲学研究/张倩著. —北京：中国社会科学出版社，2024.4
ISBN 978-7-5227-3186-5

Ⅰ.①唐…　Ⅱ.①张…　Ⅲ.①唐君毅(1909-1978)—哲学思想—研究　Ⅳ.①B261.05

中国国家版本馆CIP数据核字(2024)第049135号

出 版 人	赵剑英
责任编辑	杨晓芳
责任校对	冯英爽
责任印制	王　超

出　　版	中国社会科学出版社
社　　址	北京鼓楼西大街甲158号
邮　　编	100720
网　　址	http://www.csspw.cn
发 行 部	010-84083685
门 市 部	010-84029450
经　　销	新华书店及其他书店
印刷装订	三河市华骏印务包装有限公司
版　　次	2024年4月第1版
印　　次	2024年4月第1次印刷
开　　本	710×1000　1/16
印　　张	22.25
插　　页	2
字　　数	288千字
定　　价	118.00元

凡购买中国社会科学出版社图书，如有质量问题请与本社营销中心联系调换
电话：010-84083683
版权所有　侵权必究

中国文化精神价值的哲学追寻

——《唐君毅文化哲学研究》序言

李宗桂

唐君毅是中国现代学术史上的荦荦大家，是现代新儒家的领军人物之一。唐君毅的学术贡献及其思想文化特质，重点表现在他的文化哲学方面。因此，从文化哲学的层面研讨唐君毅思想，无疑是抓纲带目，切中肯綮。

唐君毅一生沉潜于学术事业，殚精竭虑，著述宏富。我国台湾学生书局1991年出版了30册的《唐君毅全集》；大陆的九州出版社2016年在台湾学生书局版本基础上，出版了新编的39册的《唐君毅全集》。唐君毅著作中，体现他深邃哲学思想、彰显他哲学体系的著作主要是六大卷的《中国哲学原论》（导论篇一卷、原性篇一卷、原道篇三卷、原教篇一卷）、《哲学概论》（上、下卷）、《生命存在与心灵境界》（上、下卷）、《中国古代哲学精神》、《中西哲学与理想主义》等。与哲学思考相呼应的，是唐君毅对于中华人文精神重建的精深研讨。这方面的代表作是《中国文化之精神价值》、《人文精神之重建》、《中国人文精神之发展》、《中华人文与当今世界》（上、下卷）、《文化意识与道德理性》、《东西文化与当今世界》，以及《中国文化与世界》等。《中国文化与世界》被学界称为"现代新儒家文化宣言",同时发表于《民主评论》和《再生》杂志1958年元旦号,其原题是《为中国文化敬告世界人士宣言——我们对中国学术研究及中国文化与世界文化前途之共同认识》,由唐君毅执笔,牟宗三、徐复观、张君劢、唐君毅共同署名。1969年3月香港东方人文学会出版《儒学在世界论文集》时,将主标题改为《中国文化与世界》,副标题未改动。该长文近五万字,系统阐释了中国文化的特质、优长之处及其局限,西方文化的优长之处及其局限,提出中西文化应当真诚地互相学习、取长补短,批评西方学者在研究中国文化时的偏向,阐述中国文化的历史价值和现代意义,强调中国人应当"反求诸己,对其文化前途,先有一自信"。(《唐君毅全集》第九卷《中国文化之精神价值 中国文化与世界》,九州出版社2016年版,第1页。)非常明确地提出了文化自信的问题。

唐君毅在"文化宣言"中强调:"欲了解中国文化,必须透过其哲学核心去了解,而真了解中国哲学,又必须再由此哲学之文化意义去了解。"(同上书,第12页)应该说,唐君毅这个理念,是我们理解其文化哲学的门径。从中国思想文化史研究方法论的层面看,唐君毅主张的透过哲学核心了解中国文化,经由文化意义了解中国哲学,是他阐扬中华优秀传统文化、重建中国文化的人文精神、挺立民族精神脊梁而立人极、立皇极、立太极的价值观和方法论,是观察、分析、评鉴唐君毅文化哲学的理性之道。

唐君毅思想的研究,自从20世纪80年代中期国家社会科学基金重点项目《现代新儒学思潮研究》课题组开展相关研究以来,引发大陆学界关注,参与者日益增多,成果日益丰富。据我所知,不仅出版有唐君毅思想研究的专著,且研究唐君毅思想的博士学位论文已有好几篇。张倩博士这部题为《唐君毅文化哲学研究》的著作,是在她的博士学位论文(《人文世界之开显——唐君毅文化哲学研究》)

基础上拓展、深化的成果，是现有唐君毅思想研究中别具特色的一部学术专著。

这部著作的作者张倩博士，有着强烈的理论自觉和文化自觉，既重视宏观立论，又着意微观入手；博采众长，独出机杼；取精用宏，返本开新。她长期关注学术界文化哲学研究的情况，仔细而又深入地研读唐君毅著作，独立思考，在书中提出了一系列持之有据、言之成理的见解。

作者阐发了自己对于中国文化哲学的独特见解，指出文化哲学是中西文化比较、中国文化现代化、中国哲学特质等讨论的理论基础。中国的文化哲学可以分为自在形态的文化哲学与自觉形态的文化哲学。自在形态的文化哲学主要指中国传统文化中关于人的本质、文化模式、文化根源等问题的讨论。自觉形态的文化哲学，主要是指自五四以来，用现代学术模式和方法研究中国文化而构建的理论体系。中国哲学自始即关注人的伦常日用之道，中国哲学本身就是一种以文化形态存在的哲学。中国传统文化的日常生活理论发达，一直以自在的文化哲学形态存在，不同于启蒙哲学之后以构建世俗世界为起点的西方文化哲学形态。中国自觉的文化哲学思考，兴起于20世纪二三十年代，发生于特殊文化生态下，始于对中国文化现代化的探寻，其问题意识和背景具有鲜明的本土化特征，强调中国传统文化的价值资源作用。西方文化哲学理论和方法对于中国文化哲学的自觉建构具有积极的意义，促使中国形态的文化哲学从自在走向自觉。

作者提炼了唐君毅文化哲学的基本问题，指出：唐君毅用文化哲学的方法解读中国哲学传统，并以文化哲学规整中国哲学的研究和未来发展，不仅在理论层面促进了中国哲学的现代转型，也在现实层面关注了中国文化、中国社会的全面发展，并在客观上用学术的方式参与其中。

作者提出了唐君毅文化哲学的核心范畴，认为唐君毅转化中国传统哲学心、理、性等范畴，形成了"道德理性""生命心灵"等核心范畴。唐君毅哲学中心观念的形成路径，是先确认"道德自我"，继而建构"道德理性"，最后升华为"心灵"境界。其中，"道德自我"说明人能超越现实自我，于当下一念中自觉地自己支配自己的能力；从"道德自我"到"道德理性"，是唐君毅对形上本体何以具有超越与主宰能力，以及形上本体的超越与主宰能力如何发挥作用的进一步追问；从"道德理性"到"心灵"境界，是唐君毅对形上本体如何楔入现实生活的抽象说明。

作者概括了唐君毅文化哲学的主要方法，认为整个19—20世纪中国哲学的开展，都是与历史文化环境直接相联系的。哲学创作与历史文化的密切联系，哲学史研究的生命力与理论的深刻性，在很大程度上是从文化史中汲取和挖掘的。唐君毅对这一问题的思考，集中反映在他以对人的终极关怀为中国文化哲学立论，从对文化的形上根据之思考中寻求中国传统哲学的现代转化，以及中西哲学的沟通之途，从形上与形下、历史与现实等维度诠释中国哲学的独特性，并建构文化哲学，表现出文化哲学的方法自觉。

作者认为，唐君毅文化哲学中关于文化理想、人文精神的阐释可以成为当代中国文化哲学建设的一种借鉴。唐君毅关于中国文化之精神价值的观点及其阐释方法，对于今天弘扬优秀传统文化的现代价值、建设中国优秀文化的传承体系，对于在理论层面推进中国传统文化的优秀成分与时代精神相融合的路径的探讨，在实践中总结中国文化建设的经验，提升中国文化建设的品质，都有积极的意义。

作者指出，中国的文化哲学围绕着唐君毅倾心的"人当是人，中国人当是中国人，现代世界的中国人应当是现代世界的中国人"这一中心问题展开。唐君毅用哲学范式对文化问题进行总体性研究，兼顾

"文化"的中国古典意蕴来说明"文化"的含义，并用"总的文化哲学"和"各分部之文化哲学"来说明"文化哲学"研究的内容和方向。他转化中国传统哲学心、理、性等范畴，提出文化理想，说明文化的根源和动力，从人的道德理性与各种文化活动的关系展开其文化哲学架构，推动中国哲学研究的深化，丰富了关于中国文化特质的研究，也为中国文化的现代转型提供了建设性的思考。

  作者在书中提出了明晰的、新颖的见解。作者以唐君毅论中国文化现代化为切入点，揭示出唐君毅文化哲学的特质：立足于中国文化的德性之本来吸收民主、科学等现代理念，全面保守中国文化的精神价值来实现中国文化的现代转化。作者梳理了唐君毅在不同时期进行哲学建构时的核心观念"道德自我""道德理性""心灵"，说明其中的发展脉络，彰显唐君毅在吸纳西方道德理想主义哲学、转化中国传统哲学方面的努力。作者分析了唐君毅文化哲学建设的基本思路和主要问题，指出以"气"表达文化的内容、"理主乎气"的文化根源论、"知理践理原于心"的文化动力论、"人文世界全幅展开"的文化理想论等几个方面，是唐君毅文化哲学的主要内容。其中，重视文化理想的树立，在文化理想与文化现实之间保持张力，着重发挥文化批判的作用是中国自觉形态的文化哲学的主要问题。唐君毅对于中国传统心性哲学的理解，具有较强的包容性。他从综合孟荀的角度理解朱子哲学，又从融通朱陆的角度理解阳明思想，又在阳明思想的基础上建构了自己"心灵九境"的心学体系，是对中国传统心性之学的综合性把握。作者将唐君毅的文化哲学建构与中国文化哲学的特殊性结合起来，提出中国自觉形态文化哲学的核心问题在于：面对西方强势文化，中国社会和文化如何走出传统，迈向现代化；文化哲学怎样才能为我国社会、文化与生活提供一种现实而又合理的理念和方法，进而为我国社会文化转型和现代化建设提供文化哲学的理论基础和支持。

综上而言，张倩博士这部著作关于唐君毅文化哲学的探讨，是颇有见地的，是在长期认真研究基础上得出的确有新意而又不故作惊人之论、会通众流而又自作权衡的严肃的学术著作。

张倩从本科到硕士再到博士阶段的学习，都是在综合大学的哲学专业完成的，其硕士和博士阶段由我担任导师。她专业意识牢固，由衷热爱中国哲学；好学深思，上进心强；为人诚恳，做事踏实；人格健全，心理健康。她博士毕业后，在"985"大学就业，担任哲学教职，继续在中国哲学和中国文化的研究方面沉潜用功。在她身上能够看到年轻学者向前向上向善的精神风貌，值得充分肯定。值此著作出版之际，我向她表示热烈的祝贺！并期望她在新的历程中继续努力，取得新的更大的成就。

我们的国家正在迈向现代化的道路上前进。从学术研究的视角看，唐君毅的文化哲学本质上是对中国文化精神价值的哲学追寻，而张倩博士这部著作，同样是用文化哲学的理念和方式，通过对唐君毅文化哲学的探讨，用哲学的方式，追寻中国文化的精神价值。两者的共同之处，是阐旧邦以辅新命，彰显中国优秀传统文化的价值，光大中国人文精神，增强文化自信，挺立民族文化精神的脊梁，坚守中国文化立场，传承中华优秀传统，为中国式现代化的实现，为中华民族的伟大复兴，竭心尽力。

张倩博士这部著作完成以后，提交了电子本和纸质打印本给我，请我写序，我爽快答应了。我早在1984年还在读研究生二年级的时候，就托朋友从香港购得台湾学生书局出版的唐君毅《中华人文与当今世界》（上、下册）一书，继后又购得《中华人文与当今世界补编》（上、下册），阅读之后，深感开眼界、拓思路。1986年，我参加了国家社会科学基金重点项目《现代新儒学思潮研究》课题组的研究工作，并向课题组负责人提出做唐君毅思想研究。1988年12月，我有幸出席了在香港举行的"唐君毅思想国际会议"，提交了论文，并在会上发言。从香港回来后，我把参会论文修改完善，投给《哲学研究》杂志，该刊于1989年第3期发表了题为《评唐君毅的文化精神价值论和文化重构观》的拙文。几乎同时，我发表了《现代新儒学思潮：由来、发展及思想特征》(《人民日报》1989年3月6日第6版，该报在当天头版专门发了一条消息介绍拙文)、《返本开新：现代新儒家的价值取向和文化观》(《中国文化报》1989年3月1日第3版)。此前和此后，我还陆续发表了多篇关于现代新儒学的论文，并在专著《文化批判与文化重构——中国文化出路探讨》一书（陕西人民出版社1992年版）中专门探讨了现代新儒家的文化批判与文化重构观。2008年，我和张倩一道，应中国台湾"中央"大学邀请，去台北出席了为纪念现代新儒家文化宣言发表50周年而举行的国际学术研讨会。我提交会议的论文是《中国文化的发展路向与民族精神的自我挺立——从三个"文化宣言"看中国现代化的文化努力》，被收入大会论文集（《中国文化与世界——中国文化宣言五十周年纪念论文集》，台湾"中央"大学儒学研究中心2009年版），且刊登于《社会科学战线》2008年第10期。张倩在大会闭幕式上发表题为《略论唐君毅文化价值论的现代品格》的论文（被收入会议论文集），受到主办方的赏识，大会主席王邦雄教授当场表扬，肯定有加。我国台湾"中央"大学哲学研究所所长李瑞全教授知道张倩的博士学位论文选题是做唐君毅思想研究后，当即邀请当时还是一年级博士生的张倩到我国台湾"中央"大学访学三个月，张倩于2009年上半年顺利到达我国台湾"中央"大学哲学研究所学习三个月。这次学习，对于她后来高质量地完成博士学位论文有很大帮助。张倩的博士学位论文答辩前，评审专家郭齐勇、李维武等名家都给予高度肯定。由于上述这些情况，张倩这部著作完成后请我写序，我是义不容辞，乐于完成的。我原本想写一篇研究唐君毅的论文作为代序，与张倩这部著作形成呼应。可无奈的是，一年来诸事纷扰，俗务甚多，时间不由我安排，以致拖延至今。为了避免影响书稿的出版，于是我放弃了写一篇论文作为代序的初衷，拉拉杂杂谈了这么多，但愿并非都是废话。

是为序。

2023 年 9 月 1 日 6 点 45 分写毕于
广州中山大学南校园寓所

前　言

　　在西方哲学的影响下，以厘清经典文献中的概念、建构知识系统为目标的中国哲学研究在近代以来蓬勃兴起。这种研究有助于促进中国哲学与西方哲学的互动融通，一方面丰富了中国哲学的内容，另一方面却也使得中国哲学中一些迥异于西方哲学、表现中国文化独特内涵的东西被忽略。从哲学的层面反思中国文化的生命力和文化价值，是中国哲学研究的重要问题；从广阔的文化视野去审视中国传统哲学，承认其伦理化、政治化的特质，从而在文化价值论的层面给予其合理的定位和评价，彰显中国哲学之中国气派，以及中国文化的根本精神，是中国文化研究的题中应有之义。而上述两方面研究，又都需要从文化学、文化哲学的角度进行。现代新儒学作为现代中国哲学发展的重要推动力量之一，经过近百年的发展，既从哲学形上学层沟通中西哲学，又从文化哲学的角度推进中国文化和中国哲学的研究。唐君毅即是其中的一位代表，是中国较早自觉借鉴西方文化哲学思想的当代学人。他以"精神活动的表现"和"人文化成"解释文化，用中国传统哲学的核心范畴"气""理""心"来说明文化、文化的根源、文化的动力，彰显中国传统哲学作为一种非自觉的文化哲学的独特性和生命力，进而援引西方的道德理性主义哲学和文化哲学思路，寻求中国文化和中国哲学的现代开展。

一 文化哲学的根本问题与研究对象

学界对文化学、文化哲学的理解见仁见智，各有论列，至今尚在探索之中。就具体的研究内容而言，纵向的文化史研究与横向的文化形态研究、文化理论研究与文化应用研究，都是文化学的内容，根本问题是文化体系建构。文化哲学则是对文化本质、文化原理的探寻，根本问题是人如何创造文化，文化又如何促进人的发展。在根本问题的基础上，文化学与文化哲学发生了诸多联系，又有区别。两者在研究对象、研究范围方面相交叉，在核心范畴与学科进路上又有差异，两者同属综合性学科，各有其渊源，需要关联在一起进行说明。

一般认为，文化哲学是19世纪兴起的思潮，与历史哲学、文化史、哲学史的发展密切相关。朱谦之在1933年写作《文化哲学》一书时，就指出"现代历史即为文化史，而文化哲学即为文化史理论"[①]，强调文化哲学和历史哲学、文化史的密切关联。亦有学者把文化哲学追溯到维科、赫尔德以及康德。何萍指出，文化哲学的发展，第一阶段是指18世纪，维科等人在民族文化的历史发展中探讨人类理性的规律，使哲学走进人们的生活实践，建构历史理性。在这一阶段，文化哲学停留于历史哲学层面。第二阶段是19世纪文德尔班、李尔凯特等人以"普遍有效的价值"为对象进行的研究，在方法论的层面建构文化哲学的基础。[②] 20世纪50年代以来，随着现代文化学日益发展，文化哲学与文化学的联系也不断增强。

文化学与文化哲学都以"文化"为研究对象，都是理论研究和应用研究并重的学科。在文化理论研究层面，文化学与文化哲学所涉及

[①] 朱谦之：《文化哲学》，商务印书馆1990年版，第3页。
[②] 何萍：《文化哲学的哲学史论题》，《光明日报》2011年2月15日第11版。

的核心范畴，具有较高的一致性，文化圈、文化模式、文化结构、文化形态、文化类型等，都是两者共同的核心范畴。而在文化应用研究层面，文化学与文化哲学的视野和作用则有所不同：文化学关注经济、政治与文化的结合，重视资本和文化资源的结合，认为应充分发挥人文资源促进社会、经济发展的作用，强调文化整合的功能；文化哲学则把文化作为人的生存方式，关注人的日常生活，重视文化理想的树立，认为文化理想与文化现实之间应保持张力，强调应着重发挥文化批判的作用。通过文化批判来提升文化整合的理论自觉和品位，提升人的素养，是文化哲学和文化学的共同目标。

文化学与文化哲学具有不同的学术渊源。现代文化学产生于20世纪50年代的美国，强调文化学体系建构。美国学者克鲁伯创立了现代文化学理论体系的基本框架、概念和方法，怀特在《文化科学——人和文明的研究》一书中发展并完善了文化学的基本理论和研究方法，从科学发展史和科学方法论的角度，论证了创立一门文化科学的构想，为现代文化学的发展和成熟创造了条件。在这个意义上讲，文化学是一门非常年轻的学科，在借鉴人类学和文化人类学的基础上逐步发展而来。克鲁伯用"超有机体"来说明文化自有其范围，自成一体，需要用不同于生物学、社会学、心理学的方法来解释，既包含对具体文化现象的总结，又包括对抽象文化结构的概括；怀特则更加明确地指出，要把文化作为独立于有机体的人进行抽象研究，并指出，"文化学"正是在此一意义上确立的："'文化学'一词揭示出人类有机体与超机体的传统。"[①]"人"作为感性与理性、个性与共性的结合体，其本质只能通过形而上的探讨来把握。文化学讨论人类生存、发展的基本问题，不能离开抽象总结。

---

① [美]莱斯利·A. 怀特：《文化科学——人和文明的研究》，曹锦清等译，浙江人民出版社1988年版，第386、393页。

黄文山吸纳克鲁伯和怀特的文化学思想，从文化学体系的角度，指出逻辑推论、形上思考对文化学建设的重要意义。他说："文化的测量当然极其重要，但目前创建文化学，其最大的急务，似不在汇集资料，而在把即存的资料，予以类化，及作合理的逻辑排列，进一步把文化学建立成体系的科学。这样一种概推的科学，应具有一套参考的原则，一种动力的因果方法。"① 在这样的思路中，黄文山明确提出，文化学建立应脱胎于文化哲学的母胎中。形上学是研究"是者"本身或"是者之所以为是者"的学问。以文化形上学为中介，文化哲学应当与文化学结合在一起。

文化形上学，是对文化本身以及文化终极根据的思考。只有先对"文化"有一个总体的、清晰的理解，才能为文化学建构提供引导、框架、统一的概念和规范。这也是文化学成熟和发展所必需的，正如哲学对世界图式的描述促进了天文学、物理学等自然科学的发展一样。诚如论者所言，在具体的文化研究尚不足以提供关于人类文化的综合的统一图景的条件下，在哲学领域建构文化学的系统理论是绝对必要的。② 从人类学，尤其是文化人类学中获得大量的资料，并借鉴哲学层面的反思与建构归纳文化发展的动力、规律、类型等，从文化经验上溯到文化本原，是文化学发展的基本脉络。同时，文化学与历史学、社会学的发展，均有非常密切的关系。

从根本问题与研究对象的角度来看，文化形上学不仅是文化哲学的根本，也是文化学的关键，是把文化学与文化哲学联系在一起的核心部分。由此可见，文化学与文化哲学具有内在一致性。文化学、文化哲学研究中"符号化"的路向即是在形上层面探讨文化创造、文化

---

① 黄文山：《文化学及其在科学体系中的位置》，（台北）台湾商务印书馆1982年版，第7—8页。
② 赵敦华：《作为文化学的哲学》，《哲学研究》1995年第5期。

传播的结果。文化哲学作为一种在哲学层面深刻理解人的生存方式和社会运行模式的探索，在文化现象的独特性日益凸显的基础上，全面探讨了近代以来理性主义哲学传统，具有全面性和根本性内涵。

20世纪以来，文化哲学的发展日益多样，除了对文化本质的继续探讨之外，文化批判也成为其中的重要内容，现代性的内容被更多地关注，研究视野更加宽广，与经济学、社会学的联系也越来越密切。中国20世纪二三十年代自觉的文化哲学思考，发生于特殊文化生态下，始于对中国文化现代化的探寻，其问题意识和背景不同于西方文化哲学。

二　文化哲学的研究方法与理论架构

在二百多年的发展中，文化哲学流派众多，研究方法不一，现象学方法、解释学方法、结构主义方法、存在主义方法等，都对文化哲学方法论产生重要影响。但是，文化哲学之所以为文化哲学，最显著的特色即是从文化与历史相结合的角度考察人类理性，探讨人之所以为人的关键，并展开文化批判。何萍把表现文化哲学特色的方法概括为"文化历史研究方法"，具体包括文化发生法、历史比较法以及否定性方法。[①] 概括而言，文化哲学方法论不离文化理想的终极关怀，始终保持着形而上的特征，并表现出思维方式上的"关联性"特征：立足于现代生活，强调人和世界的相互关系是在历史的实践活动中展开的，消解二元对立的思维方式，着重从"生成性"的角度来说明历史与文化、人与文化的发展。

从各种具体的文化形式、文化现象、日常生活来考察文化的起源、本质、发展规律，通过高度抽象来建立文化形上学，是文化哲学的一

---

① 何萍：《马克思主义哲学与文化哲学》，武汉大学出版社2002年版，第190—197页。

种形态，以卡西尔用"符号"来解释人类本性①为代表。通过历时性考察分析各种文化现象、文化形态的产生与发展，对各个民族文化进行比较研究，以进一步解释人类精神的创造活动，建立文化类型学以及文化比较学，也是文化哲学的内容之一，以斯宾格勒将人类的高级文化形式划分为"八大文化形态"的文化形态学为代表。文化批判作为20世纪文化哲学的重要内容，主要通过反思文化传统断裂所造成的负面影响，反思工业生产所带来的物化现象。西方马克思主义、后现代主义以及人文主义传统在其中扮演了重要角色。

在中国学术领域，文化比较是文化研究中的重要方法，基于对中国文化出路的探讨而建立起来。1926年12月，张申府在《东方杂志》半月刊第23卷第24号发表《文明或文化》一文，针对当时关于文明与文化关系的论争，以及应当建设什么样的文化、怎样建设等问题，明确提出了"设立一种文化学"的主张，以便科学地研究文化问题。陈序经综合了文化整体论、文化进化论与文化圈理论，做出了"全盘西化"的论断："西洋文化在今日，就是世界文化。我们不要在这个世界生活则已，要是要了，则除了去适应这种趋势外，只有束手待毙。""从曾国藩、张之洞一般的西洋文化的观念的逐渐从很小的范围，而趋到较大的范围，从枝末的采用主张，而到根本的采用的主张，则全盘西化的主张是一种必然的趋势。"②基于特殊的文化生态和强烈的理论需求、社会需要，文化学在中国发展较快。民族危机的刺激、民族意识的觉醒是中国学者倡导"文化学"的主要原因，自觉的文化哲学讨论也在这一时期兴盛。这使得中国的文化学、文化哲学获得融合互补、共同发展。一方面，文化学需要文化哲学的方法论支持来完善自身；另一方面，文化哲学需要文化学的材料支持来拓宽视野。

---

① [德]恩斯特·卡西尔：《人论》，甘阳译，上海译文出版社2004年版，第133—137页。
② 陈序经：《中国文化的出路》，中国人民大学出版社2004年版，第106、98页。

唐君毅在阐述自己的文化哲学体系时，对于西方文化哲学的方法有比较自觉的关注，自觉用西方文化哲学的方法，来重新诠释中国传统哲学的观念。他自述文化研究的基本思路为"论文化之中心观念，虽全出自中国儒家之先哲。然在论列之方式，则为西方式的，并通乎西洋哲学之理想主义之传统的"①。他讨论西方文化哲学家的方法时，认为"托因比（Toynbee）之方法，仍是一归纳的比较文化学之方法，其哲学意味实不够。温德尔班（Windelband）、利卡脱（Rickart）之重历史，重历史中人物与事件之特殊个体性与价值性。卡西纳（Cassirer）之论文化，重由各符象形式之表现于语言神话科学等者，说明其意义。狄尔泰（Dilthey）之论文化，重文化之心理意识上之起原"②。与上述西方文化哲学家的方法不同，唐君毅强调自己与"重反省吾人之文化意识中所表现之普遍理性者有异"，"非就历史以论文化"，"并不以文化生命与自然生命相比"，而"只是横面的论各种文化活动之道德理性基础"。③ 这也是唐君毅立足于中国文化的道德伦理特质而展开的说明。

从文化哲学的理论架构上看，文化哲学的内容非常丰富。丁立群指出，一般意义上的文化哲学涵括三个层面：哲学的文化价值研究（确定哲学与其他文化门类的关系）、文化的形而上学研究和文化批判。其中，哲学的文化价值研究确立了从哲学研究文化的合理性，使文化形而上学研究成为可能；文化形而上学研究为文化批判奠定了理论基础，提供了元价值和文化理想；文化批判则努力把这一切推进到文化

---

① 唐君毅：《文化意识与道德理性》，（台北）台湾学生书局1986年版，自序（二），第8—9页。以下对唐君毅著作的引用，均以该著作第一次引用时所注明的版本为准。
② 唐君毅：《文化意识与道德理性》，自序（二），第11页。
③ 唐君毅：《文化意识与道德理性》，自序（二），第12页。

实践中去。① 基于研究对象和研究方法的考量，文化哲学的理论架构至少应包括两个层面，一是对文化规律的总结，二是对具体文化生活的反省和批判。唐君毅的文化哲学，即包括了上述两个层面的研究。前者又可以具体划分为对文化本体的探讨、对文化动力的追寻等，后者则集中展现为对文化生活如何理性化的说明。在"体用一源"的心学模式下，这两个层面又密切地结合在一起。

三　文化哲学的理论旨趣与实践功能

文化哲学关注人的整体性，一方面通过文化价值拓展哲学的视域，另一方面也通过价值系统的塑造发挥它对现实生活的影响力，对生活世界的关注是其重点。在文化哲学的视域中，人生活在自我创造的世界中，"实践"是人的生活内容，亦是人的自由。文化哲学具有鲜明的实践指向与批判向度，其根本关怀在于从文化现代化的角度促进人的现代化。强调哲学与现实生活的密切联系，是文化哲学自始即有的内在理路；关于生活世界的构想和批判是 20 世纪文化哲学的重要内容，也是文化哲学思想实践特征的集中表现。

在西方思想中，胡塞尔的生活世界理论、许茨的日常生活世界理论以及哈贝马斯的行动交往理论等，都是以生活实践为核心展开的哲学建构和文化批判，既包含着主体意向性学说的发展，也包含着文化传统如何发挥作用的问题。哈贝马斯指出："在理解的职能方面，交往的行动服务于文化知识的传统和更新；在行动合作化方面，交往的行动服务于社会统一和联合的形成；最后在社会化方面，交往行动服务于个人统一性的形成。生活世界的象征性结构，是通过有效知识的连续化，集团联合的稳定化，和具有责任能力的行动者的形成的途径再

---

① 丁立群：《文化哲学何以存在》，《求是学刊》1999 年第 3 期。

生产出来的。再生产过程把新的状况与生活世界的现存状况联结在一起,并且在(文化传统的)意义或内容的语义学方面,(社会统一的集团的)社会空间方面,以及(前后相继的一代代的)历史时期方面都是一样。文化、社会和个人作为生活世界的结构因素与文化再生产、社会统一和社会化的这些过程相适应。"① 这里所表达的,是生活世界合理化的过程:通过对文化传统的接纳和反思实现历史文化影响当下社会,通过对规范和法律的反思实现社会整合,通过个人的认同和自我实现来完成人的社会化。

在中国文化中,对生活世界的关注由来已久,集中表现在"礼乐教化"的理论和实践中。"因政教成风俗,因风俗成心理"是中国传统文化价值渗透、影响社会的基本路径,也是中国文化变迁的主线。刘志琴指出:"'礼'的文化模式的发展经历了一个漫长的发展过程。礼成型之初是祭祀的仪式,在商代被神学化,在周代形成系统的制度,经过孔子和荀子的补充发展,内化为修己之道,外化成治人之政,寓强制于教化,使国家法权与道德修养融为一体,兼有德刑的两种功用,代表着儒家的社会理想,为历代王朝所沿革。"② 这是从"礼"具有的社会制度一体化功能的角度立论。在此基础上,把"乐"纳入中国文化的教化模式之中,还可以突出中国文化当下即是、重视性情之教、重视艺术精神的特性。以"教化"为桥梁,"礼乐"成为"以文化之"的内容,即中国传统的"文化"以"礼乐"为核心。从共时性的文化整合和历时性的文化演进的角度发掘"礼乐文化"作为一种生活方式所具有的文化模式意义,从文化整合的角度来探寻"礼乐文化"之精神价值对于中国文化的影响,都是中国文化哲学的重要议题。

---

① [德]哈贝马斯:《交往行动理论·第二卷》,洪佩郁、蔺青译,重庆出版社1994年版,第188—189页。
② 刘志琴:《礼——中国文化传统模式探析》,《天津社会科学》1987年第6期。

在"生活世界"这一主题下，中西文化哲学存在着沟通和对话的广泛空间。衣俊卿指出："生活世界的理论范式对于文化哲学的主题具有十分重要的价值，它不仅为我们深刻开展20世纪的理性文化危机的批判和重建提供了重要的途径，而且对于我们把握发展中国社会转型期的文化冲突也具有重要的价值。"① 另外，由于文化哲学重视的是文化如何影响人的生活方式，把充分而合理地发扬人的主体性和能动性作为社会批判、文化批判的目标。技术对人类生活的影响，使得文化哲学在文化批判方面具有与其他思潮颇多相通的可能性。

中国学界自20世纪二三十年代，就开启了文化学、文化哲学的思考。现代新儒学登上历史舞台，最早即是以"文化哲学"的面貌出现的，以梁漱溟的《东西文化及其哲学》为代表，着力比较中西文化异同，批评西方文化中的个人主义、功利主义、科学主义等。文化学与文化哲学都以"文化"为研究对象，在文化理论研究层面，文化学与文化哲学所涉及的核心范畴，具有较高的一致性，文化圈、文化模式、文化结构、文化形态、文化类型等，都是两者共同的核心范畴。文化形上学不仅是文化哲学的根本，也是文化学的核心，是把文化学与文化哲学联系在一起的核心部分；并为20世纪50年代以后的港台新儒学所继承和发展，从学习性的现代化思考，发展出反思性、批判性的现代化讨论，对于中国传统文化在中国现代化中的作用展开了系统性讨论。唐君毅的文化哲学体系，既吸收了西方文化哲学的思路，又呈现出独特的问题意识和研究方法，是中国文化哲学理论的重要成果。港台新儒学在文化研究中的诸多讨论，对于20世纪80年代的中国文化研究又产生了一定的影响，更加符合人们以一种新的思路和方式来建设现代中国的理论思考和社会心理。

---

① 衣俊卿：《文化哲学——理论理性和实践理性交汇处的文化批判》，云南人民出版社2005年版，第245页。

四　唐君毅文化哲学的基本脉络

唐君毅（1909—1978），四川宜宾（叙府）人。他曾经就读于北京大学哲学系，后转学到南京"中央"大学，1932年毕业于南京"中央"大学。毕业后，唐君毅先在成都的中学任教，又于1933年任南京"中央"大学助教；1937年返回成都，在华西大学及一些中学任教；1939年在重庆教育部做特约编辑；1940年在宗白华的邀请下任南京"中央"大学讲师；1941年晋升副教授；1944年晋升正教授，兼任"中央"大学哲学系主任。1949年4月，唐君毅远赴香港，与钱穆、张丕介等创办亚洲文商学院。1950年，亚洲文商学院改组并更名为新亚书院，唐君毅兼任教务长、哲学系主任等职。1963年，新亚书院、崇基书院和联合书院合并成立香港中文大学，唐君毅受聘为该校哲学讲座教授和系务主任，并被选为首任文学院院长。1968年，唐君毅任新亚研究所所长，直至去世。1974年，唐君毅以香港中文大学哲学系讲座教授退休，1975年任我国台湾大学哲学系客座教授。1978年2月2日，唐君毅病逝于香港。①

围绕着"人当是人；中国人当是中国人；现代世界中的中国人，亦当是现代世界中的中国人"②这一中心问题，唐君毅文化哲学思想通过几个具体问题展开：如何界定"文化"？文化与个人、民族的关系如何？哲学与文化是什么关系？人类文化活动的根据是什么？中西文化之特质、优长、缺失各是什么？如何通过中西文化理想的圆融来建立未来之新文化？在特殊的文化生态下，如何构建中国哲学、文化哲学？

李杜以三十岁为界限，把唐君毅的哲学思想划分为两个阶段，其

---

① 唐端正：《唐君毅先生年谱》，载唐君毅全集编委会《年谱·著述年表·先人著述》，（台北）台湾学生书局1990年版，第3—241页。
② 唐君毅：《人文精神之重建》，（台北）台湾学生书局1989年版，自序，第4页。

· 11 ·

中第二个阶段是唐君毅思想的成熟阶段，又分为四个时期：中心观念的肯定与开展、对中西文化与人文精神的论述、对中国传统哲学的考论、心通九境论系统的建立。尽管很多学者不同意这种分期理论，但是它所揭示出的唐君毅思想承转之关键点——由西方哲学向中国哲学的复归，却是为学者们普遍认可的。李杜把唐君毅的思想脉络描述为：肯定道德自我、心之本体的形上意义，并依此观念来反省与疏通中西文化问题，展示中国文化作为一个本于道德自我或人心人性的文化系统所具有的精神价值，提出文化理想，再从这种文化理想而回转至中国哲学问题的思考，在融通了西方哲学和印度哲学的基础上提出一个哲学系统，作为实现现实生活的理性化桥梁、路径。[①] 在这种总结的基础上，我们可以进一步认为，文化哲学思想是唐君毅哲学的内在线索，是拓展传统心学基础上的文化哲学。

唐君毅在早期著作"人生之路"，即《人生之体验》《人生之体验续编》和《道德自我之建立》中确立其义理的基本规模。在《道德自我之建立》（主要内容写作于1939—1940年，1944年出版）中，唐君毅把"道德自我"确立为个人生命的中心和决定因素。其中，"道德自我"，与"现实自我"相对使用，强调"超越现实自我，于当下一念中自觉的自己支配自己，以建立道德自我之中心概念"[②]。从个体一念超越处确立道德自我的主宰性和超越性，是唐君毅对"道德意识"之特性的体悟。这与唐君毅早期涉世未深，更多关注个人的心情和体验，较少关注社会、政治等现实问题有关。直到抗日战争胜利，唐君毅才"感到由人与人组合而成之家、国及天下之观念之建立之重要"[③]。

---

① 李杜：《唐君毅先生的哲学》，（台北）台湾学生书局1982年版，第12—13页。以下对研究性专著的引用，均以该著作第一次引用时所注明的版本为准。
② 唐君毅：《道德自我之建立》，（台北）台湾学生书局1985年版，自序，第21页。
③ 唐君毅：《道德自我之建立》，重版自序，第4页。

唐君毅在南京"中央"大学任教期间，从事过教务行政工作。此时，他"由人与人之共同事业中，体悟到社会组织之重要性，而在当时开始写《文化意识与道德理性》一书"①，提出"道德意识遍运于各种社会文化意识"②的研究思路。在此书的写作中，唐君毅开始了面向客观世界的探索，从"道德意识发出真正之理想与向往"的角度，论述各种文化活动的动力；并从各种文化活动之相互关联中，反省道德自我的真实不妄，并提示出"文化"的核心表达："一切文化活动，皆不自觉的，或超自觉的，表现一道德价值。道德自我是一，是本，是涵摄一切文化理想的。文化活动是多，是末，是成就文明之现实的。"③这确立了用道德意识超越、转化人的种种本能和欲望，说明道德理性是人们的伦理、政治、经济等所有文化活动的根源、"心灵"是道德理性的动力这一文化哲学的思路。

唐君毅到达香港后，以《文化意识与道德理性》确立的研究思路为基础，"循之以谈中西社会文化中人文精神之重建及其发展，乃能自客观的社会文化观点论及各种当世所谓民主、自由、和平、悠久、科学、社会生活、社会道德及宗教等问题"④，写成《中国文化之精神价值》《人文精神之重建》《中国人文精神的发展》《中华人文与当今世界》等书，比较中西文化的源头、核心观念以及精神特质，说明中西文化的未来发展。

接下来，唐君毅通过对中国哲学的细腻分析和深刻感悟讨论了中国文化的核心观念，对心、理、性、命等内容均做出观念史分析，集中于《中国哲学原论》之六卷中。最后，唐君毅确立了自己的学说体

---

① 唐君毅：《道德自我之建立》，重版自序，第4—5页。
② 唐君毅：《道德自我之建立》，重版自序，第5页。
③ 唐君毅：《文化意识与道德理性》，第5页、第6页。
④ 唐君毅：《道德自我之建立》，重版自序，第5页。

系，形成《生命存在与心灵境界》之绝唱，构建了一个"心通九境"的心学体系。唐君毅认为，哲学上的思辨应与生活上的体认相贯通，哲学的最终目标是成就教化，让人的生活归于理性化，人文世界在道德理性的发动下全面展开。这也是唐君毅文化哲学的最终理想。

　　整体而言，唐君毅对于"文化"的理解，既有《周易》"观乎天文，以察时变；观乎人文，以化成天下"①的意义，又有西方文化中的culture的意义。有论者指出，在一定意义上讲，整个20世纪，中国哲人对文化哲学的研究是以"中西文化与哲学的比较研究"这种特定的话语言说方式来进行的。②尽管这一论断尚有值得商榷之处，却突出了中西文化比较问题在中国文化哲学探求中的重要地位。唐君毅文化哲学建基在中西文化比较的前提下，集中阐释中国文化的德性基础，以及这种德性基础如何充分展开，进而说明中国传统文化对于现代文化的积极意义。

　　因此，唐君毅的文化哲学思考主要是实现文化根源和文化活动的两个"扩充"："扩充孟子之人性善论，以成文化本原之性善论，扩充康德之人之道德生活之自决论，以成文化生活中之自决论。"③唐君毅这两个"扩充"的论说，集中于说明道德理性和道德活动的普遍性，说明道德意识的主宰性和超越性在文化生活中所具有的普遍效力。从"道德意识"的特性入手，借助于"文化价值"来分析道德活动和文化活动相依性，并由此说明"道德理性"对文化生活的主宰地位，是唐君毅开展其文化哲学建构的内在理路，也是我们理解唐君毅文化哲学系统的关键环节。

---

　　① （唐）李鼎祚，王丰先点校：《周易集解》，中华书局2016年版，第150页。以下对古籍原著的引用，均以该古籍第一次引用时所注明的版本为准。
　　② 洪晓楠：《当代中国文化哲学研究》，大连出版社2001年版，第436页。
　　③ 唐君毅：《文化意识与道德理性》，第17页。

五 本书的基本问题

对道德理性、生命心灵的探寻是唐君毅文化哲学思想的重要内容，它可以从道德哲学的角度进行整理，可以从价值哲学的角度进行比较，也可以从本体建构的角度进行梳理。在这些方面，在单波的《心通九境：唐君毅哲学的精神空间》和李维武的《20世纪中国哲学本体论问题》中都有探讨。尽管切入角度不同，但二者都指出了对道德本体如何开展为人文世界的思考是唐君毅思想的重点，这也是唐君毅不同于牟宗三和徐复观的主要方面。① 张祥浩在《唐君毅思想研究》中，专辟一章研究唐君毅的文化哲学思想。② 洪晓楠从文化保守主义的角度研究唐君毅文化哲学思想，从唐君毅文化哲学的中心观念、中西文化观、中国文化的问题与解决之道三个方面进行介绍。③ 但是，上述四者均未能密切结合唐君毅《中国哲学原论》中的相关论述来展开讨论。因此，结合唐君毅的中国哲学史论来分析他对心、理、性等范畴的理解，诠释"道德理性""生命心灵""文化意识"等文化哲学核心范畴，彰显唐君毅文化哲学的特色及根源之所在，是本书要努力的方向之一。

此外，从心、理、性等中国哲学的传统范畴之诠释来分析唐君毅思想者，如韩强《现代新儒学心性理论评述》，未能对唐君毅上溯中国传统哲学的智慧，借鉴西方哲学的智慧，解决日常生活中的种种危机的现实关怀有充分的了解，认为唐君毅对于理之六义与五性的内在关系、心论与心性论是否一致、心的作用范围诸问题，并未能做出系统的解释，而只是"形成了一个松散的结构"。④ 结合唐君毅对于心、

---

① 单波：《心通九境：唐君毅哲学的精神空间》，人民出版社2001年版；李维武：《20世纪中国哲学本体论问题》，湖南教育出版社1991年版。
② 张祥浩：《唐君毅思想研究》，天津人民出版社1994年版。
③ 洪晓楠：《当代中国文化哲学研究》，第163—179页。
④ 韩强：《现代新儒学心性理论评述》，辽宁大学出版社1992年版，第180—184页。

性、理、气与文化、人文的讨论，重新审视这一结论，从关注生活世界、重视具体情境的角度来申论唐君毅发掘精神上之"气"、以"气"论人的文化活动的思路，并在此基础上申论中国传统"人文"的现代意义，应对社会文化危机，是本书的另一个主要问题。

唐君毅对于文化、理性等概念的使用，有一定的独特性。他用哲学范式对文化问题进行总体性研究，兼顾"文化"的中国古典含义，对于"哲学""文化"的内涵和外延均提出独到见解，并用"总的文化哲学"和"各分部之文化哲学"来说明"文化哲学"研究的内容和方向，从人自身的发展和社会层面的现代化展开其文化哲学架构。进而，唐君毅用文化哲学的思路来梳理和说明中国哲学的特殊性，以文化哲学的方法规整中国哲学建设的方向，推动中国哲学研究的深化，丰富了关于中国文化特质的研究，也为中国文化的现代转型提供了建设性的思考。唐君毅的文化哲学探索，颇具启迪来者之功。本书从四个方面说明唐君毅文化哲学的具体内容。

一是说明唐君毅对文化、人文、感通以及文化哲学的整体理解。唐君毅把文化理解为人们精神活动的表现或创造，植根于人的道德理性并表现道德价值，又用"感通"描述人的全部活动的方向和规模，构建了自己的文化哲学的基本思路和话语。同时，唐君毅又以"感通"解释"仁"，把文化、人文、感通与传统中国哲学中"气""理""心"的观念关联起来，一方面使得自己的文化哲学体系获得传统哲学资源的支撑，另一方面也使得传统中国哲学成为一种非自觉的文化哲学体系。

二是彰显唐君毅在中西文化比较中突出文化保守的理论意义。唐君毅认为中西文化的差异在起源时已经决定。西方文化始于商业殖民，文化交流与文化冲突较频繁，形成了西方文化的特殊精神：向上向外的超越精神、求知理性充分客观化的精神、尊重客体自由意志、学术文化分途发展；中国文化始于业农安土，人对自然、事物容易产生爱慕、欣赏的情谊，爱和平而重悠久，勤劳而朴实。这种生活经验孕育出中华民族把艺术性的和谐精神灌注到政治、伦理生活之中的智慧。在中西文化交流碰撞、生活方式急剧变迁的时代，中国人要坚守中国文化的德性基础，通过礼乐生活涵养道德理性，发展客观精神，呈现传统文化内在超越理路中的"外向开拓"维度，按照中国文化固有的根基和路径来传承、发展中国文化，吸纳西方理智精神，从礼乐文化的整体互动、动态平衡中寻求中国文化守成创新（在守成的基础上创新）之路。

三是结合唐君毅的中国哲学史论来分析他对心、理、性等范畴的理解，诠释"道德理性""生命心灵""文化意识"等文化哲学核心范畴，彰显中国文化哲学的特色及根源之所在。在《文化意识与道德理性》中，唐君毅对于文化结构的运用颇为得力，彰显文化理想的核心和统摄作用，通过价值系统的塑造发挥文化理想对现实生活的影响力。一般而言，文化结构是指文化整体中各部分之间稳定的关系状态。唐君毅明确了德性基础的优先地位，来说明具体境遇对人类文化创造的影响。他指出："人之德行必须在一一特定之境，如此特殊化、具体化、限定化，方得成就。"[①] 他用"心"的丰富多样、向外展开来说明各种文化活动的意义，强调各种文化活动发展的内在统一，指向了道德主体在整个文化构成中的地位和作用。这是运用中国哲学中"理一分殊"的思路来解读文化结构，强调文化理想和个人活动之间的稳定联系。这种分析一方面可以充分重视文化多元发展的可能，另一方面也强调道德理性、文化理想在文化活动中的根基地位。尽管唐君毅的文化哲学思想尚未能够确立"功能

---

① 唐君毅：《生命存在与心灵境界（下）》，（台北）台湾学生书局1986年版，第197页。

性统一"①的理念,依旧保留着"心"的实体义与根源义而面临诸多质疑,却开始在社会生活中,通过个体之间的相互沟通、相互限制来寻求心之本体的落实途径。

四是从关注生活世界、重视具体情境的角度来申论唐君毅发掘精神上之"气",源于孟子,并圆融朱陆的文化根源论,并在此基础上申论中国传统"人文"的现代意义,应对社会文化危机。唐君毅强调道德理性的根本地位,强调文化的整体性,内蕴着心性之本如何生成现代工业文化的价值的纠结。但唐君毅对于工业化的弊端,有清醒的认识,强调用人文理性化解人的"物化"危机,彰显了中国文化在世界文明中的独特价值。

整体而言,唐君毅文化哲学具有两重向度:一是哲学层面的文化批判,二是落脚于文化的哲学建构,两者又统一于对文化问题的哲学思考,在根本关怀上通联于当前文化哲学之主题——促进文化之现代化,促进人类理性的实现,由此而实现人的全面发展,并实现中国社会的现代化。反思唐君毅文化哲学的理论贡献与困境,有助于我们把握中国文化的特质,借鉴现代新儒学中关于中国文化现代化的若干思考来推进我们对中国优秀传统文化的弘扬。

---

① "功能性统一"与"实质性统一"相对,以卡西尔《人论》中所呈现的文化哲学系统为代表。他认为符号只是"形式",指向人类精神的创造性,是意义世界的表现。在功能的意义下界定文化统一的基础,即"功能性统一"。关于这一点,刘述先指出,符号在卡西尔,"不是一种被动的影子或描述,而是象征一种内在的精神的动力,这一种动力表现于文化活动的各方面,而为其统一的基础"。参见刘述先《文化哲学的试探》,(台北)台湾学生书局1985年版,第133页。

目　录

第一章　唐君毅文化哲学的双重路向 ………………………… 1
　第一节　唐君毅哲学的中心观念及其发展 …………………… 2
　第二节　唐君毅对"文化"的两种界定 ……………………… 17
　第三节　唐君毅文化哲学的两重向度 ………………………… 33

第二章　特殊文化生态下的问题意识 ………………………… 49
　第一节　人当是人 ……………………………………………… 50
　第二节　中国人当是中国人 …………………………………… 61
　第三节　现代世界的中国人 …………………………………… 68

第三章　"气"的文化哲学意蕴 ……………………………… 78
　第一节　"气"的多重含义与功能 …………………………… 79
　第二节　"仁"与"气"的关联 ……………………………… 91
　第三节　历程视域下的"仁义礼智" ………………………… 101

第四章　"理主乎气"的文化根源论 ………………………… 114
　第一节　"理"是次序条贯 …………………………………… 115
　第二节　"文理"的总持义与分别义 ………………………… 122
　第三节　"性理"对"文理"总持义的深化 ………………… 130
　第四节　"事理"对"性理"和"文理"的转化 …………… 145

第五章 "知理践理原于心"的文化动力论 ……………… 163
第一节 以"自觉力"解释"心" …………………… 164
第二节 "文理"契于"统类心"的初步说明 ………… 178
第三节 整合孟子和荀子深化文理与心的关联 ……… 194
第四节 "性理"本于心的总结证明 ………………… 207

第六章 构建"心通九境"的心学体系 …………………… 216
第一节 "心与理一"的心学基调 …………………… 217
第二节 "心通九境"论中的"心灵"构建 …………… 227
第三节 如实知的扩展与真实行的贯通 ……………… 241

第七章 儒学客观向度的展开 ……………………………… 248
第一节 沟通传统心性论与西方理想主义 …………… 248
第二节 社会组织与国家的现代形态 ………………… 257
第三节 科学的必要性与局限性 ……………………… 269

第八章 会通中西文化的思想张力和理论困境 …………… 283
第一节 时代性纠结 …………………………………… 283
第二节 复杂现代性视野中的整体思考 ……………… 292

结　语　唐君毅文化哲学的生命力 ……………………… 303
第一节 以文化哲学确立人的整体性研究 …………… 303
第二节 以文化哲学彰显中国哲学的特殊性 ………… 308

参考文献 …………………………………………………… 314

后　记 ……………………………………………………… 325

第一章　唐君毅文化哲学的双重路向

不同的文化哲学思想，在理论内容和体系建构方面差异颇大。从根本上看，这是由"文化"本身的复杂性造成的。同时，对于文化和哲学两者关系的不同认识，也是这种现象产生的原因之一。从文化史和哲学史的发展来看，文化是生活方式的反映，哲学是文化精神的自觉；文化精神的表达，又受到生活方式、生活经验和话语表达的限制。研究文化，需要以哲学为核心；探讨哲学，则需要把它作为文化的一种形态进行反思和升华。

唐君毅哲学最大的特点在于综合性与圆融性，他的文化哲学又是这一特点的最直接表现。在《文化意识与道德理性》一书中，唐君毅提出他的文化哲学系统：从哲学层面展开文化批判，并以文化为落脚点建构哲学系统，确立道德理性之至善特性，并探寻道德理性之至善如何落实在现实社会生活中，亦即"一方是推扩我们所谓道德自我、精神自我之涵义，以说明人文世界之成立；一方即统摄人文世界于道德自我、精神自我之主宰之下"[①]。这是唐君毅文化哲学的基本脉络，也是他树立文化理想的基本根据和逻辑理路。这种思路建立在唐君毅

[①] 唐君毅：《文化意识与道德理性》，自序（二），第6页。

在通过个人体验而确立心之本体的基础上，逐渐扩展到关注文化问题，再到关注中国哲学之义理阐发，最后确立自己的文化哲学体系。

第一节 唐君毅哲学的中心观念及其发展

唐君毅哲学的主要旨趣是申论、拓展传统心性之学，说明至善的形上本体具有内在的动力，且能够展开丰富多样的文化活动，由此证明各种文化活动发展的内在统一，强调人文世界的丰富与完整。大致说来，唐君毅哲学中心观念的形成路径，是先确认"道德自我"，继而建构"道德理性"，最后升华为"心灵"。这三个观念各有侧重，是唐君毅在不同时期说明形上本体及其展开人文世界的具体范畴，呈现了唐君毅哲学不断发展的理路。其中，"道德自我"说明人能超越现实自我，于当下一念中自觉地自己支配自己的能力；从"道德自我"到"道德理性"，是唐君毅对形上本体何以具有超越与主宰能力，以及形上本体的超越与主宰能力如何发挥作用的进一步追问；从"道德理性"到"心灵"，是唐君毅对形上本体如何楔入现实生活的理论说明。唐君毅哲学中心观念的变迁，从向内深化到向外推扩，逐渐重视生活情境，表现了唐君毅思想由单纯的儒学心性进路而逐渐涵括日常生活、构建儒学外在向度的进路发展。

一 道德自我

唐君毅将"道德"与"自我"连用，形成的"道德自我"概念，可以从两个角度来说明：一是道德实践以自我为承担者，强调人的责任、尊严以及创造力；二是自我的道德属性，涉及人的道德活动与其他实践活动的关系，强调道德活动在人生人性中的核心地位。他著成《道德自我之建立》一书，说明道德自我的自觉与超越，强调"道德价值表现于现实自我限制之超越之际，实乃中国哲人所谓反身而诚，尽心知性之注解"①，说明形上本体的真实不妄。这与康德哲学以实践理性建立道德人格之尊严有异曲同工之妙，也与儒学的心性论一脉相承。此外，唐君毅还讨论到了道德活动与其他活动的关系，认为道德活动内在于人的一切实践活动中，并成为人超越自我限制的动力。

《道德自我之建立》是唐君毅的早期作品，主要内容写作于1939—1940年，1944年出版。此时的唐君毅，三十岁出头，目睹了中华民族的屈辱和灾难，深感自己思想与现实的冲突较大，精神上非常痛苦。这些个体上的痛苦，可以概括为三种：一是"过去、未来与现在分不清楚，想象与事实分不清楚"；二是"爱两种人格，其一是经过各种矛盾而综合完成整体之人格，其一是纯洁朴素、冰清玉洁之人格"；三是"神性与人性的冲突"。同时，唐君毅把个体的痛苦与民族、人类的苦难联系起来，希望能够一并摆脱命运的摆布。② 在疏解生命存在的虚幻、各种价值的混沌、矛盾、痛苦等烦恼中，唐君毅通过对现实世界的怀疑与否定，证明"怀疑心灵"的存在，由"怀疑"而促使人心中"应该意识"的自觉，进而证明人有一个绝对真实、完满、美好的要求，确信世间一切不合理都是至善流行的暂时陷溺，最终都会自我超越而实现至善。

在这种思路中，唐君毅把"怀疑现实世界之不仁的心境，转化为一种肯定现实世界的心境"③，认为人一旦确立起这种信念，便会自然产生向上奋勉的道德心理，而逐渐超越现实自我的限制。"道德自我"即是唐君毅用来表示人所具有的"超越现实自我，于当下一念中自觉

---

① 唐君毅：《道德自我之建立》，第30页。
② 《年谱·著述年表·先人著述》，载《唐君毅全集》卷二十九，第48—55页。
③ 唐君毅：《道德自我之建立》，第33页。

的自己支配自己"①的能力。他非常赞赏康德"人在本质上为一道德性的人格"的理念,认为道德自律能把人之个体性与普遍性凝合为自由意志,能成为普遍立法者。因此,唐君毅深信,理性的最早之表现就在于人之道德情感、意志行为中。

在唐君毅的思想中,"道德自我"之所以具有这种能力和地位,是因为它根源于"心之本体"。"心之本体"是人内部的自己,是"我们不满现实世界之生灭、虚幻、残忍不仁、不完满,而要求其恒常、真实、善与完满的根源"。心之本体不可见,而心之发用、活动则可以被认识。这种思路,与王阳明申论的"心不可以动静为体用。动静时也,即体而言用在体,即用而言体在用,是谓体用一源。若说静可以见其体,动可以见其用,却不妨"②非常一致。在唐君毅看来,心之用一方面表现为理想,另一方面则表现为思想、思考活动。就理想而言,"心之本体"是真实、完满的存在,无尽的善都从它流出;就思想、思考活动而言,"心之本体"是能觉与所觉的统一,其主要作用在于连贯过去、现实与未来,在时间的流转中认知自我,完善自我,完成人性的自我发展。

同时,唐君毅还注意到,道德自我还与人的身体紧密相连,共同融入现实生活,历史在人的活动中不断展开,人在创造历史的活动中成就个体人格。在具体时空条件下的社会生活,为人们提供了自省、自觉、自主以提升人格境界的现实场域。"道德自我"和"心之本体"在社会生活中展开具体活动,表现其超越能力。1956年,唐君毅在写作《我们的精神病痛》一文时,对于人"超越"自己有了更加真诚的肯定和坚持。他说,"我在十多年前即由我自己的体验,及中西若干哲学的印证,觉悟到人之一切道德生活之根源,皆在自己对于自己的超

---

① 唐君毅:《道德自我之建立》,第21页。
② (明)王守仁,吴光等编校:《王阳明全集(上)》,上海古籍出版社1992年版,第31页。

越，而面对自己的过失。并本此意写了道德自我之建立一书"；十多年后，再"回头再看中国儒家，亦更了解儒家之真骨髓所在，亦即自己的超越而面对自己的过失的精神"。① 在中西思想比较研究和生活的磨砺中，唐君毅增加了对于道德心性超越性的确信。

在唐君毅看来，人的各种实践活动都离不开人的道德活动，离不开人的理想。而且，人也不应当道德实践活动限定在一个狭小的范围内，即不应当只是就道德而言道德。一个从事于道德实践活动的心灵，应当是对人类各方面的文化成果有着丰富感受的心灵，还应当能够普遍地肯定人类一切优秀文化成果的价值的心灵。这种思路，已超越了传统的道德主义，从而表现出一种在更广阔的文化背景下对人文主义和理想主义的追求。"道德自我"已经超越传统心学中"直觉""本能"意义上的良知良能，而包含着人类文化活动的陶养。

唐君毅确立"道德自我"的过程，是基于自己的体验和反省，虽然对于道德生活的客观性以及社会文化生活的复杂性有所关注，但涉及不多。这也是他在后来的文化哲学系统中着力弥补的一个重要内容。1962年，唐君毅在《道德自我之建立》的重版自序中，明确指出了"道德自我"概念的不足。他写道："此书写成至今，已二十多年。当然我个人亦对之有许多不满意，以及觉其幼稚未成熟而厌于自加重读的地方。但仍认为其根本观念，大皆可成立，而其文笔之朴实单纯，亦有非我今日所能写出者……惟从整个来看，则此书中之思想，不免太限于个人之反省所及之天地中，而太缺乏把道德问题当做一客观的人类之问题，或宇宙中之问题，来讨论之意味。"②

其实，唐君毅为了解决道德生活的客观性，以及社会文化的复杂

---

① 唐君毅：《我们的精神病痛》，载氏著《中国人文精神之发展》，(台北) 台湾学生书局1989年版，第236页。
② 唐君毅：《道德自我之建立》，第4页。

性问题,从 1947 年开始写作《文化意识与道德理性》一书时,就提出"道德意识遍运于各种社会文化意识"的观念,开始了面向客观世界的探索,把"道德意识发出真正之理想与向往"作为各种文化活动的动力加以论述;并从各种文化活动之相互关联中,反省道德自我的真实不妄。① 他认为中国文化的根本问题,在于道德自我未能充分展开,在未来的发展中,需要在坚守中国文化的德性基础、保持中国文化的礼乐类型的前提下,发展客观精神,呈现传统文化中的"外向开拓"维度,真正实现道德自我与各种文化活动的贯通。

随着学力增加和生命体验加强,唐君毅对人心人性的分析更加细密。他认为,中国的人性思想,主要由"生命"和"心灵"两条线索展开。"道德自我"是形上之"心"与形下之"身"的中介,是对现实自我的超越,却还不是最本原的本体。而"道德自我"与"心之本体"是如何关联、贯通的,也是唐君毅需要回应的问题。我们必须结合他对"理""性""心"的理解,以及他对于"道德理性"和"心灵"的说明,才能完整地了解唐君毅哲学的中心观念和发展线索。唐君毅在六卷《中国哲学原论》中的相关讨论,成为我们继续梳理唐君毅文化哲学思想的依据。

二 道德理性

"理性"一词,在现代新儒学中具有比较特殊的含义。梁漱溟在《东西文化及其哲学》中,用"直觉"来解释"仁";到了 1930 年以后,用"理性"来解释"仁",主要指人心中情感、意志方面的内容,尤其强调以"无私的感情"为中心。"理智"则被梁漱溟用来表达计算、推理等知性内容。梁漱溟说:"理智、理性为心思作用的两面:知

---

① 唐君毅:《道德自我之建立》,第 6 页。

的一面曰理智，情的一面曰理性，二者本来密切相联不离。譬如计算数目，计算之心是理智，而求正确之心理是理性。数目算错了，不容自昧，就是一极有力的感情，这一感情是无私的，不是为了什么生活问题。分析、计算、假设、推理……理智之用无穷，而独不作主张，作主张的是理性。理性之取舍不一，而要以无私的感情为中心。"① 这种解释，与一般意义的"理性"不同。人们一般把现代西方思想中的"理性"理解为人运用理智的认识能力。梁漱溟以"理性"释"仁"，并把儒学理解为"理性主义"，强调的依旧是人的道德能力和情感特性。这对于现代新儒学的发展具有深刻影响。② 即使在非常重视逻辑的冯友兰思想里，"理性"也既包含着道德自觉，又包括了理智推理，德性内容依旧是理性之中非常重要的部分。

唐君毅对于"理性"的使用，也是在延续这种传统。在《文化意识与道德理性》中，他用"道德理性"来说明"道德自我"与人心、德性的关联。该书的写作，历时五年大体成书，又经过五年时间修订，于1958年出版。在唐君毅看来，"理性"主要是人的一种能力，人们通过这种能力来构建道德法则。因而，"理性"也就是宋明儒家所言的"性理"和"性即理"，是人心固有的能力。在这种思路中，"道德理性"表明"心"的本性在于其道德性，"心"具有了解道德规律、使道德规律普遍化的能力；"心"具有理性能力，是从成就人自身的道德价值而言的，本身就是道德的。这也就是唐君毅指出的，"吾人顺此性此理以活动，吾人即有得于心而有一内在之慊足，并觉实现一成就我之人格之道德价值，故谓之道德的"③。

---

① 梁漱溟：《中国文化要义》，载刘梦溪主编《中国现代学术经典·梁漱溟卷》，河北教育出版社1996年版，第351—352页。
② 顾红亮：《"理性"与现代性的价值依托》，《人文杂志》2006年第6期。
③ 唐君毅：《文化意识与道德理性》，自序（二），第19页。

"道德理性"的提出，在一定程度上深化、拓展了唐君毅对心之本体的主宰意义的说明，是唐君毅从"性""性理"的角度，结合中国传统哲学资源，进一步探讨人心的本性以及人的价值根据的尝试，是其哲学观念发展脉络中的一个重要环节。这也是唐君毅开始面向客观世界，从"道德意识发出真正之理想与向往"的角度，论述各种文化活动的动力，从中国传统哲学中汲取理论力量，并从各种文化活动之相互关联中进一步反省道德自我的真实不妄，用道德意识主宰理智认知的开始。

从理性的角度寻求道德自我、心之本体的价值依据，也是唐君毅对"道德自我"观念的深化。唐君毅指出："人心之本性，乃在理性或性理之性，而非其所谓自然之性。"① 这是对孟子以心言性的继承。理性，或言性理，是唐君毅解读人心的关键，也是道德自我的依凭。他说："理性即中国儒家所谓性理，即吾人之道德自我、精神自我、或超越自我之所以为道德自我、精神自我、或超越自我之本质或自体。"② 这种"自体"不离现象与事实，具有道德和艺术性的特点，在先秦时期既已形成，对中国哲学、中国文化产生深远影响。唐君毅论述说："在易经及先秦儒道二家思想中，已具体形成一种以自然万物有律则，内在于其运行变化之中，而此律则又非只为一必然原则之思想。此种思想，初非由一纯理智的前提所推出。其验证，乃在直接经验中之现象与事实，而为儒道二家之道德精神、艺术精神所支持者。"③ 唐君毅对于"理性"的说明，是植根于中国哲学自身的阐发。为了说明这种论证的有效性，他还援引康德的道德哲学来论证。

首先，唐君毅强调，理性的根本能力，在于"普遍化"。这既是传

---

① 唐君毅：《文化意识与道德理性》，自序（二），第8页。
② 唐君毅：《文化意识与道德理性》，自序（二），第19页。
③ 唐君毅：《中国文化之精神价值》，（台北）正中书局2000年版，第84页。

统中国哲学的理解，也是康德哲学的思路。唐君毅力图展现两者之间的内在一致性。康德在《道德形而上学原理》中说明：检查行为是否道德，最可靠的办法就是自我追问是否愿意把如此行为的准则变成一条普遍规律。这里的"普遍化"，是需要借助逻辑推理来完成的。唐君毅也指出，在涵养"良知良能"的传统工夫论之外，还需要以知性的力量来说明"良知良能"如何体现在人类的行为活动中。道德理性中所包含的逻辑推理而得出的普遍性，能够保证道德自我更好地被保持，不会轻易被诱惑而发生改变。唐君毅援引康德道德哲学的意义，也正在于此。

其次，从道德意义来说明人类理性的本质，是儒家思想的本义，集中表现在对于"人性"思想的诸多讨论中，肯定道德情感的力量。这也是唐君毅及现代新儒家学者们论证理性、道德理性时，不同于康德道德哲学的基本思路。唐君毅认为，人依"理性"而有"理想"，依"理想"而有行为实践，并在现实活动中表现"理性"的超越与主宰。理性综合各种理想，进而发生道德行为，即是理性的全体大用；而应然理想与实然现实能够相一贯的根据，即是人心本有的性情："此理想之原始的根，在人之生命存在与心灵，对有价值意义之事物之爱慕之情。此爱慕之情，柏拉图名之为 Eros，中国先哲谓之性情。依此性情，而人形成一理想时，此理想即先实现于此性情之内，而亦求通过其身体之行为，以表现于外，而实现此理想于其周遭世界。"① 人的道德情感不能凭空出现，而是在具体的生活情境中，与他人共存共在，互相影响、契合而产生的。

在唐君毅看来，重视"性情"是中国思想的重要特质，甚至是"正德利用厚生"的基础，天人、物我相贯通之"道"，亦需要凭借

---

① 唐君毅：《生命存在与心灵境界与心灵境界（下）》，第487—488页。

"性情"而展开。正是基于这种理解,他把《大学》"格物致知"解释为"有关性情之物"和"有关性情之知",并认为"大学摄他家所重知物之义,以归向于孟子所言之德性之心之旨"①。围绕《大学》之"格物致知"而展开的讨论,是中国近代以来融通科学之知的立足点,唐君毅的这种致思趋向,导致了"道德优先"的价值取向在其知识论中的困境。傅伟勋所批评的儒家知识论中"泛道德主义偏向"②,在唐君毅思想中也有表现。

李杜描述了"道德理性"和"道德自我"两个概念的差异。他说:"君毅特别注意了中国传统哲学思想有关性的涵义与他所肯定作为他的道德理想主义的系统哲学的中心观念——'道德自我'的涵义的不同。相对于传统对人性的涵义去说,他所肯定的'道德自我'只为有关人性的'性'字所表示的'心',亦即道德心的一面。于此外尚有为'生'所表示的一面。"③"生"的一面更加凸显个体在现实情境中的主体性和创造性。与"道德自我"相较,唐君毅论"道德理性"还包含着从"生"的角度来贯通人的生命本源、生命理想与人的现实活动的维度,主要表现在"即气之所以流行之理以言性"④,把"性""理""气""心"等传统概念关联起来并揭示它们之间的关系。

从性与情的关系来说明"性理"涵摄"情理",是唐君毅阐发其"道德理性"观念的重要内容,显示了他的价值观和方法论。基于"情"和"气",唐君毅把理性解读为一种与活生生的生命、存在相结合的主体意识和主体创造力。人具有不断为善的能力,并在现实生活

---

① 唐君毅:《中国哲学原论·导论篇》,(台北)台湾学生书局1986年版,第147页。
② 傅伟勋:《儒家思想的时代课题及其解决线索》,载氏著《批判的继承与创造的发展》,(台北)东大图书公司1986年版,第25—34页。
③ 沈清松等:《冯友兰·方东美·唐君毅·牟宗三》,(台北)台湾商务印书馆1999年版,第107—108页。
④ 唐君毅:《中国哲学原论·原性篇》,(台北)台湾学生书局1989年版,第370页。

中自觉彰显理性的功用，是人之所以为人的关键。唐君毅的文化理想中，包含着自然生命、道德情感、日常生活的和谐顺畅。这是唐君毅在面向客观世界时，提出"道德理性"来拓展"道德自我"的集中表现，也是唐君毅反思、超越宋明理学的基本向度。他指出："宋明理学家，恒不免陷反求诸己之义，于个人之已往行为之反省，与内心中之涵养省察。此中鞭辟近里之功夫，固为我们所不当忽。然他们或不免忽略之向自然、向他人、向社会之一切外求之活动，各种社会文化活动之重要。……其反求诸己之教，亦足致一般人之心灵生活，陷于枯萎与局促，而僵化于与'外'相对的'己之内'。"[①]

整体而言，唐君毅文化哲学思想对于中国传统儒学的继承，可以概括为两条线索，"论文化，即直承船山之重气重精神之表现之义而发展"，"言心与性理，则仍依于朱子与阳明之路数"。[②] 他把朱子、阳明、船山三者结合起来，建构了一个圆融理学、心学、气学的哲学体系，这是唐君毅"即哲学史以言哲学"的旨归，其文化哲学体系即是这一学术思考的结晶。

三 心灵

唐君毅早期通过生命体验而确立"道德自我"理念，经过"道德理性"之向内深化和向外开拓的发展，在晚年建构了"心通九境"的生命绝唱，在探寻了人生、伦理、社会、文化各个层面的价值意义之后，实现了对"心灵"的体系化、系统化诠释，形成了"心灵"这一核心理念。这种思考集中表现在《生命存在与心灵境界》一书中。此书于1977年出版，但写作、修改的时间持续很久，部分观点形成于20世纪40年代。唐君毅在此书中想要解决的问题之一，即是《文化意识

---

① 唐君毅：《精神上的合内外之道》，载氏著《中国人文精神之发展》，第310页。
② 唐君毅：《文化意识与道德理性》，自序（二），第8页。

与道德理性》中所涉及的哲学形上学问题。①

在唐君毅思想中，道德自我、道德理性均源于人心之仁，这是接续着传统心性之学来阐发自己的义理，强调"心"的主宰意义和动力功能。这也是唐君毅对康德思想的兼容并蓄。在他看来，"康德分善为无条件之善，与有条件之善。有条件之善，为相对于一时之目的者。而无条件之善，则为一绝对之善，而内在于心灵之本身活动之中者，此即由吾人之心灵，依理性而生之意志活动中之善"②，这就在根源处与"心之本体"为一绝对至善的心学主旨相通。

为了更好地说明"心之本体"的创造力和主体性，唐君毅把"心"与"灵"合而为"心灵"，彰显"心"兼通内外的向度，以及心灵活动的动态、历程的含义。与之相应，唐君毅用"境"取代了"物"表达心灵活动的对象，强调"心"与"境"之间不是认知主体与认知客体的关系，而是一种具有交互性、融摄性、共时性的统一体。个体自身、形上本体、各种知识，都通过心灵活动来表现。③ 这种探讨，强调人们不应当离开生命进程、人的创造活动来谈创造本体，创造本体与生命活动、现象相即不离。这也是唐君毅哲学与熊十力本体论思想一脉相承之处。唐君毅把"心"与"灵"合用，除了继承传统心性之学中关于心的主体性之外，还重视"灵"的动态含义。他在解释"心灵境界"时，指出："心自内说，灵自通外说。合心与灵为一

---

① 唐君毅：《生命存在与心灵境界（上）》，自序第3—4页。
② 唐君毅：《哲学概论（下册）》，（台北）台湾学生书局1996年版，第417页。
③ 唐君毅认为，"超越的我与经验的我，以及我外之个体人物所以建立，乃由吾人之心灵，位于一三叉路口，分别向三方向之活动所建立。其一方向之活动为此心灵之自开朗，而以感觉摄受外物之相，初化之为性，更化之为再现之相，而加以再认、理解、判断，以建立我外之个体人物之世界。其二为向内反省，而向下以自再认、理解、判断其所反省之我之经验，而建立经验的我之存在与其个体性。其三为向上反省吾人之理解判断所成知识，其所以可能之超越的根据，以及于此反省或自觉活动之继续之可能之超越的根据，如康德菲希特等所为，而归于知：此自觉为一超越的我之用；此超越的我有用，亦有性，而有为形上存在或实体之义"。唐君毅：《生命存在与心灵境界（上）》，第137—138页。

名，则要在言心灵有居内而通外以合内外之种种义说。"①

在中国传统心学中，"心"作为一个本体论概念，主要强调本体的能动性、明觉性，在人的身上充分体现出来，即为"性"。在20世纪60年代陆续完成的《中国哲学原论·原性篇》中，唐君毅就已经指出，"虚明灵觉之心"是天人、理气、道欲相通的根据，也是道欲同源而系于一念之间的根据。唐君毅说："天命我以虚灵明觉之心，此心固一面通于天理，亦连于我之形气之求生之欲等者。然由此心之通于天理，而觉天理以成道心，固自觉的具内在之善；人之求生之欲，对天为善，此中亦初未有人欲之不善。人欲乃起于人心之知觉运动之只顺形气之欲，以单独进行而来，此乃第二义以下之事。"② 在他看来，由人心而道心，化除种种私欲，澄明人之为人的内在根据，所依凭者，正是心之"虚灵"以主人欲；由天命之善而展开人为之善，是道德理性的自我发展，所依凭者，亦是心之"虚灵"以觉天理。其中，"灵"是心具有超越与贯通能力的核心，因为"心不虚则不能摄物以有知，心不灵则不能既知物而更有所知"③。

在《生命存在与心灵境界》中，唐君毅通过对"心灵"的分析与说明，从哲学上指出了"心灵"具有分析与综合能力的缘由，把逻辑中的理性、知识中的理性、实践中的理性统摄在"心灵"之中，是对于"道德理性"根基意义的最终确认。唐君毅用"心之理性活动则表现于普遍化对于一内容之认识，而形成概念，以资理解推理；或形成一普遍的理想，求其普遍的实现"④ 来表达其熔铸了康德、黑格尔哲学的思考之后的心灵观。

---

① 唐君毅：《生命存在与心灵境界（上）》，第11页。
② 唐君毅：《中国哲学原论·原性篇》，第426页。
③ 唐君毅：《中国哲学原论·原性篇》，第427页。
④ 唐君毅：《西方近代理想主义之哲学精神》，载氏著《哲学论集（下）》，（台北）台湾学生书局1991年版，第689页。

在唐君毅看来,"康德之哲学,则初由分析知识之可能条件开始。黑格耳哲学,亦根于其逻辑之范畴论。此皆非生命性的思想。康德哲学之言实践理性,菲希特哲学之言道德意志,黑格耳哲学之言精神,固皆是能裁成世界,帮助人成就其道德人格的思想。但是他们的哲学思辨,根本上是反省的,收敛的,以向上提的。而不是直接要去裁成世界,成就人之道德人格的。故由康德之超越自我,至菲希特之绝对意志,至黑格耳,而此派之思想之归宿,乃在一形而上学中之绝对理性之感念。此仍是一超人文之概念"①。唐君毅把"心灵"具有的内外相通的主宰力和贯通力作为道德理性活动的根源,既是对传统心学的继承,也是着眼于中西人文思想比较的结论,强调人的主体性中内在地具有与自然相通、与神圣相连的特质,把西方理想主义思想中超人文的理念落实在人文理念之中,从"心灵"的活动中,说明"心灵"本身具有统贯知识、逻辑、道德、价值的功能。

为了揭示心灵的功能,唐君毅"于生命心灵活动之由前而后,说主观心态之次序相续;由主观心态中之思想与发出之言说,求前后一致贯通之处,说思与言说中之理性,即逻辑中之理性。于生命心灵活动之由内向外,知有客观事实;于人求思想与客观事实求一致贯通处,说知识中之理性。于生命活动位于主客观之现实事物之上,以由下而上处,说思想中之目的理想;于其以行为活动求实现此目的理想于下之现实事物之世界,而见此中之上下一致与贯通,说生活行为实践中之理性"②,这也把理性与心灵的活动紧紧地结合在一起。

从心灵活动过程中的体、相、用相涵互摄着眼,唐君毅还强调"心灵"即"生命",即"存在"。他指出:"言心灵者,则如以生命或

---

① 唐君毅:《西方人文主义之历史的发展(上)》,载氏著《中国人文精神之发展》,第57页。
② 唐君毅:《生命存在与心灵境界(上)》,第41页。

存在为主，则心灵为其用。此心灵之用，即能知能行之用也。然心灵以可说为生命存在之主，则有生命能存在，皆此心灵之相或用。"① 心灵、生命、存在的这种同一，建立在三者均含"内""外"两重向度的基础上；而心灵的活动历程，即是心灵与境界的感通，是一切生命存在相互感通，涵括了人自己的身心相通、人与他人相感通、人对天命鬼神的感通。② 感通的实质即是内、外相通，在感通中"心"与"境"辗转相生，由觉他的客观境进入自觉之主观境，再进入超自觉的通主客观境，形成了一个形上形下一体相连的"心通九境"体系，成为对中国哲学"体用一源，显微无间"的现代诠释。

"心"固然能够开九境而通于九境，然而，"心"亦可能自陷于一偏，凝滞于一境而不通于他境。如何保持心灵不断向上超升的能力？这需要通过哲学而成就智慧，保持依理想而行为的能力。在唐君毅的思路中，哲学思维先做理论预设的特性，对于了解心灵所具有的超越能力而言，只是外缘之助力；保持心灵不断超越的根本，则依旧在于人体悟心灵所内具的性情以及工夫涵养。人的哲学思考最终还是要落到人心人性之上，才有根基。唐君毅强调："一切形上学之思维之助成此信心，而内在于信心之建立历程之中，亦须内在于一充塞宇宙之性情。则吾人之所论，一切始于性情，终于性情。然始终之间，则可以一切形上学之思想，为开展照明此全幅性情，而成此性情之流行之用。此形上学即哲学之归止。故一切哲学亦皆摄在此性情之流行之中，而吾亦不以为世间之一切哲学，有必不可相通之处。"③ 唐君毅认为哲学是一种在观照的学问的基础上，最终指向实践的学问。这种实践即是使善得以呈现的生活。

---

① 唐君毅：《生命存在与心灵境界（上）》，第10页。
② 唐君毅：《中国哲学原论·原道篇》卷一，（台北）台湾学生书局1986年版，第78页。
③ 唐君毅：《生命存在与心灵境界（下）》，第507页。

徐复观对唐君毅的哲学做过评价。他说："从宋儒周敦颐的《太极图说》起到熊十力的《新唯识论》止，凡是以阴阳的间架所讲的一套形而上学，有学术史的意义，但与孔子思想的性格是无关的。……即使非常爱护中国文化，对中国年文化用功很勤、所得很精的哲学家，有如熊十力，以及唐君毅先生，却是反其道而行，要从具体生命、行为，层层向上推，推到形而上的天命天道处立足，以为不如此，便立足不稳。……熊、唐两先生对中国文化都有贡献，尤其是唐先生有的地方更加深切。但他们因为把中国文化发展的方向弄颠倒了，对孔子毕竟隔了一层。所以熊先生很少谈到《论语》。唐先生晚年似乎有回转，在独立以后的新亚研究所开《礼记》、《论语》的课，但对《论语》的课，是由他一位学生代授。这都是受了希腊系统哲学的影响。"① 从唐君毅哲学的中心观念及其发展来看，徐复观的评价对于唐君毅哲学中的"道德自我"和"心灵"中的超越性确有所见，但是对于唐君毅哲学中"道德理性"所开启的关注现实社会文化问题的向度，以及"心灵"中面向现实情境的内容关注不足。

在唐君毅看来，在人的道德生活中，心"感而遂通"的活动过程亦是见性于情，性理转变为情理，理成为礼的过程。从应然层面看，情理即是性理，理是礼的依据；实然层面看，情气、礼制与性理则有对峙的可能。在日常生活中，人可以通过与天地、物我的"感通"破除其自我局限，通过心灵的自我提升来解除心灵扭曲、行为失范。正是在这个意义上，唐君毅把自己文化思想的理论概括为"扩充孟子之人性善论，以成文化之本原之性善论，扩充康德之道德生活之自觉论，以成文化生活中之自觉论"②。第二个"扩充"，即是探寻道德理性之

---

① 徐复观：《向孔子的思想性格回归》，载李维武编《徐复观文集（修订本）》第二卷，湖北人民出版社2009年版，第62—63页。
② 唐君毅：《文化意识与道德理性》，第17页。

至善如何落实在现实社会生活中而成就现实生活的理想化,在实然层面实现文化理想,排除理性与情感之间的紧张。这也是现代新儒学自觉发展儒学理论,在根源处不同于康德道德哲学之所在。杨泽波指出:"孟子所代表的是仁性伦理,康德所代表的是理性伦理,二者决非同类。"[1] 唐君毅在强调两者差异的基础上,所做出的沟通工作,是中西文化交流中的重要尝试。

从道德自我到道德理性,再到心灵,唐君毅哲学中心观念的发展展示了他对人之价值依据、形上本体的丰富性与整全性的逐步深化。在这一中心观念不断深化的过程中,唐君毅建构起一个以道德理想为核心,以求"通"为根本诉求的哲学体系,实现中国文化的现代发展,并建构了以"心"为基础的现代中国哲学。

第二节　唐君毅对"文化"的两种界定

关于文化的定义,到目前为止,国内外没有一个公认的权威定义,学者们往往从不同的角度对其进行界定。据不同资料统计,关于文化的定义,有一百多种之说,也有二百多种之说,甚至有远不止几百种之说。20 世纪 80 年代的文化讨论中,人们大都着力于对中西文化特点和优劣的比较,以及对传统文化与现代化关系的探讨,而疏于对文化学本身的理论建设。自 20 世纪 90 年代以来,人们对文化理论的关注逐渐多了起来,但要么是沿用或者借鉴西方文化人类学的理论,要么是套用历史唯物主义的理论框架进行推导,至今没有一个为人们所共同认可的"文化"定义。[2]

唐君毅对"文化"的界说,强调文化与人文的一致性。在其早期

---

[1] 杨泽波:《孟子性善论研究(再修订版)》,上海人民出版社 2016 年版,第 100 页。
[2] 李宗桂:《中国文化导论》,中山大学出版社 2021 年版,第 5 页。

著作《心物与人生》中，唐君毅先提出"人类之文化，皆原于人求实现真善美等价值之心"的基本判断，然后辟专章讨论"人文世界之概念"，把人文世界分为九个领域，即知识学术、生存技术、艺术、文学、经济、政治、法律、道德、宗教、教育①，进而讨论各个领域的活动与人类理想的关系。在《文化意识与道德理性》中，唐君毅所讨论的文化领域和文化活动，按照其所形成的次序，依次为家庭、经济、政治、哲学科学、艺术文学、宗教、道德、体育、军事、法律、教育。上述两种讨论，尽管存在着分类角度和方法的差别，却表现了唐君毅贯通"文化"与"人文"的思路。

一　文化是道德理性的表现

在唐君毅看来，文化活动本身是一种精神活动，植根于人的道德理性，是道德自我的分殊表现。他说，"一切文化活动之所以能存在，皆依于一道德自我，为之支持。一切文化活动，皆不自觉的，或超自觉的，表现一道德价值"②，"文化即吾人之精神活动之表现或创造"③。这种解读继承中国传统文化"以道德本心论文化"的特质，在本源上确立德性之本对文化活动的统摄，主要从思想、观念文化的层面来考虑问题。关于道德活动与其他活动的关系，唐君毅亦指出："道德活动自一方面言，为人类之一种文化活动。然自另一方面言，则为内在于其他之一切文化活动，而又超越于其他一切文化活动，涵盖其他一切文化活动，以成就其他一切文化活动者。"④ 道德活动的这种特性、道德活动与其他文化活动的关系，决定了文化活动必须实现道德价值和

---

① 唐君毅：《心物与人生》，（台北）台湾学生书局1989年版，第198页。
② 唐君毅：《文化意识与道德理性》，自序（二），第5—6页。
③ 唐君毅：《文化意识与道德理性》，第30页。
④ 唐君毅：《文化意识与道德理性》，第516—517页。

道德目标。

在唐君毅看来，作为道德自我的内在根源，理性是"不断生起创造一切具普遍性之理想之超越而内在的根原"①；作为文化活动的依凭，理性发挥作用的途径在于"普遍化一种生活活动之形式、或价值、意义于他种生活活动中。由此而即可成就我们生活或活动之形式或价值意义之交互贯通渗透，而使此形式或价值意义，为更丰富化充实化的形式或价值意义。由此而即可更形成我们人格之中心主宰力量，或人格之安稳、坚实、或坚固"②，强调动力、价值的贯通和统摄作用。在道德活动中，人们更多地依靠自觉、自反良心本心来获得道德活动的真实基础，并使得道德行为更加坚定。这是他扩充孟子的"良知良能"和"不忍人之心"的内容。唐君毅所强调的道德理性的价值意义，在于从根源处确认个人自由的前提，彰显孟子所开启的道德选择层面的心灵主宰意义，即"人之兴起其心志之道"。

唐君毅以"道德理性"为中心，运思于经济、政治、哲学、科学、艺术、文学、体育、宗教等文化价值的实现，他用仁心丰富多样的向外展开来说明各种文化活动的意义，强调各种文化活动发展的内在统一，指向了道德主体在整个文化构成中的地位和作用。这也是要说明，人类各种具体的文化活动，就是把个体的良知良能通过现实的活动，形成一个和谐的社会整体。这是唐君毅扩充康德哲学，强调道德理性的普遍主宰力所形成的结论。他认为："康德论文化之最大功绩，在以其批导之方法，分清科学知识、道德、宗教、艺术、政治、法律之不同领域，而——于其中见人类理性之要求一实现或满足。"③ 而这也是唐君毅援引康德哲学来说明其文化哲学的根本所在。

---

① 唐君毅：《文化意识与道德理性》，第36页。
② 唐君毅：《精神上的合内外之道》，载氏著《中国人文精神之发展》，第318页。
③ 唐君毅：《文化意识与道德理性》，第12页。

唐君毅还说:"吾书以道德为文化之中心,而不以哲学为文化之最高者,乃承康德之精神。然康德之论道德,注重自觉的道德意志或自觉的道德理想或所谓目的世界之建立。在康德哲学系统中,其外堂是科学知识之世界。其道德生活之所指向者,乃宗教信仰。……在其哲学系统中,道德之生活,乃一超越现实之生活。其所谓道德理性皆为自觉的依理性以立法以自律之理性。由此自律,而人之自然心理性向、自然欲望、所求之快乐幸福,皆在道德世界本身无地位。同时一般人之日常生活或文化活动,能不自觉或超自觉的表现人之道德理性之处,皆康德道德哲学之所未加分析者。"① 从康德道德哲学中未分析之处来展开理论说明,扩充道德生活的范围,强化道德理性在全部人类活动中的主宰地位,是唐君毅文化哲学的一条基本线索。

重视情感的力量,尤其强调以情润理的儒学特质,是唐君毅道德理性中不同于康德的主要方面。在文化理想中体现道德理性的影响,进而通过文化理想的实现来说明道德理性在日常生活中的实现,则是唐君毅文化哲学的核心问题,是从道德理性向外拓展来说明文化的基本思路。他说:"人在自觉上只是实现一文化理想时,亦有不自觉或超自觉之道德理性之表现。人之一切文化生活,在一意义下皆可为道德生活之内容。于是道德生活即内在于人的一切文化生活中。……人在自觉求实现文化理想,而有各种现实之文化活动时,人即已在超越其现实的自然心理性向,自然本能,而实际的表现吾人之道德理性。由是而将康德之道德理性之主宰的效用,在人类文化活动之形成发展上,加以证实。"②

以人心为根据,着眼于对各种文化活动的价值的探寻,唐君毅展开了对文化整体的原始形成及其各部分之间内在联系的探讨,以及对

---

① 唐君毅:《文化意识与道德理性》,第13—14页。
② 唐君毅:《文化意识与道德理性》,第14—15页。

文化整体的逻辑重构及其实现途径的思考。这种思考通过人心人性不同的价值趋向在文化各部分之间建立了一种开放的联系和沟通机制，推进中国传统文化与现代生活相契合，在现实层面展开文化批判工作，是对解决文化现实问题的探索性尝试。它所关涉的根本问题在于：把不同的经验放置在不同的活动领域、不同的学科架构下来处理的正当性，以及这种处理如何保证文化的整体性。

唐君毅的这种思路，是运用中国哲学中"理一分殊"的思路来解读文化结构，强调文化理想和个人活动之间的稳定联系。这种分析一方面可以充分重视文化多元发展的可能，另一方面也强调道德理性在文化活动中的根基地位。这种思路有着深厚的中国哲学传统，不同于卡西尔《人论》中所呈现的"功能性统一"、以"符号"为基础的文化哲学系统。卡西尔认为符号只是"形式"，指向人类精神的创造性，是意义世界的表现。在功能的意义下界定文化统一的基础，即是"功能性统一"。

"功能性统一"与"实质性统一"相对。关于这一点，刘述先指出，卡西尔哲学里的符号，"不是一种被动的影子或描述，而是象征一种内在的精神的动力，这一种动力表现于文化活动的各方面，而为其统一的基础"[①]。尽管唐君毅的文化哲学思想尚未能够确立"功能性统一"的理念，依旧保留着"心"作为"理一"的实体义与根源义而面临诸多质疑，却开始在社会生活中，通过个体之间的相互沟通、相互限制来寻求心之本体的落实途径。唐君毅强调中国的现代之路应保持并光大中国文化特殊的精神价值，并由此诠释出中国文化现代化的可能路径，正是根据于此。唐君毅对中国文化精神价值的解读，也是要说明：文化结构顺畅，文化整体协调，则文化发展健康。

---

① 刘述先：《文化哲学的试探》，第133页。

唐君毅从"个人精神之表现于客观社会"的角度，关联"普遍化"这一现代化的核心旨趣，强调文化的历程意义。唐君毅说："原文化之所以成，皆原于个人精神之表现于客观社会，而社会中之他人受其表现之影响，而蔚成风尚，或受其影响；而复矫偏补正，而另有所表现，另有所影响，以成风尚。个人精神之表现之相影响，成风尚，而有共同之精神表现，为人所共喻，斯即所谓客观之精神表现。而凡文化，皆客观精神之表现也。由个人之精神之表现，而形成客观精神之表现之文化，有各个人之精神内容，各逐渐趋于普遍化之历程焉。"①通过人与人的交往，通过各种社会团体的联结来完成个人精神的发展，道德理性不断开显人文世界的过程。

以"道德"为基础来寻求中国文化的现代化，不仅是作为文化保守主义者的现代新儒家学者们的坚持，也为文化自由主义者所认同。殷海光的文化观以道德作为人类社会的基础，即"道义为之根"，认为"道德重整"是中国文化的基本问题，也是中国文化现代化的核心内容。他提出的道德重建的蓝图是要突破古今中外之别，从自己的文化和道德出发，向世界普遍的文化和道德整合。要注意既有的社会文化场合，既有的社会文化里所含的道德，还有民主及科学。②林毓生将这种观点更加具体化，认为在理论上，儒家的道德基础可以发展出自由主义的道德，问题出在环境的限制，而并不是我们没有潜力。他所要达到的目标是通过对儒学的解释，把儒学的道德理想主义与西方的人文主义相整合，在自由的价值观的引导下，以民主和法制为制度保障，建立一个现代合理、合乎人道的新中国。林毓生还指出，以道德重建为基础来实现中国文化的转化，关键在于对道德理想主义做怎样

---

① 唐君毅：《中国哲学原论·原教篇》，（台北）台湾学生书局1990年版，第653—654页。
② 殷海光：《中国文化的展望》，上海三联书店2002年版，第501—531页。

的解释。① 种种论述，都突出了"道德"问题在中国文化领域未来发展的基础性地位。

以"道德理性"为根源，唐君毅指出，"肯定各种文化活动，为同一文化精神的表现，而不先在原则上决定各种文化领域的高下"②，是研究文化活动的基础。这也是对于流行于近代中国的中西文化孰优孰劣问题的一个回应。在唐君毅的文化哲学体系中，不同文化有类型差异，但没有优劣高下之别。不同类型的文化，分别以人类生活中不同的问题为重点来展开，各有优势，又需要互补。

在这个由道德理性向外扩充，成就多样的社会文化活动的架构中，抽象理性的统一比较容易证成，而人们各种现实活动之间的统一则面临较多困难。唐君毅对客观精神的论述，在其整个文化哲学思想中虽篇幅较少，却成为其思想现实性和社会性的集中反映。

二 文化是人文化成的过程

从"人文化成"的角度界定文化，是中国文化研究中比较常见的思路。有论者概括指出，中国古典意义的"文化"概念，与"武功"概念相对，其意义是"人文化成""人文教化""文治教化"，核心在于道德教化、道德感化、道德涵化。其中，"文"是内容，"教"是手段，"化"是过程。具体是指通过礼乐典章制度等手段，对人们进行教化、教行，不断提高其道德情感境界。以"人文"来"化成天下"，使天然世界变成人文世界，在这个教化、化成的过程中充满情味，充满诗意，充满美感。③

---

① 林毓生：《中国传统的创造性转化》，生活·读书·新知三联书店1988年版，第151页。
② 唐君毅：《文化意识与道德理性》，第13页。
③ 黄有东：《"人文化成"："文化"的中国古典意义》，《现代哲学》2017年第3期。

儒家的"人文化成"理念，强调"礼乐"对民众生活进行价值引导和人文提升，通过教化来导人向善、成善。这是"由外养内"的思路来说明文化。唐君毅延续着《周易》中"人文化成"的思路，提出"我们所谓人文，乃应取中国古代所谓人文化成之本义"①。其中，"人文"是内容，"化"是过程，"成"是结果。"人文化成"即是用"礼乐"对民众生活进行价值引导和提升，使自然世界成为人文世界，人的道德情感、伦理生活、社会历史和谐共生。在唐君毅看来，人文主义思想除了有人生思想，重人与自然物之辨以外，还需要"承认人之主体性、整全性，及承认个人与社会人群及历史文化生命之通感性，或进至承认人之自本自根性"②。从"主体性"说明中国文化的特质，也是唐君毅在中西文化比较中形成的整体性认识。据唐端正描述，唐君毅与日本教授讨论中国文化精神的主要特征时，做出了一个说明："先生则谓中国文化可以概括之于一主体性。依于一切皆摄于一主体性，故能综合而中庸，而无西方文化外遂对立之特征。"③ 唐君毅在《中国哲学原论》中关于道、心、性、理、气的分析，即是对这一问题的详细说明。

唐君毅认为，在先秦儒学中，荀子思想最能体现"人文化成"之义。他说："荀子之学自谓承孔子，而恒将孔子与周公并称，盖特有取于周之人文，故不同于孟子之承孔子而恒称尧舜之始创人伦之道者。"④ 这也是荀子心、性思想的运思路向。唐君毅指出，"荀子虽言天生人，人有其天君之心，然其所重者，只在本此已有之心而用之，以成人之

---

① 唐君毅：《宗教精神与现代人类》，载《人文精神之重建》，第26页。
② 唐君毅：《西方人文主义之历史的发展（上）》，载《中国人文精神之发展》，第42页。
③ 唐端正：《唐君毅先生年谱》，载唐君毅全集编委会《年谱·著述年表·先人著述》，第162页。
④ 唐君毅：《中国哲学原论·原道篇》卷一，第437页。

事"①。"由外养内"是人文化成的基本思路和方向，通过礼义等人文规范的陶养，达到内外和谐。限制人的自然属性中的不合理的因素，是荀子思想的主要线索。

这种思路在中国传统经典中，比较有代表性的表述还有《礼记·经解》中的"礼之教化也微，其止邪于未形，使人日徙善远罪而不自知也，是以先王隆之也"②，以及《礼记·乐记》中的"先王有大事，必有礼以哀之；有大福，必有礼以乐之。哀乐之分，皆以礼终。乐也者，圣人之所乐也，而可以善民心。其感人深，其移风易俗，故先王著其教焉"③。求道进德、防微杜渐、趋善求治是礼乐教化的共同旨归，亦是"人文化成"的理想。

在中国文化史上，主张通过伦理规范来成就人性之善者，以荀子、董仲舒、朱熹、王船山为代表。唐君毅对他们的教化思想都予以高度的认可。唐君毅在分析中国哲学史时，对船山论礼的部分颇为赞赏，认为最精彩之处在于"处处扣紧气之表现，以言礼意"，尤其是关于船山论礼"不只在外，亦不只在内，不只在心，亦不只在身在物；不只在心性，亦不只在形色；不只在我，亦不只在人；而在内外之合，己与物之相得，天性之见于形色之身，显为天下人所共见之际。如是而礼之为客观精神之表现于文化之意，乃无遗漏也"④的把握非常独到。

唐君毅说明"化成"的一条思路，是从"学""修身"的工夫论角度来进行的。这表现为重视荀子为学、朱熹格物的思想，彰显由未知扩展已知、由外养内的灼见。唐君毅认为："荀子言学，要在有所增

---

① 唐君毅：《中国哲学原论·原道篇》卷一，第444页。
② （清）孙希旦：《礼记集解（下）》，沈啸寰、王星贤点校，中华书局1989年版，第1257页。
③ （清）孙希旦：《礼记集解（下）》，沈啸寰、王星贤点校，第998页。
④ 唐君毅：《中国哲学原论·原教篇》，第637页。

益于未学，假于外以成其内；故荀子第二篇修身之道，不同于孟子教人自知孩提时之爱亲敬长之心，与其四端之所在，而自加以扩充之说；而要在教人即其所见于他人之所为，更反省及于其当前之自己者，以进而求有以自修其身。"① 与荀子思路类似，"朱子则正是就人知其所不知处，教人以格物穷理。只须人真能知其有所不知，则见得朱子之教，自有其确乎其不可拔之处，而亦非阳明之致良知之教所能废者也"②。这也是唐君毅文化哲学中重视中国传统工夫论的表现，强调修养对于人的意义的思想资源。

唐君毅说明"化成"的另外一条思路，是把"化成"建立在"理气关系"的基础上来阐发，借助心性论的内容来确立形上根基。唐君毅对宋明儒学之"理气论"有一个根本认识，"自思想史观之，此理气之论，固起原于性情之论。性情之论，则原于人对其道德生活之省察，亦对于其心之性情二面之省察，而初非原于对天地万物理气之省察者也"③。这一论断非常重要，说明理气之辨实际上是后设于性情之辨的，主要用来说明人的德性基础，以及各种文化活动背后的道德依据。20世纪50年代之后，唐君毅更加强调"气"为"流行的存在"的含义，其实质在于说明"心即气""气即心"，并通过"精神性之气"的中介性来说明"心"与现实世界的关系，强调"心"的理想性、主体性对于现实生活的主宰意义，说明"化"的过程和方向。

唐君毅在《中国哲学原论》中提出"欲人文之化成乎天下，必资乎作气"④ 的判断，从"心""理""气"一体相关的角度，为沟通"文化"两个层面的含义奠定了基础。从"人文化成"的角度理解文

---

① 唐君毅：《中国哲学原论·原道篇》卷一，第480页。
② 唐君毅：《中国哲学原论·导论篇》，第343页。
③ 唐君毅：《中国哲学原论·原教篇》，第176页。
④ 唐君毅：《中国哲学原论·原教篇》，第666页。

化，是唐君毅重视从"礼乐教化"的角度说明中国文化特质的基础；从"气"的角度说明重气是重礼的依据，则是唐君毅从理气关系这一理论基础处沟通"文化"与"礼乐教化"的尝试。唐君毅重视说明"气"流行义和存在义，且注意说明"气""理""心"之间的关系。他从"气"的二分和统一来说明心灵和身体的区分与合一，推进了中国哲学中关于身心关系的讨论。在"气"的历程义和动态义中，他已经不再从浑然未分的角度说明身心合一，而是在身、"心"二分的基础上，通过礼乐生活的陶养实现精神境界层面的身心合一、道德与艺术合一，实现人格的完善。

唐君毅从"人文化成"角度来界定文化的说明，也是对于中国文化特殊性的彰显。他说："中国人虽较缺超越日常生活，以求精神文化生活之精神；然亦特善于使日常生活之美化艺术化，使之含文化意味。中国所谓文化者，人文之化成于天下也。文必附乎质，质必显乎文。日常生活为质，精神文化生活为文。文质相丽不相离，即中国文化之精神之一端。……自儒家思想自觉肯定礼乐文化之生活，当无所不运，以之垂为教化；而中国数千年之民间之日常生活，遂皆颇含礼乐文化之意义，并与其劳动生产之生活相结合者矣。"[1] 生产劳动、日常生活中的意味、美感，都是"礼乐文化"中的重要内容，可以从天人、物我贯通的角度，增强人的生命体验。他强调，"人文之世界，在人之自然生命与其心所知之其他自然物之间，亦在己与人间，同时为贯通古今，而自有其历史者"[2]。人文世界的实现，需要自然世界的充分发展，也需要人在礼乐陶养下通过自我节制来实现敬畏自然、爱护自然，实现人与自然和谐共生。

---

[1] 唐君毅：《中国文化之精神价值》，第247页。
[2] 唐君毅：《中国哲学原论·原道篇》卷一，第439页。

三 整合文化的两重含义

从以"道德理性"论文化，到以"人文化成"论文化，唐君毅对于文化的思考，都体现出把文化的本源、文化发生的过程、文化发展的结果相贯通的特点，中国传统哲学中关于人性、礼乐教化的内容都可以成为其文化哲学的资源。儒家人性论既有发端于孟子性善论的复性说，也有发端于荀子的积善成性说，表现了儒家关于人性问题的理论思考的不同走向。无论是孟子开启的"即心言性"的思路，还是荀子"以心主性"的思路，都强调"人心之本性，乃在理性或性理之性，而非其所为自然之性"①；而"心"才是人文世界的根本，"人心原能兼知万物，而又能择一以精于一事，则人之各有所专精之事，更相配合，即人之所以组织此人文社会之本"②。

唐君毅从孟子、荀子的人心、人性思想入手，再上溯到孔子"仁"的思想，并以孔子"仁道"来整合"文化"的双重含义。这是唐君毅把中国传统哲学概括为非自觉的文化哲学，并以儒学的立场来表达其文化哲学的理论基点。他以"感通"解释"仁"，表达"心"的道德自觉、成己成物的内容和规模，贯通中国古代文化与现代文化的核心内容，形成新的论述"文化"的思路，是其儒学立场、现代追求的综合性、圆融性表达。

"仁"作为中国文化中源远流长的德性，是中国传统文化中最具一贯性的内核。唐君毅在梳理中国哲学史的基础上，提出自己的判断，认为"仁"对诸德的统贯意义，是孔子开启的义理结构；就"仁"的含义而言，"爱"最能体现其内容。他说："以仁为一德，与忠信礼敬智勇等相对，自古有之，而以仁统贯诸德，则自孔子始。以仁与他德

---

① 唐君毅：《文化意识与道德理性》，自序（二），第8页。
② 唐君毅：《中国哲学原论·原道篇》卷一，第454页。

相对，则以爱说仁，最原远流长……孔子而后，以爱言仁者，其旨亦最切近易见。"① 唐君毅强调，"以爱言仁，要在即人之爱人之情，以及于施爱之事，言求仁之道。以爱言仁，其旨自切近易见；爱人之效，亦至为广远"②。在孔子思想中，"仁"包含着"如何为仁"的内容，即如何扩充自己的道德本性，开展各种文化活动的问题。从这个层面上讲，唐君毅关于"文化"的第一重含义，即"文化"是道德理性的表现的说明，与孔子的"仁"说在根本思路上是一致的。唐君毅关于"文化"的第二重含义，即"文化"是人文化成，则与通过"推爱"来化民成俗、形成向善向上的和谐社会的"爱人之效"相关联。

在追问仁爱的根源、仁爱的施行、仁爱的效验中，后世儒学不断丰富和发展"仁"的内容。唐君毅把"仁"的发展过程，概括为四次阶段性变化。第一次变化是董仲舒"谓人之仁原于天之仁，亦言人当法天以爱人，……更言以仁治人，以义正我，重仁义与阴阳、人我之不同的客观关系"③，具体来讲，则是"汉人之自仁之宇宙根源，天与人、人与人之客观关系言仁"，不同于"先秦以前诸子之直接即人之爱以说人之仁"④，"仁"具有了客观的内容。第二次变化，体现在宋明儒学中。"宋明儒大皆以人果能知得此仁之内在之本原在心，为心之性，亦即同时知其本原之亦在天"⑤，把人的心、性、情与仁、天结合在一起，是对先秦、汉代仁说的整合。第三次变化则在清代儒学中。"清儒之言仁者，则除承程朱陆王之学者之外，大约趣向在就仁之表现于人之事功之上者言仁，而近乎宋之永康永嘉学派之论"⑥，把事功的

---

① 唐君毅：《中国哲学原论·原道篇》卷一，第73页。
② 唐君毅：《中国哲学原论·原道篇》卷一，第73—74页。
③ 唐君毅：《中国哲学原论·原道篇》卷一，第74页。
④ 唐君毅：《中国哲学原论·原道篇》卷一，第74页。
⑤ 唐君毅：《中国哲学原论·原道篇》卷一，第75页。
⑥ 唐君毅：《中国哲学原论·原道篇》卷一，第75页。

内容也纳入"仁"的范围。第四次变化，则是民国以后讨论孔子仁论时，"恒趣向在对孔子之仁之概念，求一解说"①。而这种寻求概念界定的方式，是"对中国思想史中之孔子思想有一客观的了解，与昔之学者之言仁者，皆兼意在教人体仁而行仁者，其态度皆有不同"②。这是对当时西方哲学冲击下中国哲学变更的回应，也是以"仁"来统贯近现代中国哲学，确立中国文化"一本性"的根本思路。

在"仁"的历史变化中，"道德理性"与"人文化成"的内容，一直内蕴其中，只是不同阶段表达不同。纵观"仁"的发展历程之后，唐君毅提出了"吾人今毕竟当依何一方式说仁，最能契合于孔子所谓仁之为仁之本质"③的问题。在他看来，孔子言仁，虽有法天的意思，但不是重点。孔子言仁的根本，始终在于人的行为、德行以及人心、人性、人情上。因此，唐君毅认为，明道以"浑然与物同体。义、礼、智、信皆仁也"④的说法，最合孔子之意。

在心学系统中，王阳明也有"大人以天地万物为一体"⑤的说法。关于明道与阳明何以有此相似的说法，冯友兰解释说："这只是说有那么一个客观的道理，二人对于这个道理都有所见。程颢是道学中心学的开创者，王守仁是心学的完成者，他们所见到的这个道理，是心学的一贯的中心思想。不过，程颢没有把这个中心思想和《大学》的三纲领结合起来。王守仁这样做了，这就使这个中心思想更加有了一个在经典上的理论依据。"⑥唐君毅以明道之说统摄其他论述，提出以"感通"解说"仁"的主张。通过唐君毅对自己思想变化的描述，可

---

① 唐君毅：《中国哲学原论·原道篇》卷一，第76页。
② 唐君毅：《中国哲学原论·原道篇》卷一，第76页。
③ 唐君毅：《中国哲学原论·原道篇》卷一，第76页。
④ （宋）程颢、程颐：《二程集（上）》，王孝鱼点校，中华书局1981年版，第16页。
⑤ （明）王守仁：《王阳明全集（下）》，吴光等编校，第968页。
⑥ 冯友兰：《中国哲学史新编（下）》，人民出版社2007年版，第199页。

见他对这一主张提出较早，后来不断完善，可以说贯穿其思想始终。他说："此浑然与物同体之感，又可说为吾与他人物有其生命之感通，而有种种之爱敬忠恕……之德之原始，亦通于孔子之言法天道之仁，人事天如事亲，与'仁于鬼神'之意旨。此则吾三十年前中国哲学史稿已及其义，亦尝布于世。来港后讲授中哲史之课程，初仍本此意讲述。十年前新亚书院移天光道，乃将此诸意综摄而说孔子言仁之旨，更开之为对人之自己之内在的感通、对他人之感通、及对天命鬼神之感通三方面。皆以通情成感，以感应成通。"①

唐君毅以"感通"论仁，非常重视"人内在的感通"。这是对汉代仁论从人我关系、天人关系入手说明仁的反思，也是对于宋明儒学性理论的深化。通过心灵感通来表达内外相合的过程、心灵活动的历程，说明文化的整体含义，是唐君毅文化哲学的基础。在唐君毅的思路中，"心"作为一种觉知能力、动力之源，其活动可以分为三个阶段。第一阶段是心灵向内活动，对自身有初步了解和把握；第二阶段则是心灵向外的、感应外在世界的活动，建立在对自身有所了解和把握的基础上。第三阶段则是心灵整合内外的活动。心灵自我超越、自我反省的活动，是道德活动，其结果是道德意识。道德意识在自我完善的同时，也会在理性的引导下，关注他人和外物，从而产生文化活动。他认为人的心灵最初的存在状态就是"在一无我与非我之分别之境中，以我之生命存在与非我之生命存在同情共感"，这种"同情共感"是"人之生命心灵中之原始性情"②，是"心灵自超出其限制与封闭"，"以成此感通之善"③ 的基础和动力。在心灵整合内外的活动中，包含了荀子式思路：德性（善性）主要是由外在环境、习惯积累造成

---

① 唐君毅：《中国哲学原论·原道篇》卷一，第78页。
② 唐君毅：《生命存在与心灵境界（下）》，第178页。
③ 唐君毅：《生命存在与心灵境界（下）》，第178页。

的，蕴含着摆脱自然属性、增进新的品德等合理因素。

唐君毅认为，中国文化自身就是"礼乐教化"，以"伦理的人文主义"来说明中国人文主义的特质，也是从人的道德理性、人的理想人格实现来说明的。这种伦理的人文主义，"初是直接从人之自身要求自立于天地之间而起"，是"中国人自觉反省自己之所以为人而产生的，因而特别重视人，重视人生修养，自觉祛除内心的渣滓，使人自立。一切学术文化工作，都是形成人与人之间的伦理关系，使人与人互为存在的桥梁"①。这种思路，是唐君毅强调的通过人文与非人文、超人文乃至反人文之间的互动来实现人文精神的自我发展的体现。人的一切活动，都可以成为人文精神丰富和发展的助力，但是这要以人内在的主体性和创造力自觉为前提。

从这个角度来看，唐君毅所讲的"人文"，既是内在的，是道德理性自身；又是外在的，在道德理性的分殊展开中完成，也需要外在世界的客观支持。这从整体上确立了唐君毅对于中国文化特质及发展方向的判断，即以心性之学为基础，吸纳西方的科学理性，成就中国文化的未来发展。同时，唐君毅还指出，西方社会的未来发展，需要在人的主体性、人文精神的开展上寻求更加坚实的基础。

唐君毅从"道德理性"的角度来界定文化的讨论，侧重于说明现实文化活动的内在依据。而从"人文化成"的角度来界定文化，则更加着力于说明中国传统哲学中对于人文、教化的偏重，甚至可以说，中国传统哲学中具有非常深厚的文化哲学根源和特质。两种思路结合在一起，构成唐君毅文化哲学的整体视域：援引西方理性主义的思路来加强道德形上本体的说明，结合中国传统文化中丰富的人文主义传统，进行文化哲学的整体构建。

---

① 唐君毅：《世界人文主义与中国人文主义》，载氏著《中华人文与当今世界（下）》，（台北）台湾学生书局1988年版，第51—57页。

第三节　唐君毅文化哲学的两重向度

通过上文分析，我们可知，对文化问题的反思是唐君毅哲学思想的重要组成部分，发端于唐君毅对个体生命的反省，并将个体的道德意志自觉地向社会文化拓展，最终在心灵哲学中臻于成熟。在文化双重含义的基础上，唐君毅的文化哲学明显地表现出两重路向：既是在哲学层面进行的文化批判，又是从文化层面切入、从文化着眼并落脚于新文化的哲学重构。前者是现代新儒家群体治学路向中的一个共同话题，后者则是唐君毅思想较为独特的一面。唐君毅追求文化的重构，是对于"形上本体"如何关联于社会生活的梳理，而不仅仅是对形上学的讨论。这也是现代新儒学对心学社会功用的追问和拓展。唐君毅的文化哲学不仅保留了哲学理性、思辨、关注形而上的典型特征，还把生命理念、人文关怀、社会生活等纳入哲学视野。在这种宽广的视野中，唐君毅挖掘出人类各种活动的中心观念，并通过这种本源性追问进一步探讨文化根源、文化发展的动力何在。

一　以"通"解释"哲学"

以"义理之学"释"哲学"，自始即是中西文化比较、沟通的需要，在胡适、冯友兰的中国哲学构建中就有如此的解读，并对中国哲学界产生了很大影响。文化哲学则是对文化本质、文化原理的探寻，根本问题是人如何创造文化，文化又如何促进人的发展。哲学与文化两个基本范畴，均源于西方思想，在西学东渐的过程中逐步为中国学界使用，但在内涵上存在着狭义与广义的差别，需要根据不同使用者的具体讨论来说明它们的内容。

唐君毅也认为"'哲学'为统摄性、根原性之义理之思想与言说"①，在《哲学概论》中把中国传统的理学、道学、道术统称为"哲学"。他通过对中国先哲所讲之"哲"与"学"的字源分析，结合西方哲学传统、近代以来的学术发展、印度哲学的讨论，从五个方面归纳"哲学"的内涵："（一）哲学是一种求关联贯通人之各种学问或销除其间可能有之冲突矛盾之一种学问。（二）哲学是一种人感到各种分门别类之学问之分别独立，或互相分裂；与人所直觉之心灵之整个性，所愿望之人生之统一和谐，有一意义下之相违反，而求回复其整个性，以实现人生之统一和谐之一种自觉的努力。（三）哲学是一种求将各种学科加以关联，并进而与文学历史相关联，再进与人之生活行为相关联之一种学问。（四）哲学是一种去思维知识界、与存在界、及人之行为界、与其价值理想界之关系之学。（五）哲学是一种以对于知识界与存在界之思维，以成就人在存在界中之行为，而使人成为一通贯其知与行的存在之学。"②

从上述界定中，我们可以发现，求"通"是唐君毅哲学观的根本旨归。贯通人之各种学问、恢复人心之整体性、关联各种学科以及人的生活行为、思维各种理论以及成就人之知行合一，都是唐君毅定义哲学的关键。因此唐君毅自觉地"承中国先哲之说"，并涵摄西方哲学中讨论哲学时"或重其与科学之关系，或重其与宗教之关系，或重其与历史及文学艺术之关系者"③，力求打通各种具体学科界限。

其中，第四条概括与冯友兰的界定非常相近，可以说，唐君毅的"哲学"概念，包含着冯友兰对于"哲学"的说明，并试图超越冯友兰开启的哲学研究思路。在冯友兰的思想中，哲学是"义理之学"，是

---

① 唐君毅：《中国哲学研究之一新方向》，载《中华人文与当今世界（上）》，（台北）台湾学生书局1988年版，第386页。
② 唐君毅：《哲学概论（上册）》，第32页。
③ 唐君毅：《哲学概论（上册）》，自序，第8页。

"觉解",是"人类精神的反思",这主要是从哲学的对象、内容角度来界定的;哲学的方法是"理论思维","自纯思之观点,对于经验做理智底分析、总结及解释,而又以名言说出之者"①。在冯友兰看来,哲学的作用是"锻炼、发展人的理论思维,丰富、发展人的精神境界"②。这些理解,贯穿了冯友兰思想的始终,突出了哲学的逻辑分析方法、哲学的超越性质、哲学的"无用之大用",也深刻地影响了中国人对"哲学"的理解。这不仅体现了冯友兰和唐君毅对于西方哲学的自觉学习,还体现了二人在"哲学"理解上的差异。这可以从唐君毅对于"哲学"的第五条说明中看出。

从唐君毅对哲学的第五条概括来看,唐君毅除了强调哲学的理论品质外,更加强调哲学的实践指向。唐君毅认为,哲学是"使人成为一通贯其知与行的存在之学",强调了哲学的实践向度。这与当时人们所形成的思想共识有关。贺麟在1945年写成的《五十年来的中国哲学》中,描述了当时的哲学研究的基本思路:"这五十年来特别使国人求知欲强烈的主因,是由于大家认为哲学的知识或思想,不是空疏虚幻的玄想,不是太平盛世的点缀,不是博取科第的工具,不是个人智巧的卖弄,而是应付并调整个人及民族生活上、文化上、精神上的危机和矛盾的利器。哲学的知识和思想因此便被认为是一种实际力量——一种改革生活、思想和文化上的实际力量。"③从这个意义上讲,哲学更多是一种解决当时困境、改革社会的思路和方法,具有促成人们行为的动力意义,因而成为文化的核心、时代的根本思想。

整体来看,唐君毅对于"哲学"的多种解读向度,力图把向西方格义的理解和重视中国本土哲学传统的思路结合起来,是对于20世纪

---

① 冯友兰:《新理学》,生活·读书·新知三联书店2007年版,第4页。
② 冯友兰:《中国哲学史新编(上)》,人民出版社2007年版,第8—26页。
③ 贺麟:《五十年来的中国哲学》,上海人民出版社2012年版,第15—16页。

20年代以来的现代新儒学中相关研究的整合，体现出一种广博性特点，也体现了当时哲学研究的共性。唐君毅对"哲学"的界定，还兼顾了对"中国哲学"特殊性的思考，一方面更加贴近中国哲学的本来面目，另一方面也强调了中国哲学的文化哲学向度。"心"与"境"的关系，人类各种文化活动，都在哲学"求通"的言说和实践中被展现出来。在唐君毅思想中，哲学作为文化的内核，主要体现为道德理性对人的活动的统摄能力，强调"理想"在文化活动中的根源意义，并延续着"人同此心，心同此理"的心性哲学的逻辑。

二 哲学与文化哲学的沟通与分殊

以哲学的方式来建构人的社会关怀和终极理想，解决个体生命安顿，并为中国文化的未来发展寻求方向，是唐君毅乃至现代新儒家群体关注的重心所在。早在熊十力讨论何为哲学时，就确立了这种思路。他认为："哲学者所以研究宇宙人生之根本问题，能启发吾人高深的理想。须知高深的理想即是道德。从澈悟方面言之，则曰理想；从其冥契真理、在现实生活而无所沦溺言之，则曰道德。"[1] 相较而言，熊十力只是把哲学作为启发人的理想、道德的学问，唐君毅则强调哲学直接把握文化本体的功能，非常明确地强调了心之本体、道德理性在各种文化活动中的根源意义，这也塑造了唐君毅文化哲学中既重视心灵的本体论构建，又重视心灵与外在世界的互动的致思路径。因而，唐君毅始终从成就"知识"与引导"行为"并重的角度理解"哲学"的内容；同时，他也强调"哲学"的目标在于成教，思辨最终隐退在人的行为的结果中。

哲学不仅仅是一门具体学科，更是一种思维方法和行为智慧。唐

---

[1] 熊十力:《十力语要》，岳麓书社2011年版，第162页。

君毅指出:"关于哲学之性质,吾人可有不同之规定。粗略言之,其一种是以哲学和科学为一知识系统,但更为广大而包括一切科学之一知识系统,或综合知识系统。一种是以哲学为一种反省批判的态度。此要在反省吾人科学知识之所由构成之方法、设定、公理、基本概念,以清楚其他科学之概念、原理,了解每一科学或一切科学知识之限度,使之不至溢出其范围而妄用者。再一种为以哲学乃所以供给吾人以了解宇宙人生,观察历史文化具体事物之智慧,进以指示吾人之行为活动之方向者。此三者,自第一义言,哲学为一种求知之活动。自第二义言,哲学为知吾人之知识之活动。自第三义言,哲学为由知识以达于超知识之智能活动。"①

综合上述三种性质,唐君毅对哲学的理解可以概括为:全面地展示知识系统(文化)的成果,并以自觉反思形成对各种知识、文化发展之限度的认识,进而形成关于人类历史文化、社会生活的一般智慧。

从内容上看,唐君毅努力把哲学思辨和道德实践结合在一起,把"哲学"所包含的内容概括为"名理论""天道论""人道论"和"人文论"四大部分,而"文化哲学"则是"人文论"中之一部分,又分为"总的文化哲学"和"各分部之文化哲学",也叫"专门的文化哲学"。其中,"总的文化哲学"是对文化根本问题的反思,也即我们今天较为常用的"文化哲学",是唐君毅文化哲学中最具独特性、启发性的部分;"各分部之文化哲学"或"专门的文化哲学",则是有关各种具体学科之依据与界限的讨论,以"哲学"与"科学"的关系为前提来进行,这种讨论是唐君毅对20世纪二三十年代所盛行的主要论战做出的梳理和吸收,也是对西方文化哲学的吸纳。

以"总的文化哲学"的视角研究文化,是从哲学的层面进行的文

---

① 唐君毅:《文化意识与道德理性》,第352—353页。

化批判,这是唐君毅文化哲学的第一重向度。其中,哲学的研究方法和内容确立了以哲学研究文化的合理性和整体视域,首先使文化形而上学研究成为可能;文化形而上学研究为文化批判提供了文化理想,并通过文化批判把文化理想推入文化实践。以"各分部之文化哲学"的视角审视文化,通过对具体的文化活动的研究促进文化哲学、哲学的建构,把哲学作为生活理性化的桥梁。这是唐君毅文化哲学的第二重向度。这一路向主要落脚于文化的哲学建构,强调哲学在提升各种具体文化中的理性和理想的作用,进而是人类生活理性化。

在"总的文化哲学"和"各分部之文化哲学"的交叉观照下,唐君毅提出其复兴理想主义哲学的基本思路:"吾人之如何使此理想,不只为人所观照之虚悬于上之当然,而成为真正之实然。……必须由西方近现代哲学,回到中古哲学之重信心、重灵修之精神,更须由西方哲学通至东方之儒道佛之哲学,所言之如何使知行合一,智及仁守之道。"[①] 如何使理想在人们的社会生活中充分实现,实现人们日常生活的理性化,就是唐君毅文化哲学的根本问题。文化哲学作为一种抽象性、概括性的方法,突出文化"元理论"的研究,即以一种形式的研究,以一种批判的态度来审视文化的性质、范围、结构以及种种表现。

相较而言,冯友兰把逻辑分析的方法引入中国文化哲学研究。冯友兰充分运用逻辑分析方法,建构了"新理学"体系,指出"一类事物,皆依照一类事物之理","某类之理,蕴含其共类之理,一某事物于依照其类之理时,并其类之共类之理亦依照之"。[②] 中西文化各自有各自的"理",因而中西文化各自有各自的类型。冯友兰用"殊相"具体分析中西文化的新旧差别,认为中国落后的原因在于没有近代化

---

① 唐君毅:《生命存在与心灵境界(下)》,第486页。
② 冯友兰:《新理学》,第27页。

或现代化，没有近代文化或现代文化。他指出："英美等国之所以能于现在世界中取得城里之地位者，乃因其先近代化或现代化，乃因其先有某种文化。中国之所以于现在世界中流为乡下的地位者，乃因中国未近代化或现代化，乃因中国未有某种文化。"① 这种差别即文化的时代特征。

同时，冯友兰还用"共相"来说明中西沟通的可能性，因为"一切事物，所依照之理，皆是很众底"②。用此"理"和"共理"及其相互关系的观点来分析文化，写成《新事论》，指出："某一类事物，必有其所以为某类事物者，此所以为某类事物者，为属于此某类事物者所同有，即此类之理。一类事物之理，即某一类事物之类型。"③ 他用"共相"，即"共理"贯通全部文化，从中西文化中找到共相，把中西文化的绝对差异转变为相对差异：中西文化"同类"，只是存在新旧之别。在这种"别共殊"的思路中，冯友兰的文化类型说强调了两个问题：一是不能仅仅从个别性的角度去看中国文化和西方文化，中西文化皆具有作为人类文化的共性；二是不能把各民族文化的特点固定化，应动态、分层次地把握不同文化之间的异同。

需要强调的是，在冯友兰的新理学体系中，"共相"只具有形式意义，而没有实质内容。任何实际存在的文化，都只是某种文化，因而只能对应某种文化之理。以"共相"的眼光看，这种文化之理，可以属于任何民族。西方文化之理也可以在中国文化中存在。基于此种认识，冯友兰指出了"现代化"不同于"西化"，从而提出了解决中国文化出路问题的答案：学习工业化，而西方文化中与工业化相关的东西是科学知识，是技术。中国要在中国文化的道德基础上学习工业化。

---

① 冯友兰：《新事论》，第41页。
② 冯友兰：《新理学》，第28页。
③ 冯友兰：《新事论》，第1页。

"自清末至今，中国所缺底，是某种文化底知识，技术，工业；所有底，是组织社会的道德。若把中国近五十年底活动，作一整个看，则在道德方面是继往；在知识，技术，工业方面是开来。"①

唐君毅对"哲学"所做出的宽泛解释，以及对"文化哲学"作出的多角度分析，不仅成就了其思想博大包容的特征，也表现出不同于熊十力、牟宗三重在挺立中国哲学形上特征的学术取向；与冯友兰相较，则更加突出道德因素在文化中的决定意义。唐君毅在文化批判与哲学重构中沟通哲学与文化哲学。其中，第一重向度的文化哲学集中于对中西文化的反省，在道德理想的观照下，形成哲学层面的文化批判，并成为第二重文化哲学向度的基础；而第二重向度的文化哲学，则以人类生活之理性化为文化活动的目标，在心灵贯通内外的活动中实现。这在唐君毅晚年巨著《生命存在与心灵境界》中展现出来，并成为其整个哲学的系统化表达。

三 哲学层面的批判向度

哲学层面的文化批判，主要是追寻文化的根源和动力，并说明人类文化的方向。这种"批判"，既包含以文化整体为研究对象的反思和分析，也包含着对于文化现象中诸多不合理之处的讨论和批评。唐君毅用"总的文化哲学"来表达这一层面的思考。"总的文化哲学"包括"总论文化之范围，文化之概念，研究理解文化之方法，及人对文化之知识之限效；总论文化与自然及上帝人生之关系，人类文化世界中各种文化领域之价值，及其与人生之理想之关系，与人类之不同类型文化之价值与理想，及其如何配合，以实现一最有价值最合理之人类文化之世界诸问题"②。从这个层面上理解，文化哲学的基本内容在

---

① 冯友兰：《新事论》，第173页。
② 唐君毅：《哲学概论（上册）》，第162页。

于从人类文化的梳理和组合中寻求文化发展的规律，并探求人类的安身立命之道，完善个体人格，成就理想社会。

唐君毅的这种思考，"是把活动、实践看作人的整个生命的活动、实践，看作是人的文化创造。这样一来，不仅使本体的主体性和本体的理想性如何统一的问题得到了更合理的说明，而且对道德自我如何实现人文世界的问题有了相当深刻的回答。在这个方面，唐君毅推进并深化了贺麟关于心与文化关系的思想"[1]。"总的文化哲学"中的一个重要面向，是关于历史的、现实的和未来的人的哲学，是人类对自己的文化发展史和文化传统进行全面的反省和反思的理论结晶。唐君毅把"文化哲学"整体放在哲学之"人文论"的架构下，并以此彰显文化哲学之独特的视域和范式，有其合理性。同时，这也可以把文化哲学与中国深厚的"人文论"传统结合在一起，既可以拓展文化哲学的内容，又可以深化中国传统哲学的研究。唐君毅对哲学的性质、哲学与一般科学的阐述对于我们深入理解"文化哲学"有重要作用。

景海峰认为，唐君毅的哲学思想与牟宗三的哲学思想相较，更加接近文化哲学的形态。他的论证思路是从唐君毅对人文精神的思索和弘扬展开的，认为唐君毅的文化哲学系统，"由西方的人文主义下一转语，一变而为泛化的人学，再变而为中国式的人文精神，三变后就成了儒学传统的道德理想主义了。儒家人文主义之辨析，不仅是唐君毅诠释儒家思想的主要话题，也是他以'非人文—人文—超人文'之架构，来调和中西、证成儒家文化之优越性的基本范式"[2]。这也是从"总的文化哲学"视角上总结的，从哲学层面体现人类文化活动的整体性和历史延续性。

---

[1] 李维武：《20世纪中国哲学本体论问题》，湖南教育出版社1991年版，第253页。
[2] 景海峰：《儒家思想现代诠释的哲学化路径及其意义》，《中国社会科学》2005年第6期。

唐君毅认为,"文化哲学"的思想不仅是中国哲学中古已有之者,而且是中国传统哲学思想的中心,在近代亦有发展,并以"整体性"为根本特征。他指出:"文化哲学之一名,乃中国古所未有。然礼记之论礼乐各文,及经解之论诗书礼乐易春秋之教,即皆为文化哲学之讨论。而除经子之书以外,历代史书,如礼书,乐书……艺文志,刑法志等之叙言,其论礼乐等之文化意义与价值,多原本于性与天道,旁通于治乱兴衰,即皆文化哲学之论也。清人章学诚著文史通义,更以诗、书、礼、乐、易、春秋之教,为中国学术之大原。近人马一浮先生,则有六艺论之著,亦意在以六艺之文化与其精神,通天人之故。此亦中国文化哲学之流。而吾人若自中国之思想一贯重视人文主义,以观中国思想,则谓中国之哲学,一直以文化哲学为中心,亦未尝不可。唯中国之文化哲学之论,不似西方之重对各种文化领域,严加分划,并一一分别陈其问题,析其涵义。"①

从上面的论述可以看出,唐君毅借助对中国传统哲学中"六艺"与"教化"的分析,提出对文化哲学的理解,主要包含两个层面:一是对文化本源的思考,集中表现为心与天道的讨论;二是文化对个体人格的涵养、对社会生活的影响,集中表现为对教化和治道关系的说明。另外,传统儒学的日常生活理论发达,一直以非自觉的文化哲学形态存在,不同于启蒙哲学之后以构建世俗世界为起点的西方文化哲学形态。

唐君毅如此理解文化哲学,包含着对近代西方文化哲学的反思与批评。西方文化哲学的典型思路之一,即是"先肯定社会文化之为一客观存在之对象",再"反溯其形成之根据"。② 这种层面的文化哲学,实质上是一种文化形态学的分析,即把文化作为既有的客观对象,找

---

① 唐君毅:《哲学概论(上册)》,第175页。
② 唐君毅:《文化意识与道德理性》,第9页。

出一种足够的理论架构来驾驭历史文化表现的繁杂事实，了解其意蕴，预料其轨迹。现代新儒学的文化研究，一直强调文化是人的生命活动，不能被视为纯粹的客观对象来研究。这在唐君毅执笔写作的《中国文化与世界》宣言中有明确的区分，并用"自以为是的研究"① 批评把文化当作客观对象的研究思路，强调文化研究中应有同情与敬意。

唐君毅重视哲学和一般科学之关系的探讨，则体现了唐君毅对西方文化哲学理论的吸收和重视。哲学与科学的关系问题，源于近代以来中国对科学技术的迫切追求，以及新文化运动、科玄论战后人们对科学的崇拜和向往，也是对于传统天理仁心如何具体展开的进一步追问。他强调科学与哲学相通，也是强调哲学重要性的一种方式。唐君毅认为："哲学与专门之文化科学之不同，唯是观点之不同。哲学中之知识论，形上学与价值论，乃通于各种之文化哲学，以使哲学之联系于人类文化之各方面者。由此而我们知哲学之方法态度，与科学之方法态度，及人之从事各种实际文化活动之方法态度，均有可相关而论者。"② 发挥哲学探寻终极智慧的功能，以人类独有的生命体验为基础，从人的现实生活契入，从具体学科的知识研究进入对学科根据、方法的追问，是这一思路的继续。从文化哲学的角度看，这种思路即是从科学知识、文化活动进入文化形上学的研究。

唐君毅的文化批判源于对文化研究和日常生活的关注，因而聚焦于民族精神和时代精神的交叉融贯、矛盾运动中寻求中国近现代文化

---

① 唐君毅写道："一个自以为是在用自己之生命心血，对人类过去之历史文化作研究者，因其手边只有这些文物，于是总易忘了此过去之历史文化本身，亦是无数代的人，以其生命心血，一页一页的写成的；总易忘了这中间有血，有汗，有泪，有笑，有一贯的理想与精神在贯注。遂在研究之时，没有同情，没有敬意，亦不期望此客观的精神之生命表现能继续的发展下去……"参见唐君毅等《中国文化与世界》，载《唐君毅全集》第四卷，（台北）台湾学生书局1991年版，第11页。

② 唐君毅：《哲学概论（上册）》，第180页。

对传统文化的认同,注意到民族精神、历史文化在文化整合中的作用。在文化研究中,唐君毅围绕个人生命与民族文化之不离,以人心人性为基础,从学理的层面阐发文化保守的必然性,并梳理中国文化的历史发展来展示这种保守的合理性。他认为:"我们自己所属之民族,等等,都永不能真正化为一外在客观的东西。"民族文化为"我们生命之所依所根以存在者,即我们之性命之存在"①,"其精神生命之表现,而以学术思想为其核心"②。在现实生活中,唐君毅强调,判定人们生活方式改变的标准,即在于是否有"自觉的价值上之理由"。而保守本身,即是"对我之生命存在之价值及其所依所根之价值"之肯定,"此加以保持本身,即已有至高无上之价值。此价值乃源于人对其生命存在之根据,直接自觉的肯定"③。

四 落脚文化的重构向度

从哲学史上看,自觉的文化哲学思潮自始即是以哲学研究新范式的面貌出现的。文德尔班在哲学研究中引入对价值、生命、生活、文化的关注,把哲学研究的对象设定为"文化价值"的普遍有效性,认为"哲学既没有兴趣根据自己的观点对特殊科学进行再认识,也没有编撰的兴趣去修补从特殊学科的'普遍成果'中得出的最一般的结构。哲学有自己的领域,有自己关于永恒的、本身有效的那些价值问题,那些价值是一切文化职能和一切特殊生活价值的组织原则"④。文化哲学通过对"价值问题"的反思,对人类各种具体文化活动、文化成果的疏通和重构,拓展了哲学的空间,也成为对各种文

---

① 唐君毅:《中华民族之花果飘零》,载《中华人文与当今世界(上)》,第17—18页。
② 唐君毅等:《中国文化与世界》,第28页。
③ 唐君毅:《中华民族之花果飘零》,载《中华人文与当今世界(上)》,第20—21页。
④ [德] 文德尔班:《哲学史教程(下卷)》,罗达仁译,第927页。

化活动的价值和理性的总结。用哲学理性来成就文化生活的理想化，是唐君毅文化哲学的根本旨归。这需要对于各种具体的文化活动进行系统的梳理，"各分部之文化哲学"就是这种研究，文化价值是其中的重要维度。

关于"各分部之文化哲学"或"专门的文化哲学"的内容，唐君毅从几个层面进行说明。具体包括三方面内容，第一是"关于某一专门科学之范围，当依何概念，加以规定，以别于其它科学之范围"；第二是"一专门科学中之基本概念名词，如何加以界说，以别于其它科学中之基本概念名词"；第三是"专门科学之方法，如何加以说明，一专门知识之限效，如何加以规定，以别于其它科学之方法，其它科学知识之界效"。综合而论，"各分部之文化哲学"的研究对象，即是"专门科学内部之逻辑与知识论之问题""专门科学之对象之存在地位的形而上问题"以及"一专门科学与其所研究之对象，是否表现价值，是否合于人之理想，如何方能表现价值，以合于人之理想"[①]三个层面。这种研究思路，有鲜明的时代烙印。一方面，唐君毅强调哲学中的思维方法对于其他学科的支持作用，进而彰显哲学的普遍意义；另一方面，唐君毅侧重从价值关系中讨论各种具体科学的意义，为文化理想的根源意义、文化理想在各种具体活动中应该如何表现留下了讨论空间，并引入道德对科学、政治的意义，以及其他各种文化活动的思考。它所关涉的根本问题在于：把不同的经验放置在不同的活动领域、学科架构下来处理是否具有正当性，以及这种处理如何保证文化的整体性。

从不同对象的具体发展中，从具体的文化科学中把握其对人类道德理性、人类精神的意义，是这种文化哲学研究的典型思路。唐君毅

---

① 唐君毅：《哲学概论（上册）》，第162页。

在强调"人的文化活动有内在于人的根据"这一基本思路时,除了从中国传统哲学"内圣外王"的思路中进行总结之外,还努力从现代社会生活、学科分类中予以讨论。严格划分各门学科的不同领域,是中国近代以来学术发展的基础。纵观西方哲学史,在学科分化的过程中调适对人自身的认识,解决人的意义危机,正是文化哲学的基础。

卡西尔在其文化哲学名著《人论》中,一开始便提出了"什么是人的问题",并通过展示神话与宗教、语言、艺术、历史和科学的分化与发展,通过对各种文化之差异性的分析,提出了一种以形式研究为方法,说明各种具体文化领域之关联的思想体系。① 这是现代文化哲学的一种形态。以《人论》为代表,文化哲学出现了"符号化"的思路。这种研究把人创造符号作为人的本质特征,肯定人通过"想象"预见未来,并据此建构现实社会、文化的能力。这使得文化的功能从以往的道德传统、制定规范,拓展为更新事物。贝尔认为,这导致了一种"对新感觉的权威的、永无休止的寻求"②。

从理论根源上看,唐君毅的文化哲学作为中国自觉文化形态的一种,与西方文化哲学的发展有较大差异;从理论构建角度来说,唐君毅则努力把各个学科的发展、对新事物的追寻纳入道德理性的统领之中。通过对人类各种文化成果、文化精神的重构来表达其求"通"的哲学观,说明天人、物我的内在关联,是唐君毅哲学研究乃至人文研究的重点。这在他对自然科学、社会科学和人文科学的分判中获得一致。他指出:"自然科学与社会科学及人文学术之不同,我们可说依于人之看世界,主要有三种态度或三种观点。一为把事作为离开或外在于我之为人之主观的行为与精神,而自己存在者来

---

① 参见 [德] 恩斯特·卡西尔《人论》,甘阳译,上海译文出版社2004年版。
② [美] 丹尼尔·贝尔:《资本主义文化矛盾》,严蓓雯译,人民出版社2010年版,第34页。

看。由此而有自然科学。二为视我为人群中之一分子，而把我之主观精神与行为，客观化为人群中之一分子的精神与行为，而看此人群中之各分子之精神与行为，如何互相关系影响，以结成此人群之社会。由此而有社会科学。三为把我之主观精神与行为，以及其所对之自然社会之事物，皆摄入于对我们之主体的精神与心灵之'自觉的回顾反省，或自己对自己之反应、自己对自己之感通、自己对自己之行为中'去看，由此而有人文学术。"①

在唐君毅的思路中，自然科学、社会科学、人文科学实际上是人从不同层面和角度理解自身的活动、把握自身的创造能力。其中，人文科学所认识的是人之精神与心灵活动、人之意义与价值、人之理想、人之自我超越。哲学作为人文学科中的一个部分，其主要任务是以思辨性成就生活之理性化，然后必须"隐退"。唐君毅认为，"此哲学之思辨，由思辨非实践性之哲学问题，至系统性的思辨生活中理性之表现于实践之问题，即哲学之开始隐退之第一步。而在系统性的思辨中，指出非系统性的——散列之生活情境之存在，与如何使生活理性化之道，即哲学思辨隐退之第二步。此一思辨之完成，即哲学思辨之完全隐退"②。通过层层分析，唐君毅提出系统的文化哲学思想，其最终要实现的却是"哲学思辨之完全隐退"，强调通过哲学建构来实现文化生活的理想化，哲学在这里只是桥梁、只是路径。

唐君毅通过两重路向的文化哲学研究，用"道德理性"及其活动作为架构人类复杂的文化现象的理论，通过哲学思辨探究人生的安顿与超拔，并在对中西文化观念的比较和参味中探寻人类文化发展的途径。这种探究，既是对中国传统哲学关注当下社会人生之特质的发扬，

---

① 唐君毅：《人文学术与自然科学社会科学之分际》，载氏著《中华人文与当今世界》上，第197—198页。
② 唐君毅：《生命存在与心灵境界（下）》，第278—279页。

又是从价值关怀的角度对中国哲学现代转化的尝试,在批评西方近代文化哲学的基础上借鉴其成果。随着中国参与全球化的程度日益加深,人们逐渐清晰地意识到,为中国文化钉上"落后"标签的并不是文化本身,而是"资本"。唐君毅在日常生活领域展开的道德理想建设,对资本向文化渗透以及经济、政治、文化日趋紧密所加深的文化危机的批判,也具有一定的现实意义。

第二章　特殊文化生态下的问题意识

在近代中国，文化危机与民族危机相伴而生。自鸦片战争以来，中国人通过对器物、制度、文化步步深入的反思，来寻求振兴中国的力量。在传统与近代的历史交接点上，中国近代知识分子将中国的落后归因在文化领域内，认为对文化危机的疏解有助于民族危机的解决，希望通过文化振兴来寻求中国未来的发展思路。这种讨论持续了相当长的时期。从人的观念、思想层面思考中国的现代化，可以追溯到严复在戊戌变法时就提出的"鼓民力，开民智，兴民德"号召。20世纪初，梁启超也提出了著名的"新民说"。但两者均没能引起人们的充分重视。在五四时期兴起的现代新儒学思潮，从中国传统文化中寻求可以支撑现代化的动力因素，把彰显心性本体中的动力功能作为自己理论思考的核心问题之一。

唐君毅文化哲学思想，以中国文化之现代化为根本旨归，围绕"人当是人；中国人当是中国人；现代世界中的中国人，亦当是现代世界中的中国人"[①] 这一核心问题展开，在时代精神和问题意识激发下，通过检讨文化危机，树立起以理想人格的实现和民族文化的延续、发展为中心的学术旨归。

---

① 唐君毅：《人文精神之重建》，自序，第4页。

第一节 人当是人

唐君毅用"为人之学"来说明研究人存在之价值依据的学问，提出"人在此学上之成就，主要乃依于人之道德的天性、与自作主宰的意志之真切与否"[①]的判断。这主要是基于道德之学能够超越个体有限的生命，使个体自觉其道德理性，自作主宰，不为物役，在现实社会生活中扩充至善本性，完善个体人格而做出的结论。在唐君毅的文化哲学中，"为人之学"回答了什么是人的真实存在的问题，结合对太极、人极、人文等中国传统哲学的核心问题的分析而具体展开，并把中国丰富的道德传统与西方的宗教精神、道德哲学结合起来，形成对人的生命的整体观照。

唐君毅以"愈具体之存在愈真实"为标准，依据"各种学问与具体之人生存在相关愈密，而对具体之人生存在之重要性愈大"的原则，把各种学问的高下次序判定为：第一，为人之学；第二，历史；第三，文学艺术之学；第四，哲学；第五，社会科学；第六，自然科学；第七，形数之学与逻辑。[②] 与之相差无多，唐君毅还做出过"人文学术""社会科学"和"自然科学"的区分。其中"人文学术"包括历史、文学艺术和哲学。[③] 从时间上看，前者发表于1957年2月，后者发表于1964年2月。从内容表达上看，前者比较具体，后者则相对综合，为人之学、历史、文学艺术之学以及哲学，都是人文学术。人文学术

[①] 唐君毅：《人的学问与人的存在》，载氏著《中华人文与当今世界（上）》，第100—101页。
[②] 唐君毅：《人的学问与人的存在》，载氏著《中华人文与当今世界（上）》，第90—91页。
[③] 唐君毅：《人文学术与自然科学社会科学之分际》，载氏著《中华人文与当今世界（上）》，第196页。

可以丰富为人之学的具体内容，并支持为人之学的发展。

一 为人之学的大义

唐君毅认为，道德与宗教的关系极其密切，两者都是源自超越现实自我的追求。着眼于人的超越性追求，而不重视人们信仰的具体内容，是唐君毅论宗教的根本特点。把道德智慧和宗教联系起来，阐释道德理想的超越性与普遍性，是唐君毅继承宋明儒学之"性理"来理解"理性"之后的引申。从道德理性在日用常行中的决定作用，以及人之主体精神对道德理性的自觉实践来论述儒学在提升人的文化意识和人文情怀中的积极意义，是唐君毅论述儒学之宗教意义的线索。

从中国文化史上看，把宗教性与人文精神相结合，是儒学在以西方文化为参照、与西方文化深度交融和互动的过程中，获得了更加明确的自我意识，并不断扩展和深化中国文化自身的主体性和身份认同的重大进展。[①] 李翔海指出，强调儒家思想的宗教性又可区分为在外在形式上力图将儒学改造成为某种制度化的宗教和注重从内在精神上阐发儒家义理的宗教性特质两个方面。这与现代新儒家力图涵摄科学理性精神以"内圣开出新外王"的理论努力、强调儒家思想切入并导引当代社会人生的现实性功能一起构成儒学现代转型的两条基本路向。[②] 唐君毅主要从内在精神上阐发中国传统文化的宗教性。

唐君毅把宗教、道德关联在一起，是因为两者的原初状态均为人类向上提升的心情、向善的追求。他说："宗教原为人类精神生活之一最高表现。一切宗教初皆原于人类之向上的心情，亦初皆多少包涵对

[①] 彭国翔：《儒家传统：宗教与人文主义之间》，北京大学出版社2007年版，第12—15页。

[②] 李翔海：《论儒学现代转型的两条基本路向》，《齐鲁学刊》2007年第6期。

人之道德教训，即皆为一般所谓劝人为善的。而此道德教训中，亦大皆包涵爱人敬人之一义。"① 唐君毅将宗教、道德与哲学智慧一起，视为生命存在与心灵境界的主要内涵，以为宗教上的笃实信念，道德上的真切修养，以及哲学智慧所养成的识见，足以广大高明的心境，可以使世界得以免于分崩离析与破裂毁灭之虞。②

首先，唐君毅从"理想"的角度来说明中国文化中对于"人性"的思考。在唐君毅看来，中国哲学的人性讨论，有一个共同的主题："人之面对天地与自己，而有其理想，而透过其理想以观人与天地之性。"③ 这也就是说，人们对于天人、物我的理解，与自己的理想密切相关，理想基于人的生活而产生，表达对于未来的系统思考和真诚向往，是人们把握、涵养人性的现实基础。而人性之"善"，不仅仅是"天命"，更应该是人的自我期许。唐君毅强调，只提出理想而不讨论实现理想的途径，是不符合孔子精神的。他说："凡只说一理想，而不说所以达理想之当下可行之道，则皆不能真实连于吾人当下之生命与心灵，即皆未全合于孔学之精神。"④ 凸显理想对人的行为的切实意义，在现实生活中完成文化理想，实现人类理性，是唐君毅文化重构的旨归。

其次，"理想"是唐君毅说明道德理性的超越性与主宰性的重要内容。经由理性的超越性而说明其普遍性，经由理性的主宰性而说明其必然性，通过普遍性与必然性说明道德理性与现实生活的关联，是唐君毅文化哲学的基本内容。他说："理性之发用，首先即表现为一超越感觉形相之世界，而超越物质身体之世界与自然本能欲望等的。吾人之识取人之超越自觉或不自觉的理性之活动，当先自此处识取。至于

---

① 唐君毅：《儒家之学与教之树立及宗教纷争之根绝》，载氏著《中华人文与当今世界（下）》，第59页。
② 郑志明：《儒学的现世性与宗教性》，（台北）南华管理学院1998年版，第273页。
③ 唐君毅：《中国哲学原论·导论篇》，第12页。
④ 唐君毅：《中国哲学原论·原道篇》卷二，第97页。

自觉的依理性而成之理想或自然合理性之理想,其普遍性乃直接由此理想之形成,依于吾人之已能超越此上所言之个体所具所遇之一切特殊现实而来。……理性之发用,首先乃表现于'私性或自限于一特殊之性'之超越,以主宰吾人之自然活动上。至于所形成之理想为具必然性、普遍性、公性、仁性者,乃以后之自觉所反省出者。……理性之最早表现,即表现于人之日常情感意志行为中,亦表现于吾人自觉是求一非实践性理想。"① 人具有不断为善的能力,并在现实生活中自觉彰显理性的功用,形成文化理想,是人之所以为人的关键。对人文思想、人文精神的关注,贯穿在唐君毅学术研究之始终,尤以《人文精神之重建》《中国人文精神之发展》和《中华人文与当今世界》中的阐述为全面。

最后,唐君毅认为,中国文化的主体精神摄于原始宗教信仰之中,又转而支配了中国人后世的宗教精神。他从宗教理论与宗教实践两个方面来描述中国文化中的宗教精神。在理论层面,传统的天人合一、天人合德思想中内在地包含着宗教性、超越性要求,"吾人如能深切了解儒家之本心本性,即一切宗教精神与信仰之所自发之根源所在,则知儒者所言之尽心知性之道德上实践工夫,即一直承顺一切宗教之根源处,再自上而下所开启之实践工夫"②。在实践层面,唐君毅以"三祭"之礼为重点,指出:"此中明有一求价值之实现与生发之超越的圆满与悠久之要求之呈现,乃视死者亡而若存,如来格生者,以敬终如始,而致悠久,使天地与人,交感相通,而圆满之天人之关系,则此三祭中,明含有今人所说宗教之意义。"③ 无论从哪个层面来看,唐君

---

① 唐君毅:《文化意识与道德理性》,第20—21页。
② 唐君毅《宗教信仰与现代中国文化(下)》,载氏著《中国人文精神之发展》,第371页。
③ 唐君毅《宗教信仰与现代中国文化(下)》,载氏著《中国人文精神之发展》,第375页。

毅在解读儒学的宗教性时都着眼于人与超越者的关联方式来进行，表现出一种建设性向度。

从道德实践即平凡而超越的角度来厘清儒学与宗教的关系，认为儒学是宗教，是唐君毅很早就提出的观点。他于1961年8月发表《儒家之学与教之树立及宗教纷争之根绝》一文，指出："儒家之学与教，应说为人类精神之一特殊的表现形态。而若以西方传统之分类观点来看，则说其是学是教皆可。如说为宗教，即应称为一哲学智慧的与道德的宗教"；"儒家之教中并非不包含信仰，而是其言信仰，乃重在能信者之主体自觉一方面。……儒家由重此中之能信之主体自觉，而重此主体之实践其所信，由行道而成德，以建立起为贤为圣之人格于天地之间"。① 这种思路对于揭示儒学特质而言，是合理而深刻的。

"道德理性"作为人类道德活动和文化活动的根据，既需要宗教精神来支撑，互相配合，又要防止道德理性与宗教精神相冲突。就道德理性需要宗教精神的支撑与配合而言，唐君毅指出，人基于道德理性而有的向外活动，皆要外求于人，如职业、家庭、政治事业等，皆为不能必然实现的，会产生求而不得的痛苦；人在现实生活中，会因天赋、境遇的差异，导致各种不平等。这些需要宗教来安慰人。② 除了情感上的安慰之外，道德理性可以从形上根源处解决宗教所不能解决的问题。唐君毅指出："不合理的人生之各种陷阱，各种可能的苦罪之陷阱，如总在那儿，诱人们沉陷……人在此际，仍将出现一形上的宗教

---

① 唐君毅：《儒家之学与教之树立及宗教纷争之根绝》，载氏著《中华人文与当今世界（下）》，第65—67页。

② 唐君毅说，"求这些事，纵皆为应当的合理的，而仍不能必达的。应当合理而不能达，则人生不能无所憾，亦不能无苦痛"；"专连于人之道德生活而所，而至少有二种，一是人所禀赋之气质之清浊昏明之命。由此而人之良知能显露于人之程度，即在初生，若已有各种不同。此本身为无理可说者。一为人在环境中所遭遇之命，此亦为无理可说者。……此二者，同为人之所不得不承担"。唐君毅：《精神上的合内外之道》，载氏著《中国人文精神之发展》，第311页。

性之疑惑与感情。此疑惑与感性，仍将以一现实界的道德努力之外的宇宙真宰之信仰、彼界之信仰来解决，来圆满。否则世界之不合理，亦可因其是常见的事实，而成了常道。"① 人之宗教精神"或原于我们之道德理性之直申，而冒出一对世间罪苦的同情悲悯；或由欲正面肯定宇宙之根底上之必须合此道德理性，以完成我们之道德的努力与要求"②。

"道德理性"与宗教精神相冲突的地方，一是使人彻底忘了自己，陷入对神与佛的狂热之中，或者把自己的宗教精神寄托在僧侣身上；二是宗教容易成为人间各种冲突的根源。③ 唐君毅认为，宗教在人"超越所知之现实世界上立根"，其本性在于"求价值的实现与生发之超越的圆满与悠久之精神要求或超知之活动"，而宗教意识的核心是"自自然生命解脱而皈依于神之意识"。④ 这些都是人们忘记自身道德理性、忘记人的主体性的原因。有不少西方文化哲学家把宗教作为文化的核心，指出宗教一方面以净化人心，惩恶扬善为基本宗旨，促进人类文化的发展，另一方面也是规模巨大、难以消解的族群冲突的根源。卡西尔在其著名的文化哲学著作《人论》中即指出："它（宗教）鼓励我们与自然交往，与人交往，与超自然的力量和诸神本身交往，然而它的结果却恰恰相反：在它的具体表现中，它成了人们之间最深的纠纷和激烈斗争之源泉。"⑤

唐君毅敏锐地发现："百年来之中国之政治问题文化问题，正一直与宗教问题相夹杂。政治的斗争与文化思想的冲突，都有宗教思想的

---

① 唐君毅：《精神上的合内外之道》，载氏著《中国人文精神之发展》，第312页。
② 唐君毅：《精神上的合内外之道》，载氏著《中国人文精神之发展》，第313页。
③ 唐君毅：《精神上的合内外之道》，载氏著《中国人文精神之发展》，第315—316页。
④ 唐君毅：《中国人文精神之发展》，第339页；唐君毅：《文化意识与道德理性》，第477页。
⑤ [德] 恩斯特·卡西尔：《人论》，甘阳译，第101页。

冲突裹胁于其中。而政治的斗争，都多多少少，直接间接涵有宗教的意义。宗教亦无异直接在参加政治的斗争。这正无异西方的宗教战争的精神之移入中国。这与中国以前的历史全不同了。"① 这也体现出唐君毅在反思近代文化问题时，对于宗教问题复杂性的认知。唐君毅用"宗教道德之学"作为儒学超越特定政治、经济结构而成为文化精神的理据，表现了他用"为人之学"来沟通传统儒学与西方宗教的努力，彰显关于人之价值的终极思考如何相通。他认为，"任何文化活动必须对一真实存在的人之当然理想，而有内在的本身价值""必须有内在的本身价值，而后有帮助此人其他理想实现之效用价值""必须通过人之客观普遍的价值意识，而后其价值真实存在于包括他人之社会"。② 在比较文化的视域中，唐君毅对于宗教的讨论，始终强调如何发挥其导人向善的功能，对于其引发人类冲突的可能性有充分自觉，进而力图通过道德理性来消除其中的负面因素。

整体而言，"为人之学""生命的学问"是唐君毅梳理传统儒学的基本思路，从人之为人的根据出发，结合中西文化比较与现代社会的生活方式，再造理想人格。具体而言，即是从心性本体与现代社会生活如何关联这一问题的讨论入手，说明人的努力方向，说明中国传统的基本价值与中心观念在现代化的要求之下如何调整与转化。

二　以人文学术支撑为人之学

在西方文化强势的影响下，在现代学术和教育理念中常用"人文科学"和"人文学科"，表示宣传以人为中心、强调人的价值而与正统神学相异的世俗研究。唐君毅表达了他对于"科学"的理解，排斥

---

① 唐君毅：《宗教信仰与现代中国文化（上）》，载氏著《中国人文精神之发展》，第333页。
② 唐君毅：《人的学问与人的存在》，载氏著《中华人文与当今世界（上）》，第88页。

"人文科学"这一说法，进而选择"人文学术"这一表述，来指称人文科学中的内容。唐君毅把"人文"与"学术"相联，突出的正是人文科学的非实用性与非功利性，以及中国文化在人文领域的底蕴和发展空间。

现代意义上的"学术"一词，中国学者使用甚晚，直到19世纪末20世纪初，许多学者还是把"学"与"术"二字分开使用。严复曾言："盖学与术异，学者考自然之理，立必然之例；术者据既知之理，求可求之功。学主知，术主行。"① 梁启超亦说："学者术之体，术者学之用"，"学也者，观察事物二发明其真理者也。术也者，取所发明之真理而致用也。例如以石投水则沉，以木投水则浮。观察此事实以证明水之有浮力，此物理也。应用此真理以驾驶船舶，则航海术也。研究人体之组织，辨别各器官之机能，此生理学也。应用此真理以疗治疾病，则医术也。学与术之区分及其相关系，凡百皆准此。"②

就汉语系统而言，"学术"包括"学"与"术"两个差异甚大的概念，我们难以由"学"和"术"得到一个明晰的"学术"的概念。不过需要注意的是，虽然严复和梁启超还没有使用"学术"一词，但是他们所说的"学"，其含义实际上已很接近我们现在所讨论的"学术"了。今天的"学术"概念，是从西方引进的。Academic 一词，本源于 academy，是柏拉图创建的高等教育学校，人们在这种学校里，为求知而从事学术，并无任何实用的目的。在欧洲的传统中，学术是由受过专业训练的人在具备专业条件的环境中进行非实用性的探索。

基于对"学术"的如上考察，我们认为，唐君毅用"人文学术"来统摄历史、文学艺术以及哲学，彰显三者与人自身密切相关，以及

---

① 严复：《〈原富〉按语》，载王拭主编《严复集》第四册，中华书局1986年版，第885页。
② 梁启超：《学与术》，载梁启超《饮冰室合集》第三册，中华书局2015年版，第12页。

三者的"非实用性",是从文化比较的角度进行的意义选择。唐君毅认为,人文学术、社会科学和自然科学的区分,并不是仅仅基于研究对象的不同,而是由于人看待世界的态度和观点有别。其中,"自然科学与社会科学及人文学术之不同,我们可说依于人之看世界,主要有三种态度或三种观点。一为把事物作为离开或外在于我之为人之主观的行为与精神,而自己存在者来看。由此而有自然科学。二为视我为人群中之一分子,而把我之主观精神与行为,客观化为人群中之一分子的精神与行为,而看此人群中之各分子之精神与行为,如何互相关系影响,以结成此人群之社会。由此而有社会科学。三为把我之主观精神与行为,以及其所对之自然社会之事物,皆摄入于对我们之主体的精神与心灵之'自觉的回顾反省,或自己对自己之反应、自己对自己之感通、自己对自己之行为中'去看,由此而有人文学术"[①]。唐君毅以人之主体精神和心灵的感通和反省活动作为"人文学术"确立的前提和关键,根据人之主体精神和心灵对于各种具体对象的不同方式区分历史、文艺和哲学界限和价值,超越"效用"评价的思路,赋予它们独立的地位,并以自己创造性的自发自感来保证历史、文艺和哲学的无穷发展,同时也表现它们之间的关联以及人之心灵活动的丰富性。

对人文学术的探讨,也为"为人之学"提供了支撑。唐君毅按照历史、文艺、哲学来排列人文学术的次序。历史、文艺、哲学三者的对象分别是"事""情""理"。人们自觉反省"事""情""理"的过程和结果,经由文字表达出来,便成为历史、文艺、哲学。其中,历史意识虽然不是道德意识之直接支持者,却可以"包举万汇,而亦可承受、涵盖、包举'我以外之一切人之道德精神之表现,所开创一切

[①] 唐君毅:《人文学术与自然科学社会科学之分际》,载氏著《中华人文与当今世界(上)》,第197—198页。

历史事件之秩序'之一意识。我们如说道德精神是开创一历史事件之秩序,亦开创一历史之世界者,为乾元。则历史之意识之可承受一切,则为坤元。历史之概念之全幅意义,即包括一已成之其他有真实存在意义之一切学问之历史,而历史意识与历史学之全幅意义,即包括一切已成之学问,与其历史于其中"①。历史通过具体事件反映人的道德意识,展现人的道德精神。历史学通过对事件本身和事件规律的反思,获得对人们道德精神的把握。

文学艺术之地位低于历史而高于哲学,原因在于"哲学之内容,皆抽象的理论,而文学艺术之内容,皆为具体特殊之事象"。文艺作品的创作"先构成一更完全之想象意境,并表之于更具美感之文字,与物质世界之声形色之构造中,遂更能使人我之心间,易于得一沟通之道路"②。哲学以抽象理论为对象,却依旧属于人文学术,原因在于,"哲学之理论较其他科学之理论,更是重批判与综合的。说哲学是重批判的,即说哲学之根,在价值判断。……哲学于此,即成人之社会人文生活之具体内容之一护持者。自其为此护持者言,则哲学批判之外貌,虽是消极的,其所批判之教条、成见、观念、与用以批判之理论,皆为抽象的;而其精神,则是积极的,求成就具体的"③。

在唐君毅看来,历史、文艺、哲学作为了解人之自身的学问,作为人文学术的共同特征,在于经过人自觉的反省之后,再加上精神性的创造而成。三者合力塑造的人文精神,应当是一种自由的精神、自觉的精神、超越的精神,表现为一种超越实用理性之上又与宗教精神有别的精神。用现代人文学术来支撑为人之学的发展,是挺立中国文化基本精神的必要内容。

---

① 唐君毅:《人的学问与人的存在》,载氏著《中华人文与当今世界(上)》,第93页。
② 唐君毅:《人的学问与人的存在》,载氏著《中华人文与当今世界(上)》,第93—95页。
③ 唐君毅:《人的学问与人的存在》,载氏著《中华人文与当今世界(上)》,第95—96页。

唐君毅指出，人文学术中之各种学科之间的壁垒也不甚森严。其中，"由史入文在：在断史即事，开事成境，于境知人，因人见志，即志生情。由文入史在：在藏情入志，摄志归人，因人记境，对境述事，以事继事。由哲入文在：在藏义入志，依志生情，缘情造境，即敬寄志。由文入哲：在摄境归情，即情见志，即志知义，以义引义"①。"志"为心之所向，"情"为性之所发，都与"心"密不可分，甚至可以理解为"心"之未显与已显两个方面。通过"境"与"心"的互动，文学和历史可以相即相入；通过"义"与"心""境"的关联，文学与哲学亦可互相涵摄。这与唐君毅在《生命存在与心灵境界》中对于"心"与"境"的关系的认识相关，亦与《中国哲学原论·原道篇》中对于心何以知道的论述相联系，同时可以结合唐君毅对"性理"的理解来分析。在文、史、哲的关联中，人的心、性、情、志与事、物、社会、天地融为一体，人的境界也由此显现。

根据人的主体精神、道德意识的表现、具体人格来定义人文学术，为人文学术争取独立的地位与相应的尊严，并判定各种人文学科之地位，是唐君毅以其心学立场来为人文学术立基的基本思路。这种思考立足于中国现代文化建设的现实关怀，面对社会转型期的种种困境，对治因西方文化的挑战、资本逻辑的冲击和传统文化中消极方面的扩大，而出现的价值失落、社会失序、唯利是图、自我中心等病症。进而，唐君毅还力图从理想出发，直接规整、引导人们的致思趋向，提升人的精神境界。为人之学的根源性，也在这种反思中得到更加充分的彰显。

---

① 唐君毅：《先秦诸子文学中之喻与义》，载氏著《中华人文与当今世界（上）》，第325—326页。

第二节 中国人当是中国人

在20世纪初期被中国学人广泛关注的中西文化比较，无论是西化派还是本位派，基本思路都是从比较中西文化的优劣出发，从中西文化中选择一种，作为中国文化乃至世界文化的发展方向。新文化运动时，以李大钊为代表的"东洋文明主静，西洋文明主动"的观念，成为颇具共识性的观点。① 现代新儒家学者正是在这一背景下，努力打破这种认知，从中国文化自身寻求自我发展的动力，进而促进中华民族的继续发展。把文化作为人生存的目标，强调文化生命对民族生命的决定意义，是唐君毅文化研究中很早就具有的意识，也是唐君毅文化理想中的一个重要内容。他在1936年即撰文提出"我们不是为求生存而有文化，而是为文化而求生存"的思路，并进一步指出，"世界上只有把发扬文化当作前提的民族，方能真正的努力求生存。世界上绝无唯一目的只在生存而能使文化发达的民族"，凸出"从文化本身看文化"② 的立场，反对以欲望、功利的态度看待文化问题，强调主体的创造精神、生活理想对民族存在的积极意义。

一 文化是民族的根本

在中国人的生活中，家、国、天下都是最基本的共同体。个体在共同体中确立其生存的意义和空间，是中国伦理型文化特质的重要体现。1947年，唐君毅专门写作了《中国古代民族之凝合意识》一文，

---

① 何晓明：《文化重构、社会整合与现代化主题增容——19世纪至20世纪中叶中国知识分子对现代化道路的探索》，载冯天瑜主编《人文论丛（2000年卷）：现代化进程研究专辑》，武汉大学出版社2000年版，第7—8页。
② 唐君毅：《国人对文化应改变的态度》，载氏著《中华人文与当今世界补编（上）》，（台北）台湾学生书局1988年版，第33—34、46页。

探讨文化意识对中华民族的凝聚作用。他认为:"中国古代政治社会中即具备各种文化的凝合意识之种子,此种子之在数千年历史之中发芽滋长,即中国成为今日如是一大民族之根据……此诸种文化意识之种子在中国民族活动之始即已存在,自始即为中国民族之灵魂。"[①] 在传统中国的政治思想中,执政者"以仁安人,以义正我"(《春秋繁露·仁义法》)的责任原则,强调上位者的示范意义,对于维持共同体的稳定,具有深刻的影响。同时,这种责任意识又与"天命"等神秘观念结合在一起。在现代文化的"去魅"过程中,在经济力量之外,如何保留、在多大程度上保留对"共同体"的道德、价值意义,补上仅从经济利益、政治身份来建构"共同体"根基的短板,也是新文化建设中不可或缺的部分。

在唐君毅的描述中,这种"凝合意识"包括宗教意识、道德意识、政治意识、封建意识、宗法意识、艺术意识、经济意识、历史意识与文字意识,其中以宗教道德意识最为重要。这种概括,不仅出于对精英阶层文化状况的分析,如政治意识、文化意识等;亦有对一般大众生活状态的总结,如宗法意识等,并指出中国文化中凝合力量之强是中华民族与其他民族相区别的一个重要特征。民族精神既表现在自觉的思想体系中,同时又表现为群众不自觉的心理倾向。对于不同发展水平的民族来讲,其民族精神自觉的程度也有所不同。表现在思想家理论中的学术思想,是把握民族精神最直接的途径,却不是全部。而唐君毅在文化研究中强烈的花果飘零的文化心态和鲜明的民族意识都与他对民族精神的这种解读相关,表现出强烈的时代悲情,主张通过文化教育来实现振衰起敝的时代使命。

近代以来,大量的中国人在西方文化的强势压力下,对中国文化

---

① 唐君毅:《中国古代民族之凝合意识》,载氏著《中华人文与当今世界补编(上)》,第125页。

如何转型发展这个问题，展开了诸多思考。鸦片战争以后，魏源提出"师夷长技以制夷"，洋务派高呼"自强""求富"，主张学习先进技术来富国强兵，都是在复活经邦济世的士人精神以求民族自救；甲午战争之后，士人们在"保国、保种、保教"的理念中，提出制度革新的要求，清政府被迫在军事、教育、工业政策等方面做出调整。随着新的知识分子、了解西方的官吏、新兴工业资本家群体的扩大，人们有了大量的关于富强、进化、民主、自由等话题的思考，与传统基于道德而言的"忧患意识"相较，增加了对于科学技术和民主制度的向往，因而具有更加鲜明的近代特征。在唐君毅看来，这正是基于道德理性的作用而产生的。他说："中国文化精神确有其永久不灭的价值。然其发展至今，与西方文化对照而论，亦确显出其有种种缺点。中国近百年对西方文化中科学民主自由精神之接受与摄收，亦为一不自觉的择善而从之理性所支配。"①

同时，唐君毅在对于中华民族承续、中国文化发展的思考中，提出了自己的担忧。就中国人对待西方文化的态度而言，"中国近百年来，人接受西方文化之意识态度，恒出于一欲望之动机，而显出一卑屈羡慕之态度。同时西方文化之长，又不能真正皆为中国人所倾心接受。人恒一方以为以要接受西方文化之科学与民主自由等精神，必须打倒否定传统文化；然又终为传统文化之精神所牵挂。于是今之中国文化思潮，乃陷于种种矛盾，而无出路"②。这是非常深刻的见解，讨论了否定传统与保守传统的张力，即彻底否定传统终究难以实现，那么应该如何真正接受西方文化的优长。就文化传承与建设的载体而言，唐君毅特别分析了知识分子的状态。他指出："我们这一代知识分子之所以不行，则其症结所在，即在其既失去真正中国文化的陶养，亦未

---

① 唐君毅：《中国文化之精神价值》，第475页。
② 唐君毅：《中国文化之精神价值》，第475页。

受佛教或基督教之陶养。由此而精神不能向内向上，而总是向外向下。"① 唐君毅的这种思路，是基于对于中国现代文化而言的内部批判。

唐君毅认为，实现民族生命与文化生命相结合之理想的主要途径，是充分发挥个体的文化意识，通过个体的创造精神与责任意识的提高、完善，以及个体对他人的欣赏、合作来保证民族实体的存在和发展，促进民族精神的转化和更新。唐君毅始终强调："一个人与一民族，却至少有一些东西，以自信自守、自己认识自己为首要，而非可只求信守于他人，只求他人之加以认识者；然后此人才成一独立的人，此民族才成一独立民族。此即一个人之思想与人格之价值，一民族之学术教育文化之价值。"② 对于历史文化的生命力、延续性的强调，对于保守传统文化的意义、文化进步标准的反思，对于知识分子在文化转型中的独立性的呼吁，都显示出唐君毅对于中国文化转型的责任意识与担当精神。唐君毅所发出的警示，对于我们反思文化建设中的中西差异，以及中西文化的融汇之途，至今仍具有重要的借鉴意义。个体积极承担自己的历史文化责任、自强不息精神成为唐君毅诠释民族精神的重要方面。

二 中国人文精神的传承

唐君毅对"人文精神"的说明，比较多元。从最广泛的意义上讲，他认为"一切学术思想，都是人的思想，一切文化，都是人创造的。因而一切文化之精神，都是人文精神"③；从人文思想发展的角度，他把"相续不断的人文思想发展历程中"所显示出的"人类之精神向往"称为"人文精神"，人文精神具有动态性、历程性和方向性

---

① 唐君毅：《我们的精神病痛》，载氏著《中国人文精神之发展》，第238页。
② 唐君毅：《花果飘零与灵根自植》，载氏著《中华人文与当今世界（上）》，第41页。
③ 唐君毅：《中国人文精神之发展》，载氏著《中国人文精神之发展》，第9页。

等特点。

唐君毅讨论人文精神，有其特定的问题意识和讨论范围。他说："我们现在发扬人文主义之精神，我们所要对治的，只是视人如物、以驾驭机械之态度驾驭人之唯物主义。我们所要讲的人性，是异于物性的人性，而非异于神性的人性。"① 他对人文精神的讨论里，彰显了文化理想、人性本身的意义，尤其重视其 "救住人类之物化，免于堕落虚空"② 的目标。

在唐君毅的著作中，解说人文精神之处还有很多，而以上述两处最具有代表性，从正反两面揭示出其文化观的核心思想：人文精神是人对自身及其文化的重视和尊重，人文精神之建设必须从人自身之心性入手。基于这种认识，唐君毅认为，人文精神在今天之所以失去了统摄人心、价值整合的力量，根本原因在于西方文化的入侵和中国传统知识分子在吸收西方文化时的功利主义态度，以及"五四"新文化运动以来对中国传统文化激烈的批判和否定。他要通过保守、发扬中国传统文化的人文价值，要用道德理想主义来重建人文精神，提高人的主体性，实现中西人文精神的整合、发展。

首先，唐君毅强调，中国人文精神传承的一个重要内容就是 "转化一切由西方传入而表面与中国儒家思想不同而冲突的思想，以为展开儒家精神之用——如看人生社会之黑暗面之思想，若不直接成为帮助人成为他人之裁断者，即可转化为帮助人增加同情心、悲悯心者"③。基于这种思路，他强调人们活动中的向善本性，以及同情共感的生命基调和情感。这在人文世界的建构中也就具有了重要的意义。本体之 "乐"、生生不已之 "理"、人之善 "性" 以及人之成德之 "乐"，共同

---

① 唐君毅：《宗教精神与现代人类》，载氏著《人文精神之重建》，第26页。
② 唐君毅：《宗教精神与现代人类》，载氏著《人文精神之重建》，第27页。
③ 唐君毅：《我们的精神病痛》，载氏著《中国人文精神之发展》，第259页。

奠定了唐君毅哲学体系的基调，即刚健、至善的心灵与物相接触，自然畅发其中的生生之意，成就个人的人格完善和人类社会的和谐。

其次，以心之本体为基础，建构一个真、善、美全幅展开的人文世界，充分发挥人性之至善，完全实现人格尊严，是唐君毅的哲学理想。在他看来，这也是面对西方"罪感文化"时，中国传统文化需要作出回应的一个切入点。唐君毅认为，"今天最圆满的人文主义思想，必须是中西会通的人文主义之思想，以解除现代世界中之文化的偏蔽"①。这种思路，是唐君毅强调的通过人文与非人文、超人文乃至反人文之间的互动来实现人文精神的自我发展的体现。人的一切活动，都可以成为人文精神丰富和发展的助力，但是需要人内在的主体性和创造力的自觉。

不同于牟宗三和徐复观把西方人文主义的源头追溯到西塞罗关于人性和文化的说明，唐君毅认为西方人文主义之祖是普罗泰戈拉，最早的命题是"人为万事万物的权衡"，苏格拉底延续了这一思路；西塞罗是西方人文主义思想第二阶段的代表人物。唐君毅强调，西方人文主义与中国人文主义相较，在源头处就有明显不同。"晏子、管仲、子产、孔子等对于以前之文化礼制，皆取保存继承或进而申释其意义价值的态度。而普氏以至苏氏，对其以前之宗教礼俗政治，则多取怀疑批判的态度……在中国方面，孔子之为划时代，在其能自觉过去传下之礼文之'本'，在人之德性、人之仁心。普、苏二氏之划时代，则是把以前对自然之哲学思想，转至另一方向，而思想人自己，求知人自己；同时本他们之自觉的理性，去成为旧有宗教礼俗的疑问者批判者，便在精神上与传统文化，有一脱节。……从思想内容方面看，则称普氏为西方人文主义之祖，尤可见西方人文主义之第一阶段之思想上的

---

① 唐君毅：《世界人文主义与中国人文主义》，载氏著《中华人文与当今世界（下）》，第57页。

简陋性、偏狭性，以及其后之人文思想，如何由此简陋性与偏狭性，一步一步翻出来之发展历程。"①

唐君毅进一步指出，普罗泰戈拉所说的"人为万事万物之权衡"之中，"他所了解的人，只是一个人主义、感觉主义、快乐主义、功利主义的人。他对于知识文化之本身价值，未能肯定；对于知识之超个人的意义及理性基础，未能认识；对于道德之超快乐感情之根据，亦无所了解。简言之，即他所谓人，实只是一'起码人'，或居于文化环境中的'自然人'，或为自己之知觉感觉感情所封闭的'主观人'，亦即其精神与真正历史文化之生命，社会人群之生命及客观之自然世界，游离脱节，而凝缩收卷于自己个体生命之个人"②。对于"人"的理解不同，对于历史文化的态度不同，是中西人文思想在源头处的差异。中国的人文思想更加强调人的道德性、历史性和社会性。

最后，唐君毅认为，传承中国的人文精神，需要回到中国哲学自身的"仁"论根基上。从文化比较的思路看，唐君毅强调以"仁"为基础的中国心性论，消除了宗教、自然、人文三者之间的对立，可以弥补西方人文主义的弊端。他说："此心性乃指人之仁心仁性，即内在于个体人之自身，而又以积极的成己成物，参赞天地化育为事之实践的理性，或自作主宰心。人类只有此心此性，能属于自己，而又能通于他人，为消融个人与社会组织之对立之根基所在。亦为能通人心与天心，人与自然，使天人一贯之枢纽。"③ 在种思路强调的是个体积极的创造精神、成己成物的追求、与他人合作的精神，"仁"所内具的主

---

① 唐君毅：《西方人文主义之历史的发展（上）》，载氏著《中国人文精神之发展》，第39页。
② 唐君毅：《西方人文主义之历史的发展（上）》，载氏著《中国人文精神之发展》，第40页。
③ 唐君毅：《西方人文主义之历史的发展（下）》，载氏著《中国人文精神之发展》，第80页。

体性和亲切感与西方文化中人神对立、人与自然二分的主流观念形成鲜明的对照。

有论者指出，唐君毅文化哲学强调的是，文化活动在根本上是针对现实和个体人的缺失而引发的，自觉或不自觉地依理性而形成的，涵盖了文化理想，表现了一种道德的价值、人格自身的价值。① 这在唐君毅对中国人文精神的分析中体现得很明显。从唐君毅针对现代社会之弊病、解决人们在日常生活中的意义危机的用心来看，则可以发现其重建人文价值的努力，具有积极的意义。唐君毅的文化思想，由"花果飘零"的文化悲情所催发，进而由现实生活中人的"物化"及其克服而深化。

第三节 现代世界的中国人

现代世界的中国人，既是中国人，也是现代人，两者需要完美结合。人们既接受了中国文化的熏染，又能融入现代社会，行为做事能合理性、合时代、合人情，是现代新儒学重构现代中国理想人格的思路。同时，在以意义的世俗化、生活的平面化为特征的现代社会，如何处理中国传统文化中安身立命的生命智慧与西方文化中的超越精神，是中西文化在更深层面交流融合的内在要求，亦是对科学、民主、自由等现代理念进一步探索的要求。

与反传统思潮不同，唐君毅对于五四以来知识分子的功利心态予以较多批评和反思，并提出解决之道。他在思考中华文化的未来发展问题时，把如何说明"保守"历史文化的价值，如何评判文化进步的标准作为亟须解决的问题。从方法上看，唐君毅强调中国文化在守成

---

① 郭齐勇：《论唐君毅的文化哲学》，《求是学刊》1993 年第 4 期。

中创新的更新方式，又援引分析思维和文化哲学的方法，加强了对于为何要保守文化根基，以及如何保守文化根基的说明。在问题意识方面，唐君毅则着力于说明现代民族国家并立的条件下，文化危机和政治、经济问题相互交织，彼此渗透，文化危机深刻影响政治经济，政治经济的问题转而加深文化危机，进而影响现代人的人格发展。

一 接纳文化变迁

从现代化的进程来看，从19世纪末开始，西方现代性呈现出诸多弊端，"进步"观念、"理性"力量受到人们的批判；20世纪前半叶，中国思想界对西方的现代性也呈现出诸多思考。梁启超的《欧游心影录》、章太炎的《俱分进化论》、梁漱溟的《东西文化及其哲学》以及"科学论战"中玄学派对于科学万能论的反思，是其中的主要代表，人们对于传统文化的态度重新多元起来。与新文化运动的激烈反传统不同，现代新儒学更加强调从传统文化内部寻找民主和科学的种子，并以"开出"民主和科学作为自己学说建构的方向之一。现代新儒学中对于传统心学的褒扬和转化，也正是基于心性主体的能动性进行的思考。同时，这种思路也有助于保持中国文化自身的一致性。

以资本逻辑为动力的现代化进程，对中国的政治理念、文化观念、社会生活产生了重要影响。人们对中国传统文化的批判，在一定意义上讲，是在资本逻辑的冲击下展开的。这正如马克思指出的，资本"尽可能地消灭意识形态、宗教、道德等等，而在它无法做到这一点的地方，它就把它们变成赤裸裸的谎言"[1]，资产阶级"按照自己的面貌为自己创造出一个世界"[2]。资本从来不是单纯的经济现象，它更是政治思想、文化价值传播的载体。资本维度的文化传播以"商品"为媒

---

[1] 《马克思恩格斯文集》第1卷，人民出版社2009年版，第566页。
[2] 《马克思恩格斯文集》第2卷，人民出版社2009年版，第36页。

介，运用商品交换实现文化趋同、政治认同。从中国近代文化史上看，中国人在求富求强的迫切心态下，对西方世界的民主、自由等缺乏深刻的思考。从世界文化史上看，进入现代社会以后，在资本的天平上，中国文化被定性为落后。加之中国文化传统自身在科技方面的不足，中国传统文化的劣根性一度被放大，在彻底的反传统思潮中达到顶峰。唐君毅用"我们无力建立自己的标准，整个社会与教育文化学术之风气，皆唯他人之马首是瞻"[①] 来说明形成这种现象的根本原因。这也说明了资本逻辑主导下，中国文化的现实境遇。接纳文化变迁，融入现代社会文化进程，是中国人不得不做出的选择。

首先，唐君毅从世界文化发展的角度，提出接受文化变迁的必要性。他说："在今日世界文化发生急剧交流的时代，一切民族之文化与社会，都不能免于发生若干变迁。一些传统的风习之不能保存，原是自然亦必然的事。我们分明可提出种种理由，说中国人之不能保持住其传统文化、语言，及其他社会风习，乃因其不能适应时代，故只有逐渐改变。"[②] 这也从整体上凸显出文化变迁本应该是一个自然而然的过程，逐渐淘汰不适应时代的内容。

接下来，唐君毅指出，中国文化变迁中的根本的错误在于忽视了现实问题背后的超越性根基，以现实风气为文化标准。用唐君毅的话来讲，这个错误就是"将自己所属之民族语言、历史、文化、社会风习，以及其原来生活的方式等等，都全部化为一客观外在的东西来看，而视为种种外在而客观之社会历史文化之原因与法则，所决定者；因而人只要随此变迁之方向、潮流风势而转，皆为进步；且以凡进步皆是，凡保守皆非。简言之，即以时代之风势所在，即是非标准、合理

[①] 唐君毅:《花果飘零及灵根自植》，载氏著《中华人文与当今世界（上）》，第46页。
[②] 唐君毅:《中华民族之花果飘零》，载氏著《中华人文与当今世界（上）》，第15—16页。

不合理之标准之所在"①。在唐君毅的思想中，文化的进步与否，不能通过客观的条件来评判，不能以时代风气作为判断文化优劣的标准。唐君毅对于文化、风俗等历史继承性的强调，突出其中的精神意义，以及精神文化相对独立于客观条件的性质。他甚至指出，进行文化变迁的唯一依据是"我们确知我们原来生活存在于其中之历史文化、社会风习，及其他生活方式之无价值，确不值得我们生活于其中"②，这也是维护应有的文化保守、推进应有的文化进步的根据，是对于随时代风气转变而有的变迁作为进步的批判。唐君毅甚至认为，只要没有对人们的生活产生负面影响的文化精神，都应该维持。

再次，唐君毅认为，中国文化变迁中的理想，还是要从传统心性论中获得根基。唐君毅认为，马克思对于社会客观现实的阴暗面有真知灼见，但人不能从客观现实世界中确立理想，提出了"人只有从此客观现实世界之阴暗面的看清，而发照出人之内心中之另一光明面中之包含一超越崇高伟大的理想、悲愿、仁心，要化除此世界之阴暗面，免除此世界中存在事物之相吞食，而使万物并育而不相害，使社会上一切当有的事业，俱得成就"③的对治思路，从人心人性中去寻找人的主体性、社会发展的动力的根据。

最后，唐君毅提示出现代文化变迁的整体性特点。唐君毅把当时中国文化问题的特性概括为两个方面，一是"世界之各种不同的文化系统发生接触中，所产生的许多错综的关系与冲突、矛盾，则不限于纯文化思想方面，而包括现实的社会政治经济之各方面，亦即是牵涉到人类文化之全面中之各方面"；二是"各种纯粹文化思想的力量，遂与各种现实的社会、政治、经济之力量互相结合，互相利用，以求扩

---

① 唐君毅：《中华民族之花果飘零》，载氏著《中华人文与当今世界（上）》，第17页。
② 唐君毅：《中华民族之花果飘零》，载氏著《中华人文与当今世界（上）》，第18页。
③ 唐君毅：《道德自我之建立》，重版自序，第13页。

张，而加强其冲突，加深其问题"。① 这使得时代面临的文化问题异常复杂，社会风气多变已成为常态。唐君毅对于文化危机的检讨，不局限于思想观念领域，而能够结合经济、政治活动来进行说明。"吾人理想的中国社会中，亦复不当只有旧式之伦理关系，松懈的社会团体及人与人之结合，及混沦的和融无间之民族意识，汗漫无边之天下观念。除此外，尚必须发展出现代式之社会团体组织与国家组织。"② 这也体现出唐君毅在思考未来文化发展问题时的整体视野。

唐君毅对于接纳文化变迁，持开放的心态。同时，他也非常清晰地意识到，西方发达资本主义国家在商品输出时潜移默化传播着西方思维方式。而西方思维方式和文化观念并不都是进步的，甚至会伴随历史进程转变为人类发展的障碍。在唐君毅看来，中国文化危机的根本原因在于，中国人对于"保守"的价值认知不足，盲目追求文化变迁，对于"进步"的方向缺乏清晰的把握。他说："如进步只同于变迁，则进步并不必即是，而与进步相对之保守，亦未必非。欲定何种进步为当有之进步，何种保守为当有之保守，必须先另有一是非、价值之标准；而此标准之建立，却只能依原则或依理由而建立，而不能依事实或时代风势而建立。"③ 从中国文化哲学的发展来看，这是对儒家文化哲学传统的"接着讲"，尤其是体现在"在守成中创新"的方法论层面。

二 仁心的全面拓展

在现代新儒学思想中，心性之学是中国文化的核心所在。由唐君毅

---

① 唐君毅：《当前世界文化问题》，载氏著《中华人文与当今世界（上）》，第8页。
② 唐君毅：《理性心灵与个人、社会组织及国家（下）》，载氏著《中国人文精神之发展》，第225页。
③ 唐君毅：《中华民族之花果飘零》，载氏著《中华人文与当今世界（上）》，第18页。

执笔，发表于1958年的《中国文化与世界宣言》就明确地指出："今人如能了解此心性之学，乃中国文化之神髓所在，则决不容许任何人视中国文化，为只重外在的现实的人与人之关系之调整，而无内在之精神生活及宗教性、形上性的超越感情之说。而当知在此心性学下，人之外在的行为，实无不以其为依据；亦兼成就人之内在的精神生活，亦无不兼为上达天德，而赞天地之化育者。此心性之学，乃通于人之生活之内与外及人与天之枢纽所在，亦即通贯社会之伦理礼法，内心修养、宗教精神，及形上学等而一之者。"① 这也成为现代新儒学的文化宣言，影响深远。在唐君毅的文化哲学系统中，对于心性之学中的心性本体的圆满自足，以及人文世界的一切都是心性本体的自然实现，有多种说明。

从价值意识、价值活动的角度，唐君毅认为，"仁心是人之价值意识的根源，亦即人之良知良心自己，或一般所谓良知良心的判断的根原……仁心之所以为人之一切价值意识的根源，是因人的仁心直接肯定直接经验的世界之存在，亦直接肯定一切世界有价值的一切事物之价值。仁心的本性，不同于分析的理智之徒事抽象，而是要成就具体的事，而不伤之。人望人之得其生，是仁心表现。春天来了，乐于观彼草木之欣欣向荣，亦是仁心之表现。以至于对当前之任一物，喜其成，而惜其毁，皆是仁心之表现。故人之仁心，是一直接成就、持载、护惜具体事物之世界的心"②。价值活动中以善、和谐为导向的特点，表现为仁心对于外事外物的自然肯定与自觉护持。

从日常生活的角度来看，"仁心"的主宰性还表现为人的精神充满于日常生活之中而不陷溺，通过情趣、审美体验来提升人的日常生活品位。唐君毅指出："如吾人之精神，果能充满于日常生活中之事物而不陷溺；则吾人之有超越性、涵盖性之精神，即充满于所接之事物，

---

① 唐君毅等：《中国文化与世界》，载《唐君毅全集》第四卷，第34—35页。
② 唐君毅：《科学的理智之限制与仁心》，载氏著《中国人文精神之发展》，第124—125页。

并以情趣加以护持，而更无所泄漏。情之所至，一方为吾人之仁义礼智之德性之所至，一方亦即为吾人之想象力或神思之所周流默运。吾人之神思或想像，真流连于所接之事物，而不有所陷溺，则吾人自然要求事物之美化艺术化，以适合吾人神思或想象中所显之美的意象。同时，吾人之求美的神思想象之活动，亦将自然的贯注于吾人当前之活动，以使吾人之活动本身美化而艺术化。"① 这种分析，其实已经深入文化自身的内在机制或存在方式来讨论文化精神的作用途径，已经涉及客观现实存在是文化创生、发展的必要条件，承认理想价值的现实化有一个客观过程，承认人类创造文化的活动受到外在诸条件的影响，尽管他对这一客观层面强调得还不是很充分。

从对文化危机的检讨来看，"仁心"拓展内在包含着肯定科学技术、物质进步对于中国社会、文化发展的意义，同时，对于科学技术所带来的社会变迁保持着一种谨慎态度。唐君毅首先指出，近百年来，中国文化对于西方文化，是没有抵抗之力的；西方文化对于中国文化的冲击，是多方面的。这些冲击"首先表现于西方的大炮，轰开中国的门户。次表现于洋船之驶入中国的港口与河流，外国银行与工厂设在中国商埠的租界。这些商埠的租界，促进中国农村经济之崩溃。……而尤其重要的，是所谓科学态度、科学方法之应用，与科学知识技术之传入，使中国之学术文化发生之解体的作用。科学的态度是怀疑，是要问'为什么'。然'为的什么'复有他的'为什么'，可一直问到使人自认对于他所知的东西不知道为止。……中国传统文化下人民的日常生活中，无数好的风习，好的思想观念，都是由于这样这一种科学的怀疑态度破坏的"②。科学技术对于中国传统文化中好

---

① 唐君毅：《中国文化之精神价值》，第246页。
② 唐君毅：《科学的理智之限制与仁心》，载氏著《中国人文精神之发展》，第109—110页。

的观念的破坏作用,是造成唐君毅对于科学技术持谨慎态度的直接原因。

此外,唐君毅还指出,对于科学技术的一知半解,有可能加深中国社会的危机。他说:"科学的方法,是从事理智的分析。……这便莫有什么对外界的坏处。而且可以加深对外界的认识。但是一种半截的或浅薄的理智分析,却可在对象剖开破分后,立即视之为剖开破分的东西来处理,这就可伤害到整个社会。"① 可见,唐君毅对于科学技术给中国社会风气带来的变迁具有非常清晰的认识,并没有简单地赋予这种变迁以进步意义,而是更加强调其在价值上如何成为中国文化的组成部分,这需要通过分析思维来完成,既说明其为中国文化发展之必需,又看到其局限性,通过道德理性的整体性来防止其割裂人文精神的弊端。

整体而言,唐君毅以"仁心"的充分发展作为现代中国文化的根基,在肯定心性本体自足的继承上,特别肯定在文化活动中人的道德的主体性和道德的创造性。唐君毅认为,人类社会中,各人之人格所肯定的是当然理想、客观价值意识,与历史精神。若人们的理想同向某一方向变,则此人类社会文化历史之世界之存在状态,即皆向某一方向。人们执持其当然理想、价值意识、历史精神,可加以开辟,使之更广大高远;可加以凝聚,使之更为真切笃实;可以之直接主宰其内心之意志,以改进于其日常生活,再及于其社会之外表行为。文化理想是人类社会、人文历史世界之核心中的核心,枢纽中的枢纽。

针对近代以来科学发达而人生物化的弊端,唐君毅所构想的理想世界,是"以德性为中心而人文全幅开展的世界"②,在此世界中,"每个人之生活的重心,在了解真理,欣赏美,实践道德上的善,而与

---

① 唐君毅:《科学的理智之限制与仁心》,载氏著《中国人文精神之发展》,第110页。
② 唐君毅:《科学世界与人文世界》,载氏著《人文精神之重建》,第45页。

天合德，与神灵默契"①。这种理想的世界"不是无异之人与人同之世界，而是有异而相容、相感、相通，以见至一之世界"②。唐君毅所构建的理想世界，又可以从两个层面展开：在日常生活中，人须自觉其行为活动的德性基础，自觉社会的基础在于个人之德性，理想的社会要兼表现正义与仁道；在文化生活中，个人可以获得情趣的满足，同时肯定并尊重他人的尊严，在人我的沟通与肯定中实现自身的超越。

唐君毅的这种致思路向，注意到了中国现代化的历史之特殊性所导致的人文精神和技术理性的矛盾过早暴露的现实。从历史上看，一方面，西方走向工业文明的现代化进程中，技术理性与人文理性之间在相当长的时期内是一致的，构成了以理性至上、人性至善、人的自由为核心的技术理性主义文化精神，支撑着工业文明以极强的内驱力向前发展。另一方面，这种思路也对中国社会因人与自然的分化未能充分展开所导致的社会不发达有较清醒的认识，却对中国文化现代化的困难估计不足。深入中国文化的历史传统，寻找我们安身立命的根据，思索我们走向未来的契机，接续中国文化的悠久传统，并扩大之，是现代新儒家学者的共同心愿。唐君毅的文化哲学建构，正是用"理性""理想"来把个人、社会、民族、历史贯通起来，说明文化活动的动力与方向，高扬人的创造性活动的价值，并以此显示人类生命的自由。

人面对当下、未来而有的希望和理想，是人自我超越、自我发展的最原始的根据和最重要的动力。唐君毅深沉的忧患意识，也正是在思索中华民族的整体发展中体现的，并最终获得了乐观的展望。他指出："中华民族之应付外来的西方势力之冲击，从一方面看，虽似步步退让，步步勉求适应。然另一方面看，亦是步步在重建他自己，凝敛

---

① 唐君毅：《科学世界与人文世界》，载氏著《人文精神之重建》，第47页。
② 唐君毅：《理想的人文世界》，载氏著《人文精神之重建》，第72页。

他自己，而求主宰他自己，创造他自己的前途。当他在现实上每遭遇障碍打击而失败时，他便在理想上、思想上求改弦易辙，或向上提升。而当他在理想上思想上另发现新路时，他亦能再去冲破现实的障碍。"① 对于理想引导行为的根源意义，对于理想主义的积极认同，也在这里获得了确认。

唐君毅在分析儒学特质以寻求儒学转化的方式和资源时，侧重对儒学内部精神资源的开掘而对现实生活给儒学带来的影响重视不够，固然包含着明显的现实指向，却终究偏重于形上层面的建构和保守儒学的情怀，而远离了中国人的生活世界。这导致了唐君毅式的价值自觉终究难以切实地落实在"日用而不知"的生活层面，只能作为一种价值理想的延伸而存在。

---

① 唐君毅：《百年来中国民族之政治意识发展之理则》，载氏著《中国人文精神之发展》，第156页。

第三章 "气"的文化哲学意蕴

唐君毅除了从问题意识、观念内容上说明文化哲学是中国传统哲学中的一个形态之外，还从话语体系上沟通文化、理想、理性与哲学、"心""性""理""气"等范畴，并从自觉的文化哲学建构的角度说明中国哲学的独特性及其未来发展。在《道德自我之建立》中，唐君毅用"精神之表现"展示了"心之本体"作为一个充内形外的本体的真实性，并说明肯定现实世界之物质、身体皆为"心之本体"的表现。①在《文化意识与道德理性》一书中，唐君毅着重阐述"文化意识之道德理性之基础"，说明"文化即吾人之精神活动之表现或创造。"② 其中，"精神"是"心之本体""道德理性"与"文化活动"的中介，对于说明"心性本体如何关联于各种具体文化"这个文化哲学的基本问题具有重要意义。《中国哲学原论》是唐君毅吸纳传统中国哲学来说明其文化哲学的重要资源，他提出"欲人文之化成乎天下，必资乎作气"③

---

① 唐君毅指出："我们既了解精神之必须表现于现实世界，我们要发展我们之精神，便当肯定此现实世界，而努力于其中表现我们之精神。……我们不能由追求精神实在之动机，而厌弃现实世界，只能由追求精神实在之动机，而愈肯定现实世界。"参见氏著《道德自我之建立》，第162页。
② 唐君毅：《文化意识与道德理性》，第30页。
③ 唐君毅：《中国哲学原论·原教篇》，第666页。

的判断。以"精神之表现"来说明道德理性与现实生活的关联,以"气"来说明"心""性""理"的人文化成过程,进而说明"精神"与"气"的一致性,最终以中国哲学的基本范畴"气"来作为"文化"的哲学表达,是唐君毅深入中国传统哲学资源来反思、说明文化问题的第一步,也是在确立"道德自我"的根源地位之后,把中国传统哲学与文化哲学研究相结合的尝试。

第一节 "气"的多重含义与功能

"气"是中国哲学中非常悠久且重要的概念。从"云气""呼吸"等具体形相中总结"气"的哲学含义,是中国哲学里关于"气"的最初讨论方式;强调其流动不息、生化不灭的本性,是学者们讨论"气"的基本思路。张岱年在《中国古典哲学概念范畴要论》中指出:"哲学的气概念是从常识的气概念引申提炼而成的,含义有深浅的不同。……中国哲学强调气的运动性,用现代的名词来说,可以说气具有'质'、'能'统一的内容,既是物质存在,又具有功能的意义。'质'和'能'是相即不离的。"[①] 这种解释在中国哲学研究中的影响颇大。"气"兼具有动力、实体、功能等多重意义,可以做多层面的诠释。唐君毅以"气"论沟通文化的两重含义,主要从"气"的动力义和实体义的角度来进行。

唐君毅对"气"的说明,延续着熊十力强调"气"健动不已的思路,是把阳明思想和船山思想综合在一起的理论表达。在唐君毅看来,"阳明良知之教,重心者也。王学皆不喜理气为二之说,故于气之重要性,亦不忽略,盖心固通理而亦通气者也。然在心上言

[①] 张岱年:《中国古典哲学概念范畴要论》,载《张岱年全集》卷四,中华书局2017年版,第482页。

气,恒只是实现理,以成一人之德之气,未必即充内形外,曲成人文之气也"①。因为看到了阳明心学只是在"心上言气",而不能充分开拓人文世界的弊端,唐君毅以"气"论拓展阳明心学,证成"心灵为体,精神为用"的文化根源论,申论重"气"为重"礼"的根据,说明文化活动、人文活动中的根源意义,从工夫论的层面避免了心学中空疏粗陋的弊端,成为现代新儒学拓展阳明心学的一个范例。这与唐君毅重视船山学的"气"论密不可分。

一 "气"与"心""理"关系的理论准备

在宋明儒学的哲学建构中,"气"的含义比较多元,"气"与"理""心"的关系也经历了一个复杂的建构过程。张载以"太虚无形,气之本体,其聚其散,变化之客形尔;至静无感,性之渊源,有识有知,物交之客感尔"②开始了以"气"释"太虚",说明本体的真实存在,对抗佛教"缘起性空"理论的基本假设,"理气不离"成为一个核心命题。二程认为"气"是有形之物,不能成为世界真正的本原。世界真正的本原只能是"理",将"理"提升为最高的哲学范畴,但他们未能很好地解决"理""气"的关系问题。朱熹对于"理""气"的关系做了很多论说,认为"理""气"一起贯穿在万事万物之中。但他提出的"理与气本无先后之可言。但推上去时,却如理在先,气在后相似"③的结论,又成为后人聚讼的焦点。

王阳明在解释孟子思想时,也非常注意把"性"和"气"结合在一起进行讨论。他指出:"孟子性善,是从本原上说。然性善之端须在气上始见得,若无气亦无可见矣。恻隐羞恶辞让是非即是气,程子谓

---

① 唐君毅:《中国哲学原论·原教篇》,第667页。
② (宋)张载:《张载集》,章锡琛点校,中华书局1978年版,第7页。
③ (宋)黎靖德编:《朱子语类》第一册,王星贤点校,中华书局1986年版,第3页。

'论性不论气不备，论气不论性不明'，亦是为学者各认一边，只得如此说。若见得自性明白时，气即是性，性即是气，原无性气之可分也。"① "气"即是心之四端，是"性"。王阳明关于"气"的论述，虽然篇幅不多，但比较重要。尤其放在"心与理如何为一"这一问题意识下，更见其意义。

从本体层面看，良知是"造化的精灵"，这"精灵"实则是"精灵之气"，"天""地""鬼""帝"皆是在此"精灵之气"的贯通（屈伸、感应）之中"生成"的，而人之所以拥有"造化的精灵"乃在于"天""地"的灵气在人心这里得到自觉，或者说"天地之心"最终在人这里自觉其自身，良知本身即是一气韵生动的灵体。② "良知""心""气""理"在"造化的精灵"中一体相连，王阳明比较具有代表性的论述还有"良知一也，以其妙用而言谓之神，以其流行而言谓之气，以其凝聚而言谓之精"③ "理者气之条理，气者理之运用；无条理则不能运用，无运用则亦无以见其所谓条理者矣"④。

从本体发用的角度看，"气"是"良知"的流行，是"理"的运用。以"气"为中介，王阳明把"良知"与"理"贯通起来。在王阳明的工夫论层面，"气"不动时，即是至善；"气"动之时，即显善端；"气"动之后，则有善有恶。这也说明，"生"必须与"气"相关联，才能具体讨论。"良知"成为"气"的主宰，必须贯穿于"气"的整个历程。⑤

王阳明通过对于"良知"与"气"的关联，对于人性的应然与实

---

① （明）王守仁：《王阳明全集（上）》，吴光等编校，第61页。
② 陈立胜：《良知之为"造化的精灵"：王阳明思想中的气的面向》，《社会科学》2018年第8期。
③ （明）王守仁：《王阳明全集（上）》，吴光等编校，第62页。
④ （明）王守仁：《王阳明全集（上）》，吴光等编校，第62页。
⑤ 王英：《良知不是纯形式——以王阳明为中心》，《理论界》2009年第12期。

然做出了贯通性的解释；其"心物双彰"的思路，也要在气化流行、心物感通的框架下才能理解。《传习录》中记载王阳明之言："天地鬼神万物离却我的灵明，便没有天地鬼神万物了。我的灵明离却天地鬼神万物，亦没有我的灵明。如此，便是一气流通的，如何与他间隔得！"① 天地鬼神万物，都要在"心"的彰显下体现其存在价值，"心"与天地鬼神万物一气相通，通过人的感通之活动，天道才能彰显。在这种思路中，"良知"与"气"的贯通性作为主要内容，得到了极大的彰显。

王船山在理气关系上，提出了气为本体、理为功能的思想。船山有言："虚空者，气之量；气弥沦无涯而希微不形，则人见虚空而不见气。凡虚空皆气也，聚者显，显则人谓之有，散则隐，隐则人谓之无。"② "虚空"只是"气"之聚散、显隐，此外再无其他，故而船山有"阴阳二气充满太虚，此外更无他物，亦无间隙，天之象，地之形，皆其范围也"③ 的判断。在船山思想中，"理"正是通过"气"之显隐、聚散来呈现的。"理本非一成可执之物，不可得而见；气之条绪节文，乃理之可见者也。故其始之有理，即于气上见理。"④ 杨泽波指出，船山对理气关系的讨论，在一定程度上解决了朱子哲学中"理气关系"的问题，但没办法说明"气"如何成为道德的依据，即自然之气如何产生社会性的仁性。⑤ 这也准确地道出了"气"在道德论上的局限。如何把"气"与人的道德根据结合在一起，就成为儒学发展过程中需要继续深化的问题。

---

① （明）王守仁：《王阳明全集（上）》，吴光等编校，第124页。
② （清）王夫之：《张子正蒙注》，载《船山遗书》第十二册，中国书店2016年版，第13页。
③ （清）王夫之：《张子正蒙注》，载《船山遗书》第十二册，第15页。
④ （清）王夫之：《读四书大全说》下册，中华书局1975年版，第601页。
⑤ 杨泽波：《跨越气论的"卡夫丁峡谷"——儒家生生伦理学关于自然之天（气）与仁性关系的思考》，《学术月刊》2017年第12期。

熊十力以"气者,大用流行之称"① 明确表达了"气"的流行义,用"无形以起,有形以分"② 来说明气化流行与万物生成的过程,用"气者,太极之显。譬如众沤,为大海水之显。故于气,而识其本体。则亦可名以太极也"③ 来说明"气"与"太极"的体用关系。在熊十力的体用哲学中,"气"是对本体状态的描述,又是本体自身的另一种表达。他曾言,"余谓气者,形容词,惟质力轻微流动,故形容之曰气耳"④;又说,"气,是质力之形容词,亦即是质力之别一名称"⑤。在熊十力的思想中,实体、能变、恒转、质力,都是本体的别称,分别表达本体的不同特性。"气"既是本体的状态,又是本体自身,正是熊十力哲学中本体恒动、本体自身即功用的凝练表达。而在熊十力的体用哲学中,"本体"有时又表达为"仁体"。如何从"气"的角度来说明"仁体",在熊十力的思想中着墨不多。唐君毅以"气"来表达"仁"的历程含义,则成为对熊十力思想的进一步细化,在对孔子思想的阐发中奠定整体规模,通过对孟子"恻隐之心"的说明具体展开。

二 唐君毅以"流行的存在"释"气"

唐君毅对于"气"的理解与张岱年颇为相似。他说:"溯中国宇宙论思想中,气之观念之所以立,初实由观物之能自化而立。在物之自化之际,则一物原表现之一形式,固化而不存,其质亦化而不存。在此中,物固无定形留滞于后,亦无定质可改为他物之质。当此形质既化,尚可言余存者,即只此有形质者,所化成之无形质之一'动态的

---

① 熊十力:《读经示要》,中国人民大学出版社2009年版,第327页。
② 熊十力:《读经示要》,第327页。
③ 熊十力:《读经示要》,第327页。
④ 熊十力:《体用论》,上海书店出版社2009年版,第82页。
⑤ 熊十力:《体用论》,第82页。

有'。此一有，即名为气。"① 唐君毅用"流行的存在"和"动态的有"来解释"气"的基本含义，正是从"物"与"动力"相统一的角度进行的说明。这是唐君毅总结宋明理学所得出的结论。

通过对"气"与"心"和"理"的比较，唐君毅指出，"气是唯一流行的存在""动态的有"，是"宇宙人生之存在的流行之特殊化原则"②。这种说法在唐君毅的《中国哲学原论》中多次出现，《中国哲学原论·原性篇》中有专章"气分为阴阳二者之观念之形成，与其涵义"来讨论"气"概念的由来与内涵；《中国哲学原论·原教篇》则包含了从张载、朱熹、船山等人的讨论中分析"气"的种种内容。概括而言，在唐君毅哲学中，"气"作为"流行的存在""存在的流行"，源于"云气"等"自然之气"，后来通过对"云气"之流行变化的抽象，提出对"气"的历程化解释："本此形相之恒在自己超化之历程中，谓此中所有之物，无一定之形相，唯是一流行的存在，或存在的流行；遂不视同一般有一定形相之物，而只名之为气。"③

以"流行的存在""动态的有"解释"气"，在唐君毅哲学体系中具有一贯性，表达"气"兼具"动力义"和"实体义"，具有物质实在性和精神能动性。唐君毅对于中国哲学中相关概念和理论的疏解，进一步获得了如此理解"气"的资源和基础。一方面，"气"是"心"和"理"得以实现的依凭，没有气的凝聚，就不会有具体的事、物；另一方面，"气"也是现实世界得以提升的媒介，是道德理性、文化理想与现实世界相沟通的中介。但是，唐君毅早年也强调，只有"精神性之气"，才能使"心"的觉知运行于现实世界，为现实世界的安立与超越提供基础。

---

① 唐君毅：《中国哲学原论·导论篇》，第468页。
② 唐君毅：《中国哲学原论·原教篇》，第629页。
③ 唐君毅：《中国哲学原论·原性篇》，第136页。

第三章 "气"的文化哲学意蕴

"气"作为"存在"之流行、特殊化的原则,形成于"心"之内,流行于"心"与外物相接触而发生的活动之中,心志、理想、情感、行为,都是"气"流行下的畅发。唐君毅比较细致地描述了这个流行的过程。他说:"吾人之生命,固有其心志。当人之心志之有所感动,而有所向往之际,人亦皆可自觉其呼吸,亦因之而易见其疾徐与强弱,吾人遂知充此吾人之生之气、或充此吾人之体之气,乃恒随吾人之心志以俱往,并知此志之能率气。于是此为心志所率之身之气,与由此有所向往,而生起之一切心之观念、心之情感等,皆可同视为此心志之所率,而为此心志之气之内容。此心志之气,即为精神性之气,其涵义固远较只充生之气,充体之气为广大而深远者也。……此精神性之气之为一统摄性之概念,固由生命之气之为一统摄性之概念,以引绎而来者也。"①

从气学在现代中国哲学中的发展和转化来看,唐君毅以"存在的流行""流行的存在"来说明"气"的含义,展示了他综合前人学术思想来申论新的哲学问题的思路,并在总结宋明儒学发展的基础上,说明"气"在人生论、历史论、文化论中的基础意义,申论心性之学与现实生活关联。他指出:"一重气而崇敬宇宙之宗教意识,在船山哲学中有安立处矣。一重气而礼之分量重,船山独善言礼仪威仪矣。一重气而表现于情之诗乐,在文化中之地位为船山所确定,而知程子为文害道之说,不免于隘矣。一重气而政治经济之重要性益显矣。一重气而论历史不止于褒贬,而可论一事之社会价值、文化价值、历史价值,及世运之升降,而有真正之历史哲学矣。"② 通过对"气"的多角度引申来沟通传统哲学与现代哲学,从内容上克服心学和理学的割裂,在唐君毅的文化哲学建构中具有基础意义。

---

① 唐君毅:《中国哲学原论·原性篇》,第135—136页。
② 唐君毅:《中国哲学原论·原教篇》,第629页。

"理"是宇宙人生的根本律则，要对宇宙人生之根本律则有所觉解，则必须依靠"心"的觉知能力。"心"之所觉展现于现实世界，必须依靠"气"的发用，人通过"气"才能反思"理"与"心"。因而，唐君毅把"气"作为"人文化成"的直接依据。唐君毅说："此气，乃一自能或自知依理，以成一切具体物之变化，或一切存在者之变化，以合为一宇宙之存在的流行，或大化流行之气者。气之依理而变化，即见气之灵、气之明与气之伸、气之神、气之生生不息。故气自具神明义、心义与生命义。天地万物之生生不已中，自有此神明或天心之遍在，以成此天命之不已。"①"气之灵"作为变化的主宰，与王阳明用"天地气机，元无一息之停；然有个主宰，故不先不后，不急不缓，虽千变万化，而主宰常定，人得此而生。若主宰定时，与天运一般不息，虽酬酢万变，常是从容自在，所谓'天君泰然，百体从令'。若无主宰，便只是这气奔放，如何不忙"②的思路颇为一致。

唐君毅把"气"作为各种文化活动的具体根据，开启了对于文化、社会、礼仪等多样性存在背后根据的初步探寻。由"气"到"理主乎气"，再到"心与理一"，唐君毅侧重从社会生活实践的层面来开显体用相连的脉络，从而更容易获得多元视野，更容易从原有文化资源的整体互动、动态平衡中找寻文化发展之新方向，并强调文化活动的自我调适及其涵养道德本体的功能。

三 "心灵为体，精神为用"之证成

"体"的真实存在应从主体与功用之间、性与相之间的不断转化来把握。"体"与"用"在中国哲学里有自身的表达方式。在西方哲学的影响下，"体"与"用"获得了更加丰富多元的解释思路。唐君毅

---

① 唐君毅：《生命存在与心灵境界（下）》，第251页。
② （明）王守仁：《王阳明全集（上）》，吴光等编校，第30页。

强调"体"的"主体"和"实体"含义,通过主体的自我活动,呈现"用"。他说:"自此性相之能相依相转,而自上加以综合所成之统性相之体之观念,乃为可建立者。此体之观念,乃由此性相间,实有此'能相依而转',而见得其间有一统一性而立;通过此体之观念,以观此性相,则此性相即皆统属于此体;而此体与此性相,即同可说为实有者。"① 这即是由"用"而确认"体"的过程。唐君毅对于"体"与"用"的说明,主要从功能和关系的角度进行,更加贴近中国哲学自身的传统。同时,这也建立在他解读西方哲学"实体"概念的基础上,也更加具有现代哲学的特点。

唐君毅对于"心""理""气"的关系的说明,就是在这种"体用"关系的框架内来进行的。这也是唐君毅沟通理学与心学、建立中国哲学自身观念系统的一种尝试。② 对于"气"的说明是唐君毅对不同文化活动各有具体原则的理论说明。"气"作为特殊化的原则,是"心"体发用之后的具体原则,体现于"心"与外物相接触而发生的具体活动中,并且"气依理而变化","气"是"流行的存在",是本体自我运动的结果,彰显了"气"的形上性质。从这个意义上讲,气与"心"、"理"具有相同的性质;但从体用关系的层面看,气又属于"用"的范畴。这正如杨儒宾阐明的:"形上之气指的是一种动而未动的存在之流行,这是一种更严格意义的先天之气。……它实质的内涵乃是'体用一如''承体启用'的'用'的涵义。"③ 唐君毅在说明此一问题时,虽然从根本上取消了"气"的本体含义,只是把"气"作为"理""心"的具体表现,但依旧承认"精神性之气"具有

---

① 唐君毅:《生命存在与心灵境界(上)》,第123页。
② 张倩:《朱陆之通邮:唐君毅对阳明学的诠释和发展》,《贵阳学院学报》2018年第4期。
③ 杨儒宾:《两种气学 两种儒学——中国古代气化身体观研究》,《中州学刊》2011年第5期。

形上品质。

与"心"与"气"既一致又可以相区分的理解思路一致,唐君毅在"心灵"与"精神"之间做出区分。"精神"是"充于内而兼形于此心灵自身之外的。故一人格之精神,恒运于其有生命的身体之态度气象之中,表于动作,形于言语,以与其外之自然环境、社会环境,发生感应关系,而显于事业"①。"精神"与"气",都具有"充于内而形于外"的根本属性,只是"精神"多用于"心灵"与"身体"之中介,"气"则多用来沟通"本体"与"万物"。

借助于"精神性之气",唐君毅证成了"心灵为体,精神为用"的文化根源之结构,从本体与功用相区分的角度说明"文化"的直接根源,从本体与功用一体相连的角度说明"心灵"的超越和主宰能力。"气"兼具物质性和精神性独特品质也由此而确立并深化,成为"心灵"与"物质身体""自然生命"相沟通的中介,彰显"气"的历程义和创生义,拓展了心性之学对于文化根源论的讨论。

唐君毅这样描述心灵和精神的区别、心灵与精神的体用关系:"我们说心灵,或是指心之自觉力本身,或是指心所自觉之一切内容。此中可包含人所自觉之各种求真善美等目的。我们说精神,则是自心灵之依其目的,以主宰支配其自己之自然生命、物质的身体,并与其他自然环境、社会环境,发生感应关系,以实现其目的来说。我们可以说心灵是精神之体,精神是心灵之用。体用相依而涵义不同。"② 道德理性主宰一切文化活动,实质上就是理性依"心灵"之自觉而彰显,通过"精神"表现和创造文化。用中国传统哲学范畴来表述,这便是"人之性情当有一表现,无此表现,则人心不安。是见有此表现,使心

---

① 唐君毅:《心物与人生》,第188页。
② 唐君毅:《心物与人生》,第188页。

安,此即一当下之用,可不必求其他之用"①。

唐君毅强调"精神"必须以丰富、涵养心灵为目的,对于"精神"陷溺于物而不能自拔一直有高度的警惕。他在早期写作《心物与人生》时即指出:"人之精神之活动,则因处处要与客观之外物(包括他人与社会)互相感应,发生关系;因而处处不免觉受外物之限制束缚。"② 后来,唐君毅在其"心通九境"的心灵哲学建构中,用人之心灵之自觉与其所觉之间所形成的"精神空间",来强调心灵本体与现实事物、具体活动之间的距离,并强调心灵主宰力在精神空间中的重要性。他指出:"人必须将其能观此一切境之心灵,向上提起,以虚悬于上,以与此所观境间,时时有一距离,以形成一精神的空间。"③

唐君毅还从工夫修养的角度提示了"精神空间"的意义。他说:"此空间之量,人可生而即有或大或小之分,然亦可由修养而开拓小以成大。……此修养之道,乃在平时之不关联于道德实践之心灵之活动。……此诸活动,或关于真理,或关于美,皆不直接关于道德上之善。然真美之自身,亦是一种善。人对真美之境之体验,则为直接开拓上述之精神之空间,以成就尽性立命之道德实践者。"④ 随着"精神空间"的扩大,"精神"从"心灵"发出而不断走向心外的物与事,完成由此及彼,由彼及他的生命感受,展示人和万物作为生命整体共通的本性。这是心灵发展的必要阶段,通过人"精神"活动的丰富,是实现人的心灵的丰富与整全的必要途径。同时,在精神活动中,也存在着心灵被遮蔽的可能,需要人的高度自觉才能保证心灵的主宰力持续作用。这种思路,与王阳明对于"心"和"气"的理解模式是

---

① 唐君毅:《中国哲学原论·原道篇》卷二,第111页。
② 唐君毅:《心物与人生》,第188—189页。
③ 唐君毅:《生命存在与心灵境界(下)》,第307页。
④ 唐君毅:《生命存在与心灵境界(下)》,第305页。

相同的。

基于对"精神""精神空间"沟通心灵与文化活动的中介作用，唐君毅认为，不应当把道德实践活动限定在一个狭小的范围内，即不应当仅就道德而言道德。一个从事道德实践活动的心灵，应当经历过对人类各方面文化成果丰富感受，应当能够普遍地肯定人类一切优秀文化成果之价值的心灵。这也即是说，"精神"不仅仅是一个心向外发用的过程，还应该是一个具体文化活动涵养心灵的过程。只有这样，才真正完成了心灵与精神"体用相依而涵义不同"①，也把传统哲学工夫修养论的精华转化为其文化哲学中的重要部分。

概括而言，唐君毅援引了"气"论来说明"心"的本体与流行不离，肯定个体事物、整个世界之真实性。而对这种真实性的肯定，则为人们提供了自省、自觉、自主以提升人格境界的现实场域，"精神空间"的意义正在于此。正如叶海烟指出的，唐君毅通过对"精神"的阐述，"肯定人心内蕴文化之价值，与熊氏之尊人道以崇精神，进而契入人文创始之根源，实同为一型态的精神哲学，但其以人心为本，以人心之自觉为端，在心灵与精神之间阐明体用大义，而少涉及'乾元'、'本体'、'大原'、'大全'等超越概念，则是较直接地举发心之主体义"②。另外，唐君毅对于"精神"和"精神空间"的说明，一方面从文化本体的结构上证成"体用不二"，另一方面又强调文化活动必须通过客观世界来完成，进一步强化了现代新儒学的客观向度。用唐君毅的话来讲，这就是"明体"与"达用"必须区别开来。"明体"是道德上之"成己"。"达用"则是透过客观世界以"成物"，文化活动即是一"明体达用"之历程。"气"的流行义与动态义，就在明体达用的过程中体现出来，并成为"文化"两重含义的哲学表达。

---

① 唐君毅：《心物与人生》，第188页。
② 叶海烟：《道德、理性与人文向度》，（台北）文津出版社1996年版，第33页。

第二节 "仁"与"气"的关联

日本学者沟口雄三在分析理、气哲学的关系时，指出："气哲学的目标并非要使气压倒理或是否定理以使气确立起来（这一点常被误解），而是要通过扩大气的比重或是通过加强气的渗透去实现对理的变革。"① 这种对于"理""气"关系的说明，颇具启发意义。唐君毅对"心"、"理"、"气"关联的说明也是从如何沟通三者关系的角度进行的理论改造。为了给这种改造寻求权威支撑，唐君毅又用"历程"来把"仁"与"气"沟通起来。以"历程"来说明"仁"，也是唐君毅论孔子之"仁道"时即已确立的思路之一。他从"仁"由内而外的生发历程，从仁道自身的规模宏大、人浑然与万物的同体之感、人性之爱中引申出人对历史、文化的亲近感、责任感、使命感，说明中国文化的德性基础，用"仁—义—礼—智"依次展开的德性架构，说明"仁道"的整体规模与展开过程，也是对中国文化特质的深入探讨。

一 "仁道"的整体规模

"仁"作为儒学的核心观念，具有多重解释维度，比较有代表性的有以爱释仁、以孝悌释仁、以恻隐释仁、以浑然与物同体释仁等。现代新儒学以弘扬儒学的优长为学术追求，如何说明"仁"是其中的基础性问题，解释思路也比较多元。其中，梁漱溟以"直觉"释仁，熊十力以"体"释仁，都强调了"仁"的真实存在、本原意义、情感基础以及活动能力。

熊十力对"仁道"的构建，建立在对于《易》和《春秋》的说明

---

① [日]沟口雄三：《中国前现代思想的曲折与展开》，龚颖译，生活·读书·新知三联书店2011年版，第100页。

之中，沟通仁、乾元、气的关联。在他看来，《易》与《春秋》都是孔子所作，是孔子仁道思想的体现。熊十力说："孔子之道，内圣外王。其说具在《易》、《春秋》二经。余经皆此二经之羽翼。"① 具体而言，"《春秋》与大《易》相表里《易》首建乾元，明万化之原也。而《春秋》以元统天，与《易》同旨。元者，气也"②。熊十力把"元"与"气"放在易学的背景下来解读，"元"与"气"具有了刚健不息、创生不已的意义，得出了"夫元者，言乎生生不测之仁体，健以动也"③的结论。据此，熊十力对宋明儒学提出了批评："宋、明诸师，以存养仁体为学，其用力不为不深，然不免杂于释、道。寂静之意深，而生生健动之几，殆乎遏绝。"④ 以"内圣外王"来确立"仁道"的整体规模，是熊十力解读传统儒学的基本思路。

在熊十力看来，六经要旨在于"仁"，可以分为九个方面：一是仁以为体；二是格物为用；三是诚恕均平为经；四是随时更化为权；五是利用厚生，本之正德；六是道政齐刑，归于礼让；七是始乎以人治人；八是极于万物各得其所；九是终之以群龙无首。⑤ 熊十力的这种概括，以"仁者，言其生生不息也"来说明道体的本性，"仁体"也是就此而立论。他把《论语》《周易》《春秋》的思想整合在一起，认为"仁实为元，仁即道体。以其在人而言，则谓之性，亦名为本心，亦名为仁。以其生生不已，备万理，含万德，藏万化，故曰仁。《大学》所云'明德'，亦仁之别名也"⑥，用"格物通变，仁之用也，制礼作乐，是仁术也"⑦来说明仁体的流行发用。熊十力这种"仁体"和"仁之

---

① 熊十力：《读经示要》，第322页。
② 熊十力：《读经示要》，第327页。
③ 熊十力：《读经示要》，第328页。
④ 熊十力：《读经示要》，第328页。
⑤ 熊十力：《读经示要》，第17—48页。
⑥ 熊十力：《读经示要》，第48—49页。
⑦ 熊十力：《读经示要》，第49页。

用""仁之术"的讨论,把儒学内圣外王的根本思路,通过体用论的方式再次明确表达出来,并把体、用如何关联,体用动静等问题再次呈现在理论思考中。"生"已经成为熊十力讨论本体的基本内容。

唐君毅继承熊十力的"仁体"说,着力以个体对自己、他人、天命的动态活动来说明仁,用人对于生生不已的天道天命的回应,说明仁道的整体规模。他提出,"一己之生命之内在的感通,见一内在之深度;己与人之生命之通达,则见一横面的感通之广度;而己之生命之上达于天,则见一纵面的感通之高度"①。首先,仁道中"对己"的内容,体现在"志于道"之中,使心之所向者皆为仁,是人对己的根本要求。其次,仁道中"对人"的内容中,最接近人的日用常行者,则在于事功和爱人,丰富人心灵的广度。最后,仁道中"对天命鬼神"的内容,则通过形上追问和礼乐祭祀来涵养。这三个层次的区分,又以"生生不已"和"心灵感通"来贯通。

另外,唐君毅还说:"孔子言仁之义,其最切近易解,而在义理之层面上最低者,为即人之事功,而连于仁与其所关联之德而言者。于此说求仁之道,则求仁虽不同于求事功,然求仁者必志于道,亦志在事功,而事功亦当以爱人之德为本。"② 这种思路并不把功利的内容排除于求仁的活动,是对朱熹等人心性思想的扩展,能够更好地与现代工业、商业相融合。从这个"仁"的最切之处来向内、向上贯通仁道的整体规模,是唐君毅论孔子之仁道的基本思路。"人亦必先有成功业之志,然后才能乐见他人之功业之成,合于其志之所向而称之,亦乐见人之才艺之足以成功业而美之,乃可暂不问其是否皆依于其人内心之仁德。此方为仁之至也。"③ 人内心真正认同和追求的理想,是认同

---

① 唐君毅:《中国哲学原论·原道篇》卷一,第110页。
② 唐君毅:《中国哲学原论·原道篇》卷一,第80页。
③ 唐君毅:《中国哲学原论·原道篇》卷一,第82页。

并欣赏他人的依据，也是人与人互相配合而成就事功的基础。从最外在的事功中追溯到人内心之"志"，进而说明从"志"到"功业"的展开，在孝悌、爱人、敬天的过程中呈现理性和理想动力意义，成为唐君毅说明仁道的主要内容。

首先，唐君毅用"感通"来解释孔子的"仁道"，"此感通即兼具一己之生命心灵之'前后之度向'中之感通，人我生命心灵之'内外之度向'中之感通，及人与天命鬼神之'上下之度向'之感通"①，"仁道"是心灵活动三向、三观的综合呈现。他认为，"孔子后有墨子言义道，为一普遍横通之道。孟子承孔子，辨人禽之别，而言人之心志之向上兴起，要在立人自下而上之纵通之道及自近而远之顺通之道，以拒墨子之只知横通之道"②。孟子在拒斥墨子的思想建构时，加强了纵观和顺观的内容。唐君毅认可孟子的德性心灵是对孔子之仁的发展，推进了孔子思想向内、向上的解释。以孟子心论为中国哲学心性论的根本，并成就中国文化的一本性，也是在此基础上的进一步引申。

其次，唐君毅通过对中西人文思想的比较，说明以"感通"理解个体与他人关系的长处。唐君毅说："在西方之思想中，原有视自然物由原子组成，社会以个人为原子，及人各为一独立自足之个体之个人主义等种种之说；……然在中国传统思想与孔子思想中，则原无此视个人为一原子或个人主义之说，而自始即以吾人之一己，乃一存在于'人伦关系中，及与天地万物之关系中'之'一己'。吾人之一己，原是一能与其他人物相感通，而此其他人物，亦原为可由此感通，以内在于我之生命存在中者。依此思想，则一人之为一个体，即原为通于外，而涵外于其内之一超个体的个体，亦即一'内无不可破之个体之

---

① 唐君毅：《中国哲学原论·原道篇》卷一，自序，第12页。
② 唐君毅：《中国哲学原论·原道篇》卷一，自序，第12—13页。

硬核，或绝对秘密，亦无内在之自我封闭'之个体。故中国之思想，亦不缘此以视天为一'超越于一切人物之上，其知、其意、其情皆非人之所能测，而有其绝对秘密或神秘'之个体人格神。"① 与之相关，中国传统文化中缺乏独立的个体意识，也没有对强力人物的推崇。这也成为近代以来的反传统思想批判中国文化的线索之一。

除了从"感通"的三个路向中说明"仁"的动态含义，以内圣外王、理想与功业贯通来说明"仁道"的整体规模，在中西人文思想比较中彰显"仁"的特质之外，唐君毅还回应了"孝悌"与"仁"的关系。这也是对于新文化运动的回应与吸纳。他说："孝弟者人之生命与父母兄弟生命之感通，即人之生命与他人之生命之感通之始也。"② 通过孝悌来涵养人与人的情义，是家庭生活的重要内容。以家庭生活涵养人的伦理心境，增强社会的情感联系，是唐君毅文化哲学的基本内容之一。唐君毅强调："家庭之中，人与人情义之相结，要在能互感对方之情义，更成其互相还报之恩义。此互感对方之情义，而互相还报以成恩义，乃所以使此情义恩义，存于此有伦理关系之人与人之心灵之互相反映之中，并由此互相反映，而增其深挚笃厚之强度、深度，而初非重在将人之情义，遍施于他人或一切有情众生，以见此情义之广度。"③ 在《文化意识与道德理性》一书中，"家庭意识"是唐君毅关注和讨论颇多的部分。

以"孝"为对人感通的起点，这是仁道不可或缺的环节，是立足于人类生存基础的思路。孙向晨指出，子女对于父母的"孝"体现了对生命诞生的感恩，是对父母生养的回馈，是对天地"生生不息"之大德的敬拜。面对共同的生命现象，西方通过计算性的"正义"来解

---

① 唐君毅：《中国哲学原论·原道篇》卷一，第134页。
② 唐君毅：《中国哲学原论·原道篇》卷一，第83页。
③ 唐君毅：《生命存在与心灵境界（下）》，第184页。

决"仁爱"的等差问题,强调"法律";中国强调"仁爱",用"推及"的方法克服仁爱最初的有限性,强调"教化"。这是中国生存论结构中伦理发生的机制,这种结构的伦理发生与生命理解完全一致。① 从伦理关系中讨论"仁",更符合孔子思想的旨趣。

唐君毅坚信"人之情义必先在一定之个人与个人之伦理关系中,互相反映,以成恩义,然后此情义得其养。既得其养,而至于深挚笃厚,然后可言普施博爱"②。"孝"作为情感的起点,具有坚实的生命基调。唐君毅一方面指出"孝"在陶养"对人"的感通中的基础性地位,另一方面也关注"孝"对于"仁"的遮蔽。在传统思想中,以家人之爱为基础的"仁",难以产生对于陌生人的"爱",即"中国先秦之儒家之言孝弟,因表面上有血统关系上言之嫌,故来墨家之责难。墨家谓儒家单自血统关系上言仁爱,必至对无血统关系之人即无仁。其说甚是"③。如何破除这种遮蔽,是现代新儒学发展中必须回应的问题。

从"感通"的角度,更容易说明"人之仁心仁性,初原无局限其表现于家庭中人之意,而原为遍覆一切人者"④,是一个对天地"生生不息"之德的体验和践行。从人与家人的感通,到人与陌生人的感通与欣赏,是以家庭生活为基础,逐步向社会生活过渡的结果。打破血缘壁垒,从更加整体的角度说明"生生不息"的连贯性与动态性,扩大人的感通能力和感通范围,实现陌生人社会中人与人的感通,在现代社会具有更广泛的理论基础和生活土壤。

---

① 孙向晨:《论中国文化传统中"家的哲学"现代重生的可能性》,《复旦学报》2014年第1期。
② 唐君毅:《生命存在与心灵境界(下)》,第184页。
③ 唐君毅:《文化意识与道德理性》,第112页。
④ 唐君毅:《文化意识与道德理性》,第111页。

二 "气"表达"仁"的历程含义

唐君毅以"感通"来说明"仁道"的层次与规模,认为"孔子之言仁,本在言为仁由己。仁者之修己、以安人、安百姓,而己之生命与他人生命相感通,乃一'次第由内以及于外,而未尝离其一己之仁之流行'之一历程"①。把握"仁"的历程,即说明"仁"在具体的情境下展开为具体的道德行为的历程。这需要从"仁"与"气"的关联来进行说明。这种思路的目的不是以"气"来替换"仁",而是强调"仁"的客观性与动态性。在这一思路下,"仁"一方面根源于"心",是心之发动处;另一方面关联于他人与物,通过"气"的流行而具体展开。唐君毅主要围绕着孔子的"志于道,据于德,依于仁,游于艺"和孟子的"持志养气"来说明"仁"的历程。

首先,唐君毅通过"感通"来说明孔子论仁的工夫次序。"仁"的工夫中,第一步是"志于道""志于仁",这是"要在吾人一己之向往于与他人或天下之感通,而有对人之爱,与求天下有道之志"②。第二步则是"于志道之外,求实有据于德,以依仁而行道"③。依仁行道的过程,即是一个修德的过程。"修德之本在恕,由恕以有忠信,而极于对人之礼敬"④。在修德的过程中,除了有顺着恕忠信礼敬而成德之外,还有"由人之辨别于道与非道之间,德与不德之间,能不惑于非道与不德,而后成之德"⑤,即需要"智"来成就的内容。"智"成就人的不惑,能够"兼通于知人、知外、与知己、知内之二面"⑥,是修

---

① 唐君毅:《中国哲学原论·原道篇》卷一,第216页。
② 唐君毅:《中国哲学原论·原道篇》卷一,第148页。
③ 唐君毅:《中国哲学原论·原道篇》卷一,第148页。
④ 唐君毅:《中国哲学原论·原道篇》卷一,第148页。
⑤ 唐君毅:《中国哲学原论·原道篇》卷一,第148页。
⑥ 唐君毅:《中国哲学原论·原道篇》卷一,第148页。

德的另外一层内容。而"仁"的最高层次,在于"知天命",这也是仁的工夫的最后一步。"知天命,则见仁者之生命与天命或天之感通,亦仁者之智之极"①,这是自仁者之内在的感通上说的。中国文化中的天"永只在其由隐而显,由微而彰之一历程中,而亦恒内在于其所生之人物之中;亦容吾人之由对此天所生之人物之感通,以与天相感通;而不须吾人之超离与此天所生之人物之感通,以别求与天之秘密或神秘之感通,然后能实有此与天之感通,及事天之事者"②。

在唐君毅的描述中,个体的"感通"即为仁。个体面对现实境遇而有的心灵感应和现实行为,都是感通内容;感通的活动历程和范围,是仁道的实现和规模。"仁"从"志于道""据于德""立于礼""游于艺"的历程和"知天命"的境界,与"气"的具体流行、最终与存在本身合一的历程完全一致。唐君毅的这种解释,与孟子、朱子等人所讨论的"气"与"志""仁"的关系相通。把"仁"与"气"关联起来进行讨论,在孟子思想中有初步表现,经过汉代哲学的发展,在朱子哲学中获得充分表达。宋明儒学把"仁"的含义形上化为"生"或"生生",朱熹用"仁者,爱之理也,心之德也"③ 对"仁"做了定义式的说明;而"爱之理"如何说明,则成为一个颇有争议的问题,一是如何在本体论层面说明生生之理的至善性,二是如何在工夫论层面说明"气"的影响与规制。

在儒学思想史上,对于"仁"根源于"心",是心之发动处的说明,可以追溯到孟子"不忍人之心"和"恻隐之心"的讨论中。"人皆有不忍人之心。先王有不忍人之心,斯有不忍人之政矣。以不忍人之心,行不忍人之政,治天下可运之掌上。所以谓人皆有不忍人之心

---

① 唐君毅:《中国哲学原论·原道篇》卷一,第148页。
② 唐君毅:《中国哲学原论·原道篇》卷一,第135页。
③ (宋)朱熹:《四书章句集注》,中华书局1983年版,第48页。

者，今人乍见孺子将入于井，皆有怵惕恻隐之心"①，是孟子论述"仁"的一条思路。循着这条思路，向外推出"不忍人之政"的王道政治，向内可以追溯至"恻隐之心"的良知运行，对于中国的社会治理模式、心学的理论建构都产生了深远的影响。

心之发动处，即为"志"。《孟子·公孙丑上》中记载了孟子对于"志"和"气"关联的说明。孟子有言："夫志，气之帅也；气，体之充也。夫志至焉，气次焉；故曰：'持其志，无暴其气。'""志一则动气，气一则动志也。今夫蹶者趋者，是气也，而反动其心。"②张学智指出，孟子此处对身心关系的讨论，说明了心身互相引发、互相映照的双向作用，身心二者互相作用引发的结果是直接呈现的，不能在这直接呈现的东西中再分析出精微的存在作为更深层次的原因；孟子以象征、想象的方式提出的"浩然之气""集义"等由"道德行为的积累而引起心理的崇高感，崇高感这种心理的势能引起体内之气的充盈，由体内之气的充盈而有塞于天地之间的联想"。③

《朱子语类》中记载了朱熹关于明道"仁者浑然与物同体"的讨论，是对于"爱之理"的一种说明。有人问："明道说'学者识得仁体，实有诸己，只要义理栽培'一段，只缘他源头是个不忍之心，生生不穷，故人得以生者，其流动发生之机亦未尝息。故推其爱，则视夫天地万物均受此气，均得此理，则无所不当爱。"朱熹答："这道理只熟看，久之自见如此，硬桩定说不得。如云从他源头上便有个不忍之心，生生不穷，此语有病。他源头上未有物可不忍在，未说到不忍在。只有个阴阳五行，有阖辟，有动静；自是用生，不是要生。到得说生物时，又是流行已后。既是此气流行不息，自是生物，自是爱。

---

① 杨伯峻：《孟子译注》，中华书局1960年版，第72页。
② 杨伯峻：《孟子译注》，第56页。
③ 张学智：《中国哲学中身心关系的几种形态》，《北京大学学报》2005年第3期。

假使天地之间净尽无一物，只留得这一个物事，他也自爱。如云均受此气，均得此理，所以须用爱，也未说得这里在。此又是说后来事。此理此爱，如春之温，天生自然如此。"① 阴阳与五行的动静变化、自然流行、生生不息，便是"爱之理"。可以说，在朱熹的思路中，"气"就是"仁"的具体表现。

陈来在分析朱熹关于"仁义礼智便是元亨利贞""发时无次第，生时有次第"等说法时，认为朱熹的上述讨论，说明仁义礼智之间具有流行关系和结构，这在无形之中使仁义礼智在一定程度上也变成具有宇宙流行意义的实体——气。其中，"发时无次第"是指恻隐羞恶辞让是非情感发生是没有一定次序的，"生时有次第"是指仁义礼智作为生气流行具有一定的先后次序。在最低程度上，可以说"生时有次第"包含着仁义礼智四者在逻辑上的次序。仁义礼智作为人事之当然，与元亨利贞自作为天德之自然，成为完全同构的东西。②

唐君毅继承了朱熹的这种思路，但淡化了"气"的实体意义，强调"气"的功能意义。唐君毅指出，作为"仁"之源头的"气"，必须是"依理而变化"的"气"。他说："朱子又有心为气之灵之说，则又似使心属于气。此则由朱子之言心，原由其先之说转进而成。……故朱子承此诸贤之说而更进，亦尚存此心为气之灵之说也。然此气之灵一语，可重在'气'上，亦可重在'灵'上。重在灵上，则心即气之灵化，亦即气之超化，而心亦有超于气之义。心之所以有超于气之义者，固非以其是气，而实因其具理以为性。则吾人固可谓朱子之言，乃意在由气之灵以上指，以及于心之具性，以见心之所以能超于气之故；而非意在说心之不过'气'之灵也。则朱子之言心为气之灵，其语虽犹存前此之说之遗，未能别心于气，以见心之超越于气上；而其

---

① （宋）黎靖德编：《朱子语类》卷六，第2447页。
② 陈来：《仁学本体论》，生活·读书·新知三联书店2014年版，第337—340页。

所指向之意义，则正当在别心于气，见心之超越于气上也。"① 对于"气之灵"的重视，也是唐君毅文化哲学中颇具特色的内容，唐君毅对于"心灵"的说明，也是这一问题的延续。

在唐君毅看来，"仁"这种最基本的道德情感与道德理性的综合，根于人心，在"气"的流行中具体展开，最终实现人文世界的全幅展开。这需要通过哲学而成就智慧，了解心灵所具有的超越能力，体悟心灵所内具的性情，保持依理想而行为的能力。而真正说明"仁"与"气"的这种关联，则需要通过形而上学的思考来实现。唐君毅说，"一切形上学之思维之助成此信心，而内在信心之建立历程之中，亦须内在一充塞宇宙之性情。则吾人所论，一切始于性情，终于性情。然始终之间，则可以一切形上学之思想，为开展照明此全幅性情，而成此性情之流行之用。"② 唐君毅融合了朱子与阳明的思想，展开对于心、理、气的形上说明，区分对自己的仁、义、礼、智和对他人的仁、义、礼、智，与熊十力主要依据《易》与《春秋》来说明仁体和流行不同。唐君毅更加侧重于对孔子和孟子思想的援引，并从宋明儒学中寻求更多的理论支撑。

第三节 历程视域下的"仁义礼智"

以"感通"说明"仁"，从"仁"来说明人的活动、人的生命，是中国文化的重要内容，也形成了不同于西方文化的个人观。以这种思路理解个人，进而说明人与人的关系，成为唐君毅讨论"仁"的流行、仁义礼智基本架构的思路。他对于"仁"的历程的说明，始终围绕着个体、他人、天道相贯通来进行，确立个体内部的仁义礼智架构、

---

① 唐君毅：《中国哲学原论·原教篇》，第499—500页。
② 唐君毅：《生命存在与心灵境界（下）》，第507页。

个体对他人的仁义礼智，并从仁义礼智的流行中，透视中国天道、天命思想中包含的普遍性意义。

一 人对于自己的期待

唐君毅看来，人对于自我的期许，是人面对天地万物时首先产生的问题。这也是人确立自身主体性的第一步。"志于道"的过程，也就是人自我确认、明晰其道德理想的过程。这个过程，要经历一个自己对自己的"仁"、自己对自己的"义"、自己对自己的"礼"和自己对自己的"智"的过程，才能最终完成。人的独立性、人的道德潜能、道德使命也由此完成。

唐君毅对于孔子"仁道"的分析中，非常重视《论语》中未明确记载问答对象的部分。他认为，"论语所记孔子之言仁之语，更有未明载其为答弟子之问者。此或为孔子答诸弟子之问仁时所说之语，或孔子之无问而自说之语。吾观孔子言仁之语，则以此一类之言，其义最为深远，而亦大皆唯是就人之内在之心志、及仁者之表见于外之气象态度、与其内心之境界而说。此则似不属于求仁之工夫，而只为此工夫之效验。……至于其言'仁者乐山'，'仁者静'，'仁者寿'，以与'智者乐水'，'智者动'，'智者乐'对言，则其以乐山与静及寿说仁，皆所以表状仁者之生命之安于其自身，而有其内在的感通，亦见仁之纯属于人之生命自身，而初不在其外之表现"[①]。唐君毅认为，孔子言仁，最初是对"人内在心志"的判断，孟子正是以此为根据，论述人之为人的根本所在，展开了"人禽之别"和"四端之心"的具体论述。

唐君毅对于人的道德主体地位的说明，主要是通过对孟子"人禽

[①] 唐君毅：《中国哲学原论·原道篇》卷一，第104—105页。

第三章 "气"的文化哲学意蕴

之别"和"四端之心"来展开的。唐君毅认为,"孟子之重辨人与禽兽之类之不同,固亦是将人客观化为天地间一类之存在,而后有之论。若人只如孔子之生活在己与人与天命鬼神相感通之世界中,或只生活在人伦世界中,而不将此人类客观化为天地间一类之存在,固无此人与禽兽之辨可说也"①,这种客观化,主要是从道德的角度来展开的,"又不真在客观的辨万物之类有种种,而要在由辨人与禽兽之不同类,以使人自知人之所以为人"②,"孟子之学,重人与禽之别,而此人与禽兽之别,孟子又谓其初只有几希之别"③。这"几希之别",就是恻隐、是非、辞让、羞恶这"心之四端"。唐君毅说:"人有恻隐之心,固直接表现人之所以异于禽兽;而人有羞恶之心,亦直接表现为人之不甘自同于禽兽。……人有此义之端之表现,即见人之能自制自守,亦见人自己之心性,自有其内在的尊严。……礼之始于辞让,智之始于是非,初亦只直接表见人之不同于禽兽之心性,而亦未必有客观的利人之价值与意义者。人之有此四端之表现,初只所以见其不同于非人。"④

唐君毅在解释"人禽之辨"之"心之四端"时,非常强调"四端"最初都是基于人自身而言的,是纯主观的内容,是"突然生起者"。他说:"恻隐之心之初表现为不安、不忍,只是纯主观之消极的不安、不忍之感情。此感情,即是人之心灵生命之一内在的感动。此感动则禽兽所无,而为人所独有,人亦初不知其所自来,而只见其突然生起者。"⑤ 朱熹对于"仁",以及"仁义礼智"的关系,有一个说明:"仁,浑沦言,则浑沦都是一个生意,义礼智都是仁。"⑥ 这即是

---

① 唐君毅:《中国哲学原论·原道篇》卷一,第217—218页。
② 唐君毅:《中国哲学原论·原道篇》卷一,第218页。
③ 唐君毅:《中国哲学原论·原道篇》卷一,第218页。
④ 唐君毅:《中国哲学原论·原道篇》卷一,第222页。
⑤ 唐君毅:《中国哲学原论·原道篇》卷一,第221页。
⑥ (宋)黎靖德编:《朱子语类》卷六,第2417页。

说，从整体来看，仁义礼智都是仁，都是生意在人的不同阶段的表现。唐君毅也认为，从"突然生起"的"恻隐之心"，到后续的"是非之心""辞让之心""羞恶之心"，存在在一个次第升起的过程。他在《文化意识与道德理性》中，用人对于自己的"仁义礼智"之次第展开来说明自己对这个问题的思考。

在唐君毅看来，"仁"是"自己求成就自己"，"义"是"自己裁制自己，为另一自己留地位"，"礼"是"自己对将来自己之活动之尊重"，"智"是"自己保持清明理性，以判断自己"。① 仁、义、礼、智连续升起的过程，说明了人的道德活动的连续性，无一刻停止，指向未来的自己，表现出生生不已的精神品质。从人自己内部而言，经历了仁、义、礼、智这样一个自我发展的过程，道德意识最终形成。从原始之"仁"，到原始之"义"，再到原始之"礼"和原始之"智"，也是一个对于人与我的分别逐渐清晰的过程。在此过程中，人形成好善恶恶的道德原则，人成为真正的道德主体。此后的"心"，在面对他人和外物时，会生发出"亲切之感"，并自然形成"浑然与物同体之感"。

人面对自身时所形成的最初级的道德意识，是人最初之"自命"。唐君毅首先指出，这种自命具有超越性、无限性。他说："吾人须知此心之生，可表现为主宰此身之行为，亦可只表现为心之自超越于其已成之自己，而更有所自命之事。当此自命为一依普遍理想而有之自命时，由此理想之可伸展之无穷，即可见此自命之可开拓至无穷，亦可见此自命有一无穷之原泉。如自此原泉而流出，以由隐而显。为此自命之泉原者，即天命，而此自命，即为天命所贯注。"② 接下来，唐君毅指出这种自命具有天然的亲切义。他说："人皆可由其心之依道德上之普遍理想而自命，而有其心之生、心之性之表现时，当下得一亲切

---

① 唐君毅：《文化意识与道德理性》，第536页。
② 唐君毅：《中国哲学原论·原道篇》卷二，第78—79页。

之体证，便不同于先客观的说。"① 人的这种自我成长的能力和潜质，成为道德最坚实的基础，具有自然而然的性质。当面对他人与外物时，"仁"作为一种强大的情感，且是对自己的"仁义礼智"的综合，包含着"智"的判断，把"是"与"应该"结合在一起，具有行为动力的功能。

以"仁"为动力的行为，既可以是积极辅助他人的行为，也可以只是包容的态度。唐君毅指出："依儒家义，人最初对人之仁，可不表现为有所事之积极之爱，而只表现为浑然与人无间隔之温纯朴厚，或恻隐不忍人之心情。……在此本能中，已直觉有他人之自我或精神之存在。"② 这种说明，强调了"仁"内在的、自发的生长倾向和趋势，是对现代新儒学孜孜以求的"动力"问题的总体回答，也是唐君毅说明人的独立性的起点。

唐君毅认为人的心灵最初的存在状态就是"在一无我与非我之分别之境中，以我之生命存在与非我之生命存在同情共感"，这种"同情共感"是"人之生命心灵中之原始性情"③，是"心灵自超出其限制与封闭""以成此感通之善"④ 的基础和动力。而从"同情共感"中区分出人自身，确立人的道德主体地位，"要肯定人之独立自主性，正应从人之可不属于自然系统，亦可不属于神之系统，而孤悬于天地间，以面对虚无处去认取"⑤。"仁"的重要意义，也是从此确立下来的。唐君毅把"仁义礼智"先解读为人自己对自己的活动的道德要求，进而才有对于他人的"仁义礼智"。其中，人对自然万物的"同情共感"，

---

① 唐君毅：《中国哲学原论·原道篇》卷二，第79页。
② 唐君毅：《文化意识与道德理性》，第538页。
③ 唐君毅：《生命存在与心灵境界（下）》，第178页。
④ 唐君毅：《生命存在与心灵境界（下）》，第178页。
⑤ 唐君毅：《西方人文主义之历史的发展（下）》，载氏著《中国人文精神之发展》，第67页。

经过了人对于自己的"仁义礼智"所确立的独立性和主体性，再面对他人与天地万物，形成了更加真实的"亲切感"和"同情共感"，是人类文化生活的起点和动力。这也正如有论者指出，就承天地之生（性）与命而言，人天然地禀赋了道德的潜能。这是人之为人的道德使命。就人与万物的区别而言，禀赋于天的仁义礼智之性、安善循理之行，使人成为超拔于万物之上的独特存在，得以组织起一种文明的生活。①

唐君毅如此解释"仁义礼智"四端，是为了说明"吾人主张人在安顿其自己之生活，自己之活动上，即有道德。然吾人仍承认人之道德，主要者为表现于人与人者"②。"仁义礼智"依次展开所撑开的道德空间，便在对己、对人的双向互动中不断拓展。在唐君毅看来，安顿自己的道德生活只是初级的道德意识，能够安顿人与人之间关系的道德原则，才是更加高级的道德准则。这也是唐君毅在治学过程中，从对道德自我的关注发展出关注社会文化的重要动力，因为道德的完善不能局限于个体。

二　德性架构的展开

唐君毅从安顿人与人之间关系的原则的角度，进一步申论了"仁义礼智"产生的道德架构。这也是对自己而言的道德外化的过程，通过"气"的流行来完成。由此，"仁义礼智"便进入了社会伦理的层面。

唐君毅指出："当我之生命心灵与他人或他物有同情共感之仁之表现时，而我同时有以其心灵向于他人之生命心灵，以恭敬奉承其生命心灵之表现，此即为一原始之礼。此中，同时对我已有之生命心灵活

---

① 宫志翀：《战国两汉"人为天生"学说的政治哲学意蕴》，《哲学研究》2021年第1期。
② 唐君毅：《文化意识与道德理性》，第537页。

动,有一裁制,以使他人之活动,亦得存于我之生命心灵中,以与我之活动有一平等之地位,是为义。人之自觉的超越其已有之活动,使之退屈,而呈现一无分别之清明,以使他人之活动为我所知,而得在我心灵中有一地位,即是智也。此人之有同情共感之仁,恭敬奉承之礼,平等待人我之义,清明能知之智,固人之心灵中之原有之性情之表现,可由此以言人心与其原始的性情之善者也。"① 在"感通"的架构下,"仁义礼智"在自己与他人的关系中相继呈现。

对"仁"的理解,是这一架构得以确立的基础;"同情共感"也是唐君毅解释"仁"不断外化的基点。在"浑然与人同体又直觉他人之精神"之"仁"的基础上,个体会产生他者与自己有差别的观念,义、礼、智便随之产生。"义"主要指"人之承认人我之别,人我之分际分位,即表现于人无事时皆有之勿欲害人勿欲穿窬之一种自然的自制。此种自制,乃原于吾人之原始的浑然与人无间隔之仁心"②;"礼"则是"原始之辞让",是"一种在接触他人自我或精神时之一种自他人所赐或人与我可共享之足欲之物之超拔,而'以我之自我或精神,托载他人之精神或自我自身'之一种意识"③;"智"是"原始之道德上的是非之心,乃依原始之辞让之心而起。是非之心所进于辞让之心者,在此中人不仅有自尊其道德自我,尊人之道德自我之意识;且有对于'违于人与我之道德自我之实际行为'之否定,及'顺于人与我之道德自我之实际行为'之肯定"④。

这种思路,一方面是对儒学一气贯通天道生生世界图式的继承,另一方面也强调"心"在面向万物时所自然具有的感受能力。"仁"

---

① 唐君毅:《生命存在与心灵境界(下)》,第178—179页。
② 唐君毅:《文化意识与道德理性》,第540页。
③ 唐君毅:《文化意识与道德理性》,第541—542页。
④ 唐君毅:《文化意识与道德理性》,第544页。

"恻隐之心"是一种最基础的生命活动,构成人们生存之立体结构的基石。有论者把孟子的"恻隐之心"解读为儒者在世的基本情调,并提示:正是在这一生存论的情调定调下,他人的生命、天地万物的生命进入"我"的生命观照之中,他人、天地万物作为一个生命主体呈现给"我","我"成了与这个生命主体相关的共同体之中的一员。也只有在一个生命共同体的自觉意识之中,羞恶、辞让、是非等价值才有着落。换言之,没有恻隐所敞开的一体相关的共同体意识与感受,羞恶、辞让、是非便无从发生。"恻隐之心"这一基本情调启示出人之为人的一个基本生存结构,这个生存结构是一个共处、共享与共属的结构。"共处",指的是"我"与他人、万物乃"浑然中处"于天地之间。即便在"我"独在的时候,这个他人、天地万物也隐性地与"我"共处一起(一气贯通);"共享",指的是"我"与共在者分享共通的生命情趣,此共享之情趣皆为"天地生物之心"所展现,皆为天地生机、春意之充盈;"共属",指的是民胞物与、休戚与共的一体归属性。①

从工夫论的层面看,唐君毅的这种思路,是对王阳明"致良知于事事物物"的进一步说明,强调"仁"向外推扩的次序和等级。王阳明在回答学生"大人与物同体,如何《大学》又说个薄厚"的问题时,便指出"仁义礼智"的顺序开展。王阳明强调:"惟是道理,自有薄厚。比如身是一体,把手足捍头目,岂是要偏薄手足,其道理合如此。禽兽与草木同是爱的,把草木去养禽兽,又忍得?人与禽兽同是爱的,宰禽兽以养亲,与供祭祀、燕宾客,心又忍得?至亲与路人同是爱的,如箪食豆羹,得则生,不得则死,不能两全,宁救至亲,不救路人,心又忍得?这是道理合该如此。及至吾身与至亲,更不得分彼此厚薄。盖以仁民爱物,皆从此出;此处可忍,更无所不忍矣。《大

---

① 陈立胜:《恻隐之心:"同感"、"同情"与"在世基调"》,《哲学研究》2011年第12期。

学》所谓厚薄,是良知上自然的条理,不可逾越,此便谓之义;顺着这个条理,便谓之礼;知此条理,便谓之智;终始是这条理,便谓之信。"① 仁、义、礼、智的条理化,便是仁、义、礼、智依次展开的过程,是人与外物、他人、社会互动的过程。

唐君毅对于"仁义礼智之德"的流行架构的说明,把宋明儒学中的心性论和工夫论结合在一起。对于这一流行架构的重视,建立在他对传统心学的弊端有清醒认知的基础上,即尽心知性立命的心性工夫,虽然有简易、高明之处,但容易流于内倾、空疏。他说:"吾人亦当知人之只恃此内心之工夫,亦有工夫难就处。收摄过紧而离外务,亦足致此灵觉之自陷于其虚静之中,以成一高等之自己沉没;而由其外以养内之工夫,亦不可忽。"② 只有在人与人的真实交往中,人才能真正把握个人与他人、社会的关联,进而实现人文化成的文化意义。"仁"确立了心性的至善与自足,"气"的流行说明了心性中自在的动力意义,"仁义礼智"的内在和流行架构,则说明了仁心仁性与外在文化活动如何贯通。"仁"的向外拓展的意义,与"气"为由内向外的流行过程相结合,建构了一个"一切善德互相涵摄而成一整体,其显现亦互相引生,依一根而展出"③ 的"仁义礼智之德"的流行架构,深化了对中国文化心性基础的说明。

三 流行历程中的普遍化表达

通过"立本以持末"的方式来描述文化理想在会通道德理性和文化活动中的作用,是唐君毅文化哲学的重要内容。他指出:"若乎吾人能知人类文化之本原,而达于性与天道之精微,以时时提起向上之精

---

① (明)王守仁:《王阳明全集(上)》,吴光等编校,第122—123页。
② 唐君毅:《生命存在与心灵境界(下)》,第208页。
③ 唐君毅:《文化意识与道德理性》,第560—561页。

神，以御文明之末，使分殊而不失于会通，会通而不失于分殊；则长治久安之事，亦当可能。"① 在这种思路中，作为文化活动之本的道德理性本身，就包含着普遍化的内容。"仁"作为最原始的道德情感，最基本的道德意识，在"仁义礼智之德"的流行中，实现理性活动的自我要求，展现理性活动的普遍化意义，使人们的各种文化活动分殊开来。

唐君毅指出，原始之仁、义、礼、智的层层升进，是文化活动层层展开的基础。具体而言，有两个最基本的阶段：第一步是仁义礼智之心感通于物而表现于情："表现于我与人间之仁义礼智，乃限于最原始之仁义礼智。此最原始之仁义礼智之表现，乃先于自觉的求合理之理性活动而自然合理者，其表现皆为表现于情者。所谓为表现于情者，即谓其为感物而动者。"② 这只是道德自我的直接呈现，并不是人的自觉表现。第二步才是人自觉运用理性活动使仁义礼智之情普遍化。唐君毅指出："仁义礼智之进一步之表现，则必赖一自觉求合理之活动或自觉理性之运用。由自觉求合理或自觉理性之运用，吾人乃能推广仁义礼智之最初表现，成进一步之表现。"③ 唐君毅自觉运用"普遍性"的思维来寻求"仁"的表达，体现了一种寻求中国传统文化的核心内容的"现代表达"的文化努力。

现代化作为发端于西方社会的历史进程，在自身的发展过程中逐渐产生了一种普遍化的趋势，超越西方社会的历史传统而成为全人类的价值追求。其中，理性化的论证、实质性文化传统的自我反思都是非常重要的内容。有论者指出："到了19世纪下半叶，现代性思想通过理性化方式重新界定，完成了与西方文化传统'相脱胎'的过程，

---

① 唐君毅：《文化意识与道德理性》，第667页。
② 唐君毅：《文化意识与道德理性》，第544页。
③ 唐君毅：《文化意识与道德理性》，第545页。

形成了相当成熟的现代形态,以更为普世的方式流传于世。"① 为了对接理性化、普遍化这一现代性价值的核心维度,强调"仁"的普遍意义,是唐君毅强调儒学在现代世界合法性的基本思路。这种强烈的文化自觉,也代表了现代新儒学的一种方向,即以一种普遍化、理性化的方式来反思和定位自己的文化传统,进而寻求中国文化传统参与现代化、规制现代化的可能性。

整体而言,从仁义礼智的自我确认,到仁义礼智感通于物、表现于情,再到人自觉运用理智活动使仁义礼智之情普遍化,唐君毅的思路中彰显出对于仁心自然生长以及理性推扩过程中的自我节制的重视。一方面,唐君毅继续保持着对于道德理性的乐观,固守着天人合一的道德存有基础;另一方面,唐君毅把"义"的自我节制和"礼"的彼此成就,以及"智"的清明自持结合在一起,既保持了道德理性、道德情感的天然基础,也强调了后天陶养、秩序规范对于道德行为的重要意义。这既是对孟子"性善"论的继承,也是对荀子"化性起伪"论的吸纳,丰富了现代新儒学的人性论思考。尤其是对于"智"的说明,强调了道德根源处的冷静态度,这可以避免人类理性的膨胀。

唐君毅强调,"凡道德上的原则,因其有普遍性超越性,必须是兼可应用于人与我的",但是人对于自己的道德实践而言,可以对道德实践产生直接的希望与要求;对于他人的道德实践而言,则需要"先经一他人之自觉心为间接的媒介",而"他人之是否有此自觉心,则对我为超越的外在的事,我不能直命之有,而只能为我所希望其有的"②。从道德心灵的普遍性、道德实践的差异性来彰显人与我在道德生活中应有的同与异,并把正视这种普遍性与差异性共同存在、相互作用作为克服现实生活中的道德危机、反对以西方现代性来剪裁中国现代发

---

① 孙向晨:《双重本体:形塑现代中国价值形态的基础》,《学术月刊》2015 年第 6 期。
② 唐君毅:《论精神上的大赦(上)》,载氏著《中国人文精神之发展》,第 268—269 页。

展的理论基础。

唐君毅从人的独立性、主体性和人与人之间的道德关系来说明"仁义礼智"的内在和流行架构，确立了中国礼乐文化的德性基础。其中，既包含着个体道德理性的内容，也包含着后天交往的影响。这在一定意义上突破了传统心性论脉络中人格论的思路。孟子性善论和宋明理学复性论是向内自反的单一向度，由此造成了封闭性、单一性、趋同性的传统理想人格论的核心特征。[①] 唐君毅的这种思路，为在儒学内部安立个体个性，兼收现代人性理论开拓了理论空间；同时，也为现代性理论中如何处理个体与共同体的关系提供了具有儒学特色的思考。

唐君毅还提出："人之理性的道德的心灵之全体大用之彰露，必求同时尊重个人，与社会之团体组织及国家，同时肯定中西社会文化分别所重的，人与人之心灵之联结组织之方式之价值。"[②] 这种对于主体性的强调，不同于西方知识论传统下人的主体性，也不同于西方启蒙运动以来的主体性讨论，是对道德主体性的强调，以道德统摄认识活动和社会活动。就现代新儒学内部而言，这种思路，也不同于冯友兰以逻辑分析来区分普遍性与特殊性的思路。

冯友兰建构了一个逻辑在先的"理世界"，强调理世界的普遍、超越意义进而以"普遍性"与"特殊性"来区分西方现代化与中国现代化的做法。冯友兰的思路对中国影响很大。冯友兰在《新事论》中用"明层次"和"别共殊"来说明实际世界中的共相和殊相的关系，目的在于说明：人类文化有其共相，都需要从古代文化发展至近代文化，

[①] 陈卫平：《如何用马克思主义重建儒家人性论——评俞吾金〈中国传统人性理论的祛魅与重建〉》，《哲学分析》2018年第1期。

[②] 唐君毅：《理性心灵与个人、社会组织及国家（下）》，载氏著《中国人文精神之发展》，第228—229页。

故而中国文化需要以大工业为基础继续发展；同时，各个民族文化又有其特殊性，故而中国文化必须在自身的道德基础上发展。他深刻地说明一个问题：用发展生产的方法解决生产方式变革的问题，用道德建设的方式解决道德进步的问题，两者虽有关联却不可等同。从理论层面来看，这种解释颇为有效；但从实际效果上看，则要打折扣。在文化哲学的问题意识中来审视，"理论建构如何关联于现实生活"这一核心问题在冯友兰新心学的体系中需要进一步探索。就这一问题而言，唐君毅所强调的"道德理性""仁心仁性"的动力意义，并以此为普遍性的基础，则更加具有推进人们行为的意义。

在现代新儒学的体系内，调和心学与理学的努力，始于熊十力。冯友兰曾指出："熊十力对于心学、理学的分歧，有调和的倾向，但还是归于心学。"① 唐君毅继承了熊十力的这种思路，认为朱陆异同的根本问题在于"气与心及理之关系，当如何看"②。"气"在说明"心与理一"的过程中，发挥了重要的作用。从气学在现代中国哲学中的发展和转化来看，唐君毅以"存在的流行""流行的存在"来说明"气"的含义，展示了他综合前人学术思想来申论新的哲学问题的思路，并在总结宋明儒学发展的基础上，说明"气"在人生论、历史论、文化论中的基础意义，申论心性之学与现实生活的关联。

---

① 冯友兰：《中国现代哲学史》，生活·读书·新知三联书店2009年版，第216页。
② 唐君毅：《中国哲学原论·原教篇》，第206页。

第四章 "理主乎气"的文化根源论

唐君毅对"理"的理解,比较复杂。一是因为"理"的含义本身比较多元且不断变迁。二是因为唐君毅解释"理"的含义时,希望可以超越清代学者通过追求"理"的古义来反对宋儒的局限,从而更加清晰地说明"理"在中国思想史上的演变,进而综合各种含义,提出新的观念。三是因为唐君毅在解读中国哲学史时,具有比较鲜明的心学立场。在《中国文化之精神价值》中,唐君毅从中国哲学的特殊性出发,提出从事物内在本性来界定"理"的基本思路。他说:"理或律则或条理秩序,内在于自然事物,即谓自然事物之理或律则或条理秩序,初只为事物之本性,而非通于其他事物之共相。一共相,吾人可说之为在各特殊事物之上,而超越的涵盖诸事物者。"① 对"理"的这种界定,体现了他还原中国哲学自身义理体系的努力。反对以超越的共相来定义"理",强调"理"对于具体事物的内在即超越,是港台新儒学哲学建构的一个重要特点。在《中国哲学原论》中,唐君毅用"人之活动之历程中之次序条贯"② 来界定"理",并以思想史发展为线索来揭示"理"的六种主要含义,进而展示中国哲学的发展,以及

---

① 唐君毅:《中国文化之精神价值》,第87页。
② 唐君毅:《中国哲学原论·导论篇》,第41页。

心、理、气三者的关联。以理、气、心构成密切关联的观念体系，共同完成对于宇宙、道德、伦理、文化的解释和说明，是唐君毅文化哲学的基础，用"理主乎气"的命题把文化活动的内在根据、文化根源与现实活动之关联等讨论引向深入，是唐君毅文化哲学的重要内容。

第一节 "理"是次序条贯

唐君毅对"理"的说明，是将文献梳理和义理追寻相结合来完成的。他通过文字溯源和文献梳理，判定"理"在荀子思想中才开始成为中国哲学的范畴。他通过义理分析，说明"理"作为人活动的条贯次序的意蕴，在孔子的仁论中即有表达。一般认为，在中国哲学史上，相较于"道"的总体性含义，"理"是一个后起的概念，更多地表示"分别"。唐君毅同意这种区分，并更加细致地说明"分别"有两种意思，"一种是横的平列的分别，如一眼所见天高地下万物散殊之分别。一种是纵的或先后的分别，如'物有本末，事有终始'中之本与末终与始之分别。前者是静的分位上之相差异，后者成动的历程次序。理之一名，可用在各物之静之分位差异上，亦可用在一动之历程次序上"①。从物之静态分位差别与物之动态历程次序上进行分析，是唐君毅解读"理"的具体思路。他还结合中国哲学史中的具体典籍、学派来说明"理"观念的变迁以及中国思想史的演变。

一 "理"的思想史线索与含义

为了说明"理"的最初含义，唐君毅梳理了先秦典籍。他总结说："易经上下经本文及春秋经与仪礼本文，皆未见理字。唯诗经南山有

---

① 唐君毅：《中国哲学原论·导论篇》，第39—40页。

'我疆我理'一语。伪古文尚书周官有'论道经邦,燮理阴阳'一语。此二理字,皆明非一学术名辞。七十子后学所记论语,及老子中,亦无理字。在墨子孟子庄子书,乃将理字与他字连用,以表一较抽象之观念。"① 唐君毅认为,尽管"理"出现在上述文献中,但均不是该经典的核心概念。而"在七十子后学所著之礼记中,则理字屡见,且甚重要。乐记中谓'礼也者,理之不可易者也',及'天理灭矣'二节言理,盖为十三经中最早以理为一独立之抽象概念,并凭藉之说明礼乐之文者。宋儒尤喜征引后一节之言。唯其时代或后于荀子"②。因此,唐君毅提出:"先秦诸子中,唯荀子喜言理。……荀子之重言礼与其重言理,盖有一种密切之关系。至韩非子,则言理处亦多,并在解老篇,为理字做一详细定义。"③

在分别考察先秦经典中"理"概念的使用之后,唐君毅还以学派分类,说明"理"在先秦时期所呈现出的不同含义。"在先秦之儒家墨家之传统下所言之理,皆着重在从人之内心之思想或意志行为之方面说。唯荀子之言理,兼承认有纯客观之物理,而不加以重视。韩非子言理,偏自客观之物理上言,或亦本于荀子。然偏自客观之天地万物之观点言理,盖初开启自道家。道家思想可以庄子为其代表。庄子思想之中心概念,自当是天,天地、道、性命之情而非理。……庄子书中言理之多,仅次于荀子,共三十八见。唯多见于外篇。今如分析其涵义,则有同于治之通义者。……亦有指一内心之状态者。……又有指言论之根据或言辞之相承而生者。……凡此等等,皆非庄子言理之主要涵义所在。其理之主要涵义,乃在其言天理或天地万物之理。"④

---

① 唐君毅:《中国哲学原论·导论篇》,第 25 页。
② 唐君毅:《中国哲学原论·导论篇》,第 25 页。
③ 唐君毅:《中国哲学原论·导论篇》,第 25—26 页。
④ 唐君毅:《中国哲学原论·导论篇》,第 36 页。

第四章 "理主乎气"的文化根源论

通过上面的梳理，可见先秦时期"理"的内容多元复杂，各家思想的交叉也可见一斑。在唐君毅看来，先秦各家思想中的"理"的多重含义，实际上已经包含后来的中国哲学史上不同时期所重点讨论的"理"的内容。

一般认为，《韩非子·解老》中关于"理"的说法，是"理"的基本含义。唐君毅也重视法家思想中对于"理"的说明，认为法家思想对理的说明，旨在"释法之所由立"①，但韩非子说明"理"的思路，偏重于分别，虽有所见，却忽视了理的总持义。他说："由韩非子至戴东原以降所谓，理是从'分'从'别'之方面说，则大体上亦未为非是。朱子曾谓'道字宏大，理字细密。'故先秦思想家中孔孟老庄皆重道，唯荀子重分重别而重礼与理，墨辨亦较墨子本书更重理。由重道而重理，乃表示思想分析能力之增加。然如谓先秦经籍中只有此涵分别义之理，而无涵总持义之理，亦复不然。"② 这是建立在唐君毅整体把握先秦各家思想中对于"理"的多元化讨论而提出的判定，也是理解唐君毅"理"思想的前提。兼顾"理"的分别义与总持义，是唐君毅说"理"的基本思路。

进而，唐君毅提出自己对于中国哲学中"理"的含义的分析。他说："韩戴二氏以降所谓分别之理，在先秦典籍中乃第二义或引申义分别之理，而非第一义原始之分别之理。在先秦中第一义原始义之分别之理，应是指动之历程中之分别之次序，而且是指人内心思想态度行为之历程之次序者。"③ 然而，"用以指一动之历程之次序之理，可不只有分别义，且兼有总持义。此种兼从理之总持义以讲理，至宋明理

---

① 唐君毅：《中国哲学原论·导论篇》，第26页。
② 唐君毅：《中国哲学原论·导论篇》，第39页。
③ 唐君毅：《中国哲学原论·导论篇》，第40页。

学家乃真加以重视"①。这种说明思路,唐君毅试图把中国哲学史上各时期具有代表性的"理"论综合在一起,并且强调"理"的历程次序意义、总体性含义,以及"理"与"心"的关系。虽然唐君毅努力通过文献梳理找到充分的证据,但从他的整体思想着眼,这种解释更加符合他的心学立场。唐君毅非常重视孟子"心之所同然者何也?谓理也义也"②之"理",因为这里的"理"是就内心而言的。同时,唐君毅的这种思路,也为他说明宋明理学中对于"理"即"性理"的相关讨论奠定了基础。

最后,唐君毅提出对于"理"的界定,体现了他的心学立场。他说,"吾人所谓理之原义,是指人之活动之历程中之次序条贯,因而不只有分别义,且有总持义。此亦可由理为治玉,理从里,里为人所居,里从田,田为人之治土所成等处以知之。治土、治玉,皆为人之一活动行为之历程"③。《说文解字》中以"理"的原初含义是"治玉""顺玉之文而剖析之"。唐君毅也采用了这一说法,但他把"理"进一步引申为"人之活动的次序条贯",凸显了人的活动的主动性。有论者指出,从"治玉"的活动来说明"理"时,"理"不仅指形式,它还兼指物之内在实质。将兼含形式与实质的"理"作为使一物成为一物("成物")的条件,从而使"理"既区别于以形式为基本特征的"形",也区别于以质料为基本特征的"体"。④

这一定义,在唐君毅自己的理论体系内,与"气"为"存在的流行"中的历程意义统一起来。"理"作为人之活动的"次序条贯",是动与静、总持义与分别义的综合,并具有非常明确的方向意义,与

---

① 唐君毅:《中国哲学原论·导论篇》,第40页。
② (清)焦循:《孟子正义(下)》,沈文倬点校,中华书局1987年版,第765页。
③ 唐君毅:《中国哲学原论·导论篇》,第41页。
④ 贡华南:《理、天理与理会:论"理"在中国古代思想世界的演进》,《复旦学报》2014年第6期。

第四章 "理主乎气"的文化根源论

"心"的活动相一致，可以决定"气"的流行方向。而"理"的主要内容，又是从人心方面展开讨论的。"心"与"理""气"的贯通，就成为唐君毅文化哲学的核心线索，并构成其话语表达的基调。这种讨论方式可以把整个中国哲学史纵向贯通起来，又可以从横向关联各种学说的内在一致性。

二 "六理"的分判与融通

唐君毅分析"理"在中国思想史上的发展后，指出："在先秦经籍中对理之观念，乃愈至后世而愈加重视。中国思想史之发展，亦似愈至后世，而愈对以前不用理之一名，所表示之义，亦渐连于理之一名而论之。至宋明儒，而儒学之一切思想观念，皆可连于理之观念以为论。此中盖可见一中国学术思想之一发展之方向。"[1] 在这种分析的基础上，唐君毅用六种理，即理之六义，来说明中国思想史上不同阶段所关注的"理"。其中，先秦两汉时期所讨论的理为"文理"，魏晋时期所讨论的理为"玄理"，隋唐时期所讨论的理为"空理"，宋明时期所讨论的理为"性理"，清代所讨论的理为"事理"，近代以来所讨论的理为"物理"。唐君毅提出了"六理"的结论，目的在于寻求不同时代中国思想的基本问题和主要思路，并讨论思想转化的进程。他强调，"此六种理，同可在先秦经籍中所谓理之涵义中，得其渊源"[2]；同时，"此理之六义，亦可视为理之六种，界域各不相同，可明白加以分辨"[3]。

唐君毅对于"六理"的说明中，有一条重要的内在线索，即"理"作为人之活动的次序条贯，在不同历史阶段有不同的侧重点，通

---

[1] 唐君毅：《中国哲学原论·导论篇》，第26页。
[2] 唐君毅：《中国哲学原论·导论篇》，第24页。
[3] 唐君毅：《中国哲学原论·导论篇》，第24页。

过不同的范式来讨论，但前一阶段的内容总是包含在后面的讨论之中，后一阶段的讨论中又包含着前阶段论述中隐而不彰的内容。"理"的内容变迁，又带动后一时期思想体系的变迁。学者们可以从不同的角度说明"理"的具体含义，但是对于"理"的这一演变线索，却可以形成共识。有论者指出，先秦作为"类"之理，到魏晋作为"故"之理，进至宋明作为"理"之理，理兼摄形式与质料，兼含"类"与"故"，融合必然之理与当然之理而被视作看待人、事、物的普遍架构。理范式的确立内在规定着通达理的方法论，理与理交会，心明而知。[①] 从"理"的思想演变中梳理"理"的具体含义，在中国哲学史研究中具有重要的方法论意义。

唐君毅以"文理"表示中国古已有之的文化哲学思想。性理、事理等内容，虽然后起，但包含在"文理"之中，并在它们成为独立的范畴时，依旧可以表达"文理"的内容。在中国哲学史上，"理"的言说方式发生了变化，但"文理"作为"理"的最早的核心问题，也一直保持在后来的中国哲学关于"理"的思考中。从"理"的各种含义中说明"理主乎气"，可以说是唐君毅在理气关系的说明中的一个重要问题，从文化哲学的角度看，这也深化了对于文化根源问题的思考。

牟宗三对唐君毅所提出的"文理"作出过评价，认为"若以学门观之，先秦所说之'文理'很难划在一门学问内，其意盖甚通泛。故若从'理'字之意义上想，有此一义，但若从学门观之，则不知其当何所属"[②]。显然，牟宗三的质疑有其睿见："文理"不能仅仅归纳为诸子百家中的某一家，亦不能局限于现代学术分科中的某一科。牟宗

---

① 贡华南:《理、天理与理会：论"理"在中国古代思想世界的演进》，《复旦学报》2014年第6期。
② 牟宗三:《心体与性体（一）》，（台北）正中书局2006年版，第3页。

第四章 "理主乎气"的文化根源论

三也曾用六种理来说明"理"的内容，但他并没有采用"文理"的说法。刘述先曾指出，牟宗三删去"文理"的做法，"摆脱了历史发展过程以及考据的缭绕，直接由系统立论"①。相较而言，唐君毅对于"文理"的解释，更能彰显出其关于疏解中国传统文献的态度："既本文献，以探一问题之原始，与哲学名辞义训之原始；亦进而引绎其涵义，观其涵义之演变；并缘之以见思想义理之次第滋生之原；则既有本于文献，而义理之抒发，又非一名之原始义训及文献所能限。"② 唐君毅对于"文理"的重视，是他综合性思路的体现，努力兼顾考据与自己思想体系的结合。

这种思路，是唐君毅研究中国哲学基本思路的体系。他认为，要"对中国哲学之思想义理之线索，作客观的了解"，进而"见各时代之新义理新思想之不断滋生，与其异同，及相承而发展之迹"，最终达到"分别而观，可见同一哲学名辞，在各家哲学中之意义之不同，而免于混淆之害，以助成吾人对各家思想之分别的如实之了解；合之而观，则可对各家思想所陈义理之所涵，其义理系统之如何构成，及其义旨、义趣、及义用之所存，更加以指出，以供彼意在将中国哲学与西方印度之哲学相比较融通，以建设中国之新哲学之哲人之所取资，兼供意在成其内圣外王之义之未来圣哲之所参考"。③ 从"理"这一中国哲学的基本范畴来看，先秦之"文理"如何转化出其后诸"理"，并具有怎样的理论发展空间，成为唐君毅论述"六理"的问题意识和基本线索。

---

① 刘述先：《港、台新儒家与经典诠释》，载刘述先《现代新儒学之省察论集》，（台北）"中研院"中国文哲研究所2004年版，第166页。
② 唐君毅：《中国哲学原论·导论篇》，自序第4—5页。
③ 唐君毅：《中国哲学研究之一新方向》，载氏著《中华人文与当今世界（上）》，第401页。

第二节 "文理"的总持义与分别义

"文""理"二字在中国文化中均出现甚早，并具有丰富的意义。人们对万物之表现形式与内在根据的追问，可以从万物有其理的"殊理"的角度进行，又可以在万物有其共同依据的"一理"的架构下完成。对于"文理"多元的追问方式，导致"文理"包含了总持义与分别义两条思路和两种含义。唐君毅认为，"文理"是"礼文之理，社会人文之理"，是"人与人相交，发生关系，互相表现其活动态度，而成之礼乐社会政治制度之仪文之理"①。"文理"是先秦论"理"的主要内容，在后世不断分化、发展，被引申为其他几种"理"。"文理"作为"礼文之理"，有总持义与分别义；"文理"主宰阴阳二气，体现在汉代"即气言性"的人性论、教化论中，把"理"的活动与"气"的流行义沟通起来。"教化"思想在先秦两汉儒学、宋明理学和现代新儒学中都有比较重要的地位，也在一定程度上说明了"理主乎气"的思想在中国文化中的一贯性。

一 从"文理"中见礼的贯通与差异

在先秦乃至两汉关于"理"的讨论中，所涉及的内容颇多，既有一物为一物之理，如《庄子·则阳》中的"万物殊理"②；又有一事为一事之理，如《孟子·万章下》中的"金声也者，始条理也；玉振之也者，终条理也。始条理者，智之事也；终条理者，圣之事也"③；

---

① 唐君毅:《中国哲学原论·导论篇》，第44—45页。
② （清）郭庆藩:《庄子集释（下）》，王孝鱼点校，中华书局1961年版，第909页。
③ 杨伯峻:《孟子译注》，第215页。

还有精神秩序之理，如《吕氏春秋·离谓》中的"理也者，是非之宗也"[1]。贯通物、事、人的精神活动的"理"，则涉及"礼"，分别从礼器、礼仪、礼义几个层面展开讨论。关于"理""礼"的关系，在中国哲学史上讨论颇丰。皮锡瑞提出的"汉儒多言礼，宋儒多言理"[2]的总结可谓不刊之论。

唐君毅重视从文化源头处申论"仁"与"理"的内在关联，以及"理"对于"文""礼"的决定作用，强调中国传统文化具有一以贯之的内在生命力。他认为，文理经由"人之相互表现其自内而外之活动所成"[3]，可以说是"仁"的感通活动的表现。其中，分别义缘于"人自内而外之活动有段落，又以所对之他人他物而异"[4]，体现人们活动中的不同，主要是静态地看待各种事物，并分析其差异；总持义则是因为"各人之活动，由礼乐加以联系贯通，以相交于天地、君师、先祖，即见合见通"[5]，强调人们的各种活动有着根本的关联，因而具有相通性。在中国哲学的话语中，"天"和"天理"是一切人、物、社会规则的根源，因而文理的总持义，与"天"和"天理"关联在一起，通过人的道德心灵与修身工夫通而为一。结合《荀子》和《礼记》中的相关论述，唐君毅具体说明文理的总持义和分别义。文理的总持义和分别义在宋明儒学中，通过"性理"来表达。

在儒家文献中，"礼"与"文"经常具有互文关系。孔子感叹的"郁郁乎文哉！吾从周"（《论语·八佾》）是最具典范意义的表达。在《荀子·礼论》中，有"贵本之谓文，亲用之谓理，两者合而成文，以

---

[1] 许维遹：《吕氏春秋集释（下）》，中华书局2009年版，第487页。
[2] （清）皮锡瑞：《经学通论》，吴仰湘点校，中华书局2018年版，第279页。
[3] 唐君毅：《中国哲学原论·导论篇》，第45页。
[4] 唐君毅：《中国哲学原论·导论篇》，第45页。
[5] 唐君毅：《中国哲学原论·导论篇》，第45页。

归太一。夫是之谓大隆"①的代表性表述。王先谦在注释这段话时，可谓对"文理"的演变做出了总结："贵本则溯致上古，礼至备矣，兼备之谓文；亲用则曲尽人情，礼至察矣，密察之谓理。礼统于文，故两者通谓之文也。""贵本、亲用，两者相合，然后备成文理。……礼记曰：'夫礼必本于太一。'言虽备成文理，然犹不忘本而归于太一，是谓大隆于理。"②从《荀子》中的具体用法和王先谦的解释中，可见，"文"主要指礼的仪式、器物完备，而"理"则是礼完备表达人性人情。"两者合"而成"文理"，即是经过了从外在威仪到兼顾威仪与情用的义理转化，最终形成"文理"。"文理"应当有最终的根据，即"太一"或"天道"。唐君毅把荀子之学的主旨概括为"除言政道之外，归在论礼，荀子之礼即涵乐。……其以礼为一德，则通于义与仁智"③。以荀子思想作为文理的主要依据，说明文理兼通人的内在德性与外在行为、规范，是唐君毅论"文理"的整体思路。

唐君毅还指出，《荀子》讲"理"还有"以理指一内心修养之状态"④的含义。从人的内心状态而言，"理"可以不通过活动来呈现，只是一种静下来的状态，是人道和人文化成所积淀下来的结果。唐君毅还强调，荀子思想中"以理指一修养所达之内心之安静状态时，此理亦是指一整个心境中之安静，而不是指对一特定之事而安静，则此理亦有总持义"⑤。另外，由于《荀子》所讨论的"理"总是与"礼"相关联，唐君毅认为，"荀子之所谓理，虽静的意味重，且重言分理以明礼之分异之用，彼亦非全忽视总持义统贯义之理"⑥。唐君毅对于

---

① （清）王先谦：《荀子集解（下）》，沈啸寰、王星贤点校，中华书局1981年版，第352页。
② （清）王先谦：《荀子集解（下）》，沈啸寰、王星贤点校，第352页。
③ 唐君毅：《中国哲学原论·原道篇》卷一，第499页。
④ 唐君毅：《中国哲学原论·导论篇》，第42页。
⑤ 唐君毅：《中国哲学原论·导论篇》，第43页。
⑥ 唐君毅：《中国哲学原论·导论篇》，第42页。

"虚壹而静"之"心"的重视,即是对于此"理"之总持义的进一步说明。进而,唐君毅提出,这种"内心安静状态"之"理","恒在人心之相续不断之应事中见,则此理亦是在一动之历程中成就者,而涵有条贯义者"①。在动静的转化中,在动的历程中,"理"的次序条贯含义丰富起来。

在《荀子》文献中,"文理"的表达比较多元。第一种是外在威仪,以"文理"和"情用"对举。《荀子·礼论》中有言:"礼者,以财物为用,以贵贱为文,以多少为异,以隆杀为要。文理繁,情用省,是礼之隆也;文理省,情用繁,是礼之杀也;文理、情用相为表里,并立而杂,是礼之中流也。"② 王先谦注释曰:"文理,谓威仪;情用,谓忠诚。"把"理"解释为"貌"③,主要是从外在仪表的角度来解释"文理"。第二种含义是"法理条贯"④,侧重于从法的角度讨论文理。这以"君者,治辨之主也,文理之原也,情貌之尽也,相率而致隆之,不亦可乎"⑤ 为代表。第三种是强调外在行为是内在情感的合理表达,强调"理"的根源和统贯意义,说明"文理"即是以"礼""文"为表现而归于道的内容,并彰显"礼之本",以及"礼之本"与"礼之用"相合的方式。在唐君毅看来,这也是对"文理""总持义"的概括和说明。在《荀子》中又以"大理"来表现。

"文理"的"分别义"则以《礼记·中庸》中的"文理密察,足以有别也"⑥ 为典型概括,强调各种具体的仪文形式,都是文理的具体表现。在唐君毅看来,"礼之本"与"礼之用"不可分,且需要在

---

① 唐君毅:《中国哲学原论·导论篇》,第43页。
② (清)王先谦:《荀子集解(下)》,沈啸寰、王星贤点校,第357页。
③ (清)王先谦:《荀子集解(下)》,沈啸寰、王星贤点校,第357页。
④ (清)王先谦:《荀子集解(下)》,沈啸寰、王星贤点校,第374页。
⑤ (清)王先谦:《荀子集解(下)》,沈啸寰、王星贤点校,第374页。
⑥ (宋)朱熹:《四书章句集注》,第38页。

"礼乐生活"中保持和践行，这在孔子以仁为礼的根据，并开启儒学的基本思路时就确立下来。"礼之所尊，尊其义也。失其义，陈其数，祝、史之事也。故其术可陈，其义难知也"①，就清晰地揭示出，"礼"必须以道德为根据；缺乏道德基础的"礼"只能流于形式，从而失去价值整合的能力，甚至产生价值离散的趋势。

对"礼"进行反思与建构一直是中国哲学、中国文化哲学的主题。唐君毅以"文理"来说明先秦时期的这方面讨论，并由此而进一步申论中国未来文化之发展，亦是"文理"应有之义。他说："各种人文之多方分途发展，将形成中国未来社会文化之一新形态。各种社会文化之团体组织之依自由民主精神以形成，将构成中国社会结构新文理，为昔所无者。"② 这也是对孔子以仁释礼，强调礼的内在根据的延续，并强调其中同于人情、符合自然条理、用于日常生活之中等内容。唐君毅以"文理"来追溯中国文化哲学的传统，对于揭示中国文化哲学的个性有积极的意义。

二 "文理"的汉代表达及其隐退

"气"是中国哲学中早出且复杂的概念，具有多个层面的含义。李存山用"一气含五理"来总结中国哲学中"气"的基本含义，具体包括物理、生理、心理、伦理、哲理几个方面③，说明"气"与"理"的多重关联。其中，伦理义与唐君毅的文理含义接近。唐君毅强调"理主乎气"，不仅认为"理"是"气"的内容，更加强调"理"对"气"的主宰意义，表达通过修身养性来实现个体人格完善、行为得当。在"文理"中，这种主宰意义主要通过礼乐教化的根据及其实现

---

① （清）孙希旦：《礼记集解（中）》，沈啸寰、王星贤点校，第706页。
② 唐君毅：《中国文化之精神价值》，第520页。
③ 李存山：《"气"概念几个层面意义的分殊》，《哲学研究》2006年第9期。

第四章 "理主乎气"的文化根源论

来说明。在孟子和荀子的思想中,关于"气"的讨论较少且不成系统。到了汉代,董仲舒强调"天""理"的主宰意义,成为"理主乎气"的一种典型说明。

荀子认为"生之所以然者谓之性"①,以自然之生为人性,强调"性者,天之就也;情者,性之质也;欲者,情之应也"②。荀子重视"礼",并强调"礼"具有"化性起伪",导人向善的社会功能。董仲舒论人性的思路与荀子颇为一致。董仲舒以人与生俱来的本性来说明人性,并通过阴阳二气的作用来具体论述。"天地之所生,谓之性情。性情相与为一瞑。情亦性也。谓性已善,奈其情何?故圣人莫谓性善,累其名也。身之有性情也,若天之有阴阳也"③,可以说是董仲舒思路的集中体现。进一步来讲,则是"人之诚,有贪有仁。仁贪之气,两在于身。身之名取诸天。天两有阴阳之施,身亦两有贪仁之性。天有阴阳禁,身有情欲祍,与天道一也"④。唐君毅把董仲舒的这种思路概括为"即气言性",凸显"气"分为"阴阳二气"的思想史意义。

唐君毅指出:"此种本阴阳之气以言性之观点,乃先视人为天地之阴阳之气之和所生,故人性亦有其阴阳之二面。天有阳以生,有阴以杀,而人性中亦有仁以为人性之阳,有贪有戾以为人性之阴。天以生为本,而恒扶阳而抑阴;其扶阳者天之仁,其抑阴者天之义。则人亦当抑贪戾以成仁义,以德教兴仁,以行政成义;然后天人合德之义,于是乎在。"⑤ 在唐君毅看来,以"阴阳二气"论人性的优势在于,能对于人、物之求自己之生而排斥他人、他物之生的私与恶有一清醒的认识,对于人能通过修养来抑制贪戾与自私,有更加清晰的认知。此

---

① (清)王先谦:《荀子集解》下,沈啸寰、王星贤点校,第412页。
② (清)王先谦:《荀子集解》下,沈啸寰、王星贤点校,第428页。
③ (清)苏舆:《春秋繁露义证》,钟哲点校,中华书局1992年版,第298—299页。
④ (清)苏舆:《春秋繁露义证》,钟哲点校,第294页。
⑤ 唐君毅:《中国哲学原论·原性篇》,第134页。

时,"天"所内具的价值根源意义、主宰意义,以及"气"的动态历程在人的具体道德修养中得以彰显。

以董仲舒为代表的汉代儒生,就此提出了"性待教而为善"[①] 的社会教化思想,成为中国"人文化成"思想中的重要部分。董仲舒明确地意识到了道德引导、礼乐教化对于维护社会和谐稳定的意义,并从宇宙论的角度予以说明。他指出:"天地之数,不能独以寒暑成岁,必有春夏秋冬;圣人之道,不能独以威势成政,必有教化。故曰:先之以博爱,教以仁也;难得者,君子不贵,教以义也;虽天子必有尊也,教以孝也;必有先也,教以弟也。此威势之不足独恃,而教化之功不大乎!"[②] 这用唐君毅的文化哲学话语来表达,即是"文理"主宰"阴阳二气"之转化,而成就了社会仪文。其核心在于君王以源于天之"仁""爱"来引导民众的道德理想,以"礼"来规范人们的具体行为。

唐君毅以董仲舒的人性论为重点,对汉代儒学进行的讨论,彰显了"一气流行"与"阴阳二分"在成就道德生活与社会教化中的不同作用,抓住了汉代儒学在礼治建构中的特殊地位和成就,申论了汉代儒学在中国文化史上的意义。有见于汉儒贵阳而贱阴,认为人性非必善,兼含善恶,唐君毅明确地强调,人们活动的方向应该是与天合德,在"天""理"的主宰下,"扶阳而抑阴",这是整个易学背景下,中国文化的基本假设,"人文化成"的基本含义也可以通过扶阳抑阴来表达。"气"具有动态含义,可以直接表达人们的行为所发生的变化,"即气言性"直指人在本性上的可塑性,说明人何以由恶转变为善。这种本性的可塑,根据即在于"天"所内具的条理次序,即天之"理",在人类社会中表现为"文理"。

---

① (清)苏舆:《春秋繁露义证》,钟哲点校,第300页。
② (清)苏舆:《春秋繁露义证》,钟哲点校,第319—320页。

第四章 "理主乎气"的文化根源论

唐君毅总结"即气言性"与"文理"的关系时,突出了文理在推动其中由恶向善的转化意义。他说:"气之一名,乃初含动态义者。气虽有阴阳之别,而阴阳恒可相继而互转。由此而性之可转化之义,亦在说性为气之性时,较易显出。如只说性为物之性,因物可不含动态,则性可转化之义不显。说性为心之性,因心恒有一定情意之方向,故即心言性,或归于善,或归于不善,或归于无善不善,皆可只为一定之论。然气之一名,则自始涵具流行变化之义者。故即气言性者,虽分气为阴阳,谓其一向善而其一向恶,仍恒重其可转化之义。"① 唐君毅认为这种思路是针对客观现实而言的,突出了王政教化、礼乐教化的价值和功能,文理的主宰功能便在其中表现出来。

同时,唐君毅对于"阴阳二气"之相互转化、此消彼长、随时隐显的讨论,是他讨论"理主乎气"的一个重要方面。在"天"之自然义、道德义的背景下,彰显"气"之流行、历程的根据与方向;进而说明,在"气"的流行中,自有其主宰者。社会教化之内在依据,即"文理"的主宰作用,就是在"阴阳二气"的隐显与人性的善恶表现中体现出来的。陈来指出:"汉代的仁说思想,以仁者爱人为出发点,而更重视仁的政治实践意义;强调仁是对他人的爱,突出了他者的重要性;以恻隐不忍论仁,确认仁的内在情感是恻隐,而不仅仅把仁作为德行;汉儒已经在仁的观念下肯定、容纳了兼爱、泛爱、博爱作为仁的表达,以仁包容了所有中国文化内的爱的表达,使得仁爱包容了以往各家所提出的普世之爱;最后,与汉儒的宇宙论想联系,仁被视作天心、天意,仁被作为气的一种形态,使得仁深深介入到儒家的宇宙论建构,已经具有了形而上的意义。"② "仁"与"气"的关联,也是通过"文理"主宰"阴阳二气"来体现的,并通过对"阴阳二气"

---

① 唐君毅:《中国哲学原论·原性篇》,第139页。
② 陈来:《仁学本体论》,第161页。

· 129 ·

与"仁"的结合，更好地阐述了礼乐制度的根据。

以"文理"讨论社会政治、教化的根据，至汉代基本完成，通过以董仲舒为代表的"即气言性"的思路确立下来。在唐君毅看来，这一时期的人性论以成就教化为主要目标，并讨论人性的品级，是"对政治社会之客观的功用价值之人性，而非只一具本身价值之个别人性"①。据此，他指出，以成就教化这一社会客观价值为目标的人性论，会使人们落入一个抽象、既定的俗套之中，会被注重个性的思想所取代，而归于"体无致虚，所遇而皆见其独"的人性论。魏晋时期的人性思想就是以此为主旨展开的。唐君毅指出，在魏晋时期，哲人们讲的"义理"与"文理"相近，因为刘劭在《人物志·材理篇》中用了"礼教宜适，义之理也"的判断。

对于礼乐制度、社会教化的建构及其根据的探讨，是整个中国哲学史上的重要问题，推动中国哲学的深化和调整。"文理"在汉代以后虽不再以核心话语的身份出现，却隐身于心与理、性与情、教化与制度等问题的讨论之后。汉代以后，学者们以"性理""事理"等概念为核心话语，来延续对于"文理"中核心问题的讨论，深化他们对"理"为文化根源的理解，不断思考日常生活的理性化、文化理想如何实现等问题。

第三节 "性理"对"文理"总持义的深化

《礼记·仲尼燕居》有云"礼也者，理也"，以"理"来说明"礼"；朱熹则直接以"理"为"礼"，有"礼即理也"的判断。有论者指出，理学虽然在哲学形式上主张天理高于名教之礼，但其实质则

---

① 唐君毅：《中国哲学原论·原性篇》，第160页。

依旧在论证名教之礼即理之自然。理学家提出"礼即理",努力从本末体用角度化解"名教之礼"与"自然之理"的紧张和冲突。① 有论者在分析唐宋时期思想转型时指出,理学家们的基本思路是"行礼而求诸理","作为对唐宋社会转型的思想反省与文化自觉而兴起、发展的宋学,虽然以重建国与家、社会与个人生活之秩序为目标,'礼'为具体的体现,但旧礼既已随社会的转型而荡失,则新礼的重建必有待于制度背后的理据认识,宋儒论学行道亦因此而在理与礼之间展开。……言礼而求理、将社会秩序建立在理性与人文的基础上才是宋儒论学行道的真精神"。② 从这个意义上讲,"理"与"礼"同本于"天",同承天之道。王阳明也是如此,认为"礼字即是理字。理之发见,可见者谓之文;文之隐蔽,不可见者谓之理;只是一物"③。"性理"与"文理",都是对"礼"和"理"在本原上的相同性的说明。

"理"成为中国哲学的主要内容,大显于宋明理学的讨论中。唐君毅认为,宋明理学家们为了使得人们的行为合乎"礼",使得社会规范合乎"理",在"生生之理""理一分殊"的本体论、生成论之外,还建构起了一套非常细密的工夫论。唐君毅以"生生之理"归纳朱子论理的主要内容,说明"生生之理"和"生生之气"的关系。以"理"为切入点,唐君毅把整个宋明儒学纳入一个整体视域,深化"理主乎气"的结论,也在一定程度上深化了对宋明儒学与汉代儒学的关联性研究。

---

① 殷慧:《从"自然"到"天理"——玄学与理学关于名教之礼的思考》,《哲学与文化》2017 年第 3 期。
② 何俊:《由礼转理抑或以礼合理:唐宋思想转型的一个视角》,《北京大学学报》2007 年第 6 期。
③ (明)王守仁:《王阳明全集(上)》,吴光等编校,第 6 页。

一 "性理"即"生生之理"

唐君毅运用"性理"这一范畴，主要是为了进一步引申"性即理"这一理学命题，彰显人的道德理性在道德生活中自作主宰地位，并通过道德自觉来影响人的文化活动。关于"性理"的论说，唐君毅主要依据伊川"性即理也，所谓理，性是也。天下之理，原有所自，未有不善。喜怒哀乐未发，何尝不善？发而中节，则无往而不善。凡言善恶，皆先善而后恶；言吉凶，皆先吉而后凶；言是非，皆先是而后非"① 而展开。他认为，"宋明理学家所言之性理，各家之说不一。然今只举程子之一段，即可明性理与其余诸理之不同"②，并最终以朱子"生生之理"来说明"性理"的基本内容和思路。

唐君毅指出："伊川言此性即理，即无异谓吾人之理想或所肯可之理之所在，无论其所及者如何高明广大，以致无限量，其为吾人之生命之向往，即无非吾人之性之所在。"③ 而人性之所在，即是天命之道德性。在这一思路中，唐君毅也强调，伊川"性即理也"的判断，是把明道提出的"天所付与之谓道""秉之在我之谓性，见于事业之谓理"以及"在义为理"的说法打通而得出的，认为明道思想和伊川思想具有内在的一致性，以"明道—伊川—朱子"为"性理"思想的主要代表人。④ 这也是唐君毅不同于牟宗三分明道、伊川思想为二的一个重要方面，更加突出宋明儒学的整体性，以及"性理"范畴在宋明儒学中的一贯性。

首先，唐君毅分析了将"性"与"理"一分为二的弊端。他说：

---

① （宋）程颢、程颐：《二程集（上）》，王孝鱼点校，第292页。
② 唐君毅：《中国哲学原论·导论篇》，第74页。
③ 唐君毅：《中国哲学原论·原性篇》，第370页。
④ 唐君毅：《中国哲学原论·导论篇》，第70页。

"在一般之观念,更多以理为客观者,乃天下之所共知之大公而普遍者;而性则为主观者,乃一人之内具私有而特殊者。人既视理为客观、性为主观,则凡人之离性以言理者,其所谓理,乃外在而非内在,恒倾向于说所知之自然之理、或超越之玄理。至于离理以言性者,则其所谓性,乃或私曲而幽隐,恒倾向于言个人内具之气质。"① 由上可见,唐君毅认为,离性言理,理就成为外在于人的存在;离理言性,则性成为个体特殊性的说明,遮蔽人的普遍性。只有把"性"与"理"结合在一起,才能恰当地说明人之为人的普遍依据与现实个体的个性之间的关系,从而把规则与人的主体性真正结合起来,实现个体与共同体的真正合作。

接下来,唐君毅强调,个体对"性"与"理"合一的肯认是道德生活的基础。他说:"在人之道德生活中,凡不知此性之即理,而以理制性者,则其理,恒只尊而不亲,其性亦卷曲而不伸,人乃恒疑于其性之善;凡不知理之即性,而任性以为道者,则其性,乃虽亲而不可尊,于理则悖之而远离,人乃更违善而近恶。唯知性即理,乃能知天下之大公之理,即一人之所自有,而客观普遍者,即在此主观特殊者之中。"② 在唐君毅看来,"性即理"是对"理"之内容进一步追问的结果,也是对"性"之本质深入讨论的结果。性与理同一,能够说明人性的尊严与亲切,肯定善与恶、圣与凡的界限只在心性之上,人可以获得更加充沛的向善动力。

最后,在说明"性"与"理"相联的必要性的基础上,唐君毅从性理的内容上,即"仁之理"上说明"性理"的总体性,以及"文理"与"性理"的关联。在唐君毅看来,"性理"是"我之同一亲切

---

① 唐君毅:《中国哲学原论·原性篇》,第367页。
② 唐君毅:《中国哲学原论·原性篇》,第367—368页。

之意，同一仁之理"①，具有"分别表现于我对此各种人之伦理之关系中，而为一"② 的特点。在人的具体行为中随处可见的"仁之理"，作为人们各种文化活动、社会仪文之根据，其根本上是"一"；这个"一"则由"性理"来最终表达，"仁理"即"性理"。从"仁理"的总体性来说明"性理"之本质，为宋明儒学与先秦两汉的儒学找到了一脉相承之处；同时，"仁"也是"文理"与"性理"相关联的内在依据。人们的礼仪活动从根本上讲都是"仁"的表现。

此外，唐君毅还从应然与实然的角度，区分了"性理""仁理"与"文理"。他强调，"仁理是能现亦能隐，其现，亦不必即是全幅呈现。……仁之心境，只是人所当有之心境。仁乃是一当然之理，非只属于已有事物实然之理"，而"文理之理，亦可姑就实已有之社会文理以说"。③"仁理"与"文理"相较，"仁理"的超越性、内在性便凸显出来，"性理"是对"仁理"内在性和超越性的表达。唐君毅还注意到，"仁理"可以是内在于道德本体之中的，可以只是个人的道德心境，也可以是通过礼仪规范、行为举止表现出来的；而"文理"则只能从人伦规范、社会制度中谈起。通过"仁理""性理""文理"的比较，唐君毅强调了"性理"的三个特征：一是形上属性，即具有超现实的意义；二是内具实践之动力，即只要为人所认知，人便要按照它来实践，是对"我欲仁，斯仁致矣"的引申；三是总体性，统摄各种人伦之理。概括而言，性理是"形而上又澈于形而下，超现实而又能现实化之实理"④。

以"生之理"指示"性理"或"仁理"中的客观化趋势和实现原

---

① 唐君毅：《中国哲学原论·导论篇》，第72页。
② 唐君毅：《中国哲学原论·导论篇》，第72页。
③ 唐君毅：《中国哲学原论·导论篇》，第72—73页。
④ 唐君毅：《中国哲学原论·导论篇》，第74页。

则,是唐君毅论述"性理"的第二步,强调朱子理学的意义。他指出:"朱子之所以重理,即重其为一实现原则。朱子之所谓之理,固有二义,其一义为:一物所具之理或一事一物之极至之理……然朱子所归宗之理,则又为一统体之理。此统体之理,即一生生之理,生生之道。"① 在唐君毅看来,"理"作为"物"和"事"的依据,只是"性理"的内容之一。"性理"的核心在于一切物与事均具有一种不断向上、不断自我超越的能力。这是"生之理"的核心,"生生之理"又是朱子理学的核心。唐君毅指出:朱子"迳谓此生生之理即太极,迳谓太极为理,以使二程之言性理,与周子之言太极,重相涵接,亦与张横渠邵康节之求客观之'见易''观象',以论天地万物之理之精神相孚应,而遥与汉儒阴阳五行之论相交涉。"② 对于"理"之内具自我超越的动力的强调,也是唐君毅沟通理学和心学的理论基点,也是他贯通中国哲学时的义理主旨,进而说明人的道德理性是各种文化活动的动力与根据。这一文化哲学的核心问题,是中国哲学自始即关注和讨论的问题。

"性理"是"生生之理",自身具有不断向上提升的能力。这种理解,其实是从整体性、超越性、能动性上深化了"文理"的总持义,即"人自内而外的活动有段落"这一基本方式,"各人之活动,由礼乐加以联系贯通,以相交于天地、君师、先祖,即见合见通"③ 的方面。

唐君毅还以"理生气"来说明"生生之理"如何实现,即仁心仁性如何展开为具体的行动,在社会生活中不断实现自身。他指出:"我觉此当仁之理时,此理即能命我去行此仁存此仁,我亦愿去行此仁存此仁。则此天理兼对我显为天命,而对我有实作用之理。依朱子说,

---

① 唐君毅:《中国哲学原论·导论篇》,第465页。
② 唐君毅:《中国哲学原论·导论篇》,第452页。
③ 唐君毅:《中国哲学原论·导论篇》,第45页。

即能生气之理。"① "理生气"的过程,就是普遍原则特殊化为具体存在的过程,是个体依其理性自觉而行为的过程。唐君毅用"理生气"的说法,把朱子"如理在先,气在后"的理气关系做了说明,但这种说明主要是从活动、流行的角度进行的,不同于把"理"理解为"形式",把"气"理解为"质料"的思路。在唐君毅看来,"气"本身就是一个"存在"层面的范畴,具有本体和形式的意义,并不单纯是质料。

唐君毅提出:"在中国,则言'理'者,多连性情言,亦恒连经验言,曰性理,曰情理。……而情之一字,则唯当其同于欲或与欲相连时,乃含恶义;如连于性言,则为性之表现,亦即理性之表现,而含善义。"② 从这个角度解释"性理"时,唐君毅把对"情"的思考融入其中,拓展了"性理"的思考空间,对"气"与"情",以及"情"与伦理规范、文化活动的关系进行说明。"性"是"情"的根基,"理"是"气"的依据。而"情"与"气",本身就含有动能,因而"性理"也就具有了一个自我发用的自然过程;进一步讲,"性理"的发用,即是心灵的感通,与"气"密切相关。唐君毅说:"此性此理,即以'向于与之相应之情之生、气之生',为其本质之意义。……依此性理之有此动义,而实表现一动,以显此性理于情气,是为此心之'感而遂通'。"③ 在人之道德生活中,心"感而遂通"的活动过程亦是见性于情,"性理"转变为"情理"的过程。从应然层面看,情理即是"性理";从实然层面看,情气与"性理"则有对峙的可能。

因此,唐君毅明确指出,从"性理"对"情理"的纠蔽方面,更加能显示"生生之理"向上向善、自我提升的能力。这也提示出"性

---

① 唐君毅:《中国哲学原论·导论篇》,第73页。
② 唐君毅:《中国文化之精神价值》,第125页。
③ 唐君毅:《中国哲学原论·原教篇》,第178—179页。

理"中包含着工夫论的内容。通过工夫修养,在人文世界处处可见天理之流行,也是对"文理"总持义的具体描述。唐君毅指出:"须知人心之性理之为性理,恒不只在其能直接显为通情之事上见,而兼在其能去除使吾人不能通情之各种意气习见私欲,以使去通情之事成为可能上见。性理之显于人心,则见于人自觉的成就此通情之事,同时自觉此所通之情,在此心之所涵盖包覆之下。故此性理,恒必在人心自觉的施主宰之功于自己,并主宰其所作之事业而后见。舍自觉的主宰之义,而论通情,则人我之通情,即必平铺为一我所作之事与他人之事之相与顺成之关系。"① 于通情处所见之性理,是性理以顺势而生的方式自我呈现;于去除私欲遮蔽出所见之性理,是性理以至大至刚之势逆向而上,成就自身。除圣人之外,性理"是在逐渐实现之历程中,而为完全实现者。故此理本身,总是有超越现实之意义者,亦总是形而上者"②。以"性"与"生"的内在关联为线索来梳理"性理",并广泛吸收"二程"、朱子对"性理"的论述,再次显示了唐君毅圆融各家思想以提出新说的学术努力。

在说明"性理"与"文理"的区别之后,唐君毅又强调,正是因为"性理"所具有的向上提升个体的能力,具有超越现实的意义,才彰显出其对"文理"总持义的深化。唐君毅说:"人我之事之相与顺成,可同时成就一社会之文理,然未必即足语于性理。"③ 从人们活动的多样性、人与人分工合作的具体过程中,人可以把握"文理",即各种具体文化活动具有内在统一性,但从这里把握的内在统一性,还不足以达到"性理"的高度。从"文理"的条贯统摄处入手,人们可以接近"性理",体悟天道,意识到人类活动存在着一个最终的根源和动

---

① 唐君毅:《中国哲学原论·导论篇》,第87页。
② 唐君毅:《中国哲学原论·导论篇》,第74页。
③ 唐君毅:《中国哲学原论·导论篇》,第87页。

力。而把握"性理"的内容,明晰"性理"如何具有"统摄"义,依旧要根据人之心思,需要工夫修养。唐君毅以"生生之理"解读"性理",并彰显"文理"与"性理"的相关性与差异,进而说明中国哲学内容的时代转化,使得"理学"具有更加广泛的解释力和生命力。

二 "性理"主"气"的两种思路

唐君毅认为,虽然在明道、伊川的思想中,"性理"的内容均为"性即理""生生之理",但明道、伊川分析"性理"和"理气关系"的思路却有不同。他把明道论"性理"的方式概括为"即生道言性",强调理与气不离;把伊川对"性理"的论说总结为在"气质之性与义理之性之区分"基础上的"即理言性",理与气可以分离。唐君毅强调,"二程"论"性理"虽有区分,但在"理主乎气"这一根本问题上是一致的;明道的思路是"性理"与生之气直接同一,而理的主宰作用直接体现;伊川的思路则是理与气二分,理的主宰作用通过义理之性来表现。

唐君毅把明道论理、气的思路总结为"扣紧吾人生命之生,以见此理即性而与气与神不离","此可由明道之喜言生之谓性,又喜言生道、生理,并言:'若道外寻性,性外寻道,便不是圣贤论';'性即气,气即性'、'气外无神,神外无气'等以证之"。[①] 在唐君毅看来,明道以"即生言性"的思路贯通道、气、神、易、元等基本观念,建构了一个合内外、彻上下、贯始终之圆教,发明万物一本之性,并且是从动态角度来说明"性"的尝试。[②] 在这种"性理"与"气"贯通的思路中,"理主乎气"之义不需要另外证明。

相较而言,伊川之学"更能于人所知之当然之理与行为实践之距

[①] 唐君毅:《中国哲学原论·原性篇》,第356页。
[②] 唐君毅:《中国哲学原论·原性篇》,第362—366页。

第四章 "理主乎气"的文化根源论

离，特作一反省，遂知理气之为二，及理之超越而尊严，恒常而贞定者。此理之所在，又即一切人同具之性之所在"①。伊川未能像明道一样建立一个圆教体系，"性理"与"气"之间有一悬隔，把"气质之性"和"义理之性"二分，这与汉儒"即气言性""即气之所以流行之理以言性"的思路是相通的。"理主乎气"所强调的工夫论意义，在这种思路中尤其重要。

在唐君毅看来，汉代所确立下来的对于性、命、教的言说方式，对宋代理学家也有影响。他总结了张载、程颐、朱熹等人的说法，指出："此诸儒之言天命，乃直本天道天理而说，故与汉儒董仲舒王充之说，较相类似。因后者亦言天地之道、自然之道、与'以道受命'也。其中之界限，唯在董仲舒，乃以天之道本于天志天情，而直接地表现与天之阴阳四时之气，以显为对人之天命；而人奉此天命，亦在透过此天道天命之表现于四时之气者，以上达于元之深，与天之端。王充所谓自然之道，即纯属于此自然之气，而人之寿命命禄，则为此人所禀气之强弱，与是否得众星之精等所决定。至人性之善恶、与人之德行、则不属于命之范围内。然此宋代诸儒，所谓天理天道，则上不直说之为：一天神、天帝之天志、天情中之道、之理，而下又非只为属于自然之气；乃如正位居于董子之天帝与王充之自然之气之中间一层次，而贯通所谓天之元气与自然之气之中之道之理，而为人之一切善行之原者。诸儒中如程朱视此道、此理、即帝、即天，以摄董子天帝之人格性而泯化之。"②

在董仲舒思想中，"天"论中包含着神灵之天、道德之天和自然之天三层意思，其中，自然之天从属于道德之天，道德之天从属于神灵之天。有论者指出，董仲舒的体系中，神灵之天是对于先秦传统观念

---

① 唐君毅：《中国哲学原论·原性篇》，第366页。
② 唐君毅：《中国哲学原论·导论篇》，第604页。

的因袭,道德之天是由神学信仰到哲学理性思维的过渡。道德之天远没有摆脱神灵之天的束缚。历史表明,要完全摆脱这种束缚,实现由神灵之天到道德义理之天的完全转变,需要一个漫长的过程。这个过程在我国是到两宋时才完成的。① 这种思路,在唐君毅哲学中也有体现。唐君毅对于董仲舒的"天"论,主要是从神灵之天的角度来理解的,对于王充的"天"则主要从自然之天的角度来理解,并以此来说明汉代"天"论的两极,即神灵之天和自然之天的张力。在此基础上,唐君毅把宋明理学所论的"天"判定为讲"一切善行之原"的"天",即道德的天,介于神灵之天与自然之天的中间层次;对于"气"的说明,则始终从属于对"天"的理解,既有"天志""天命"等层面的精神意义之气,也有纯粹的自然之气。

他说:"汉儒之即气质以言生之义,亦为伊川所承。然此气可通以理,而此气之流行之能有所向,即已见其具'能有所向之理,而已通于理'。此具理而通于理,即此生命之气所以能流行之性。故不可以气为性,而唯可即气之所以流行之理以言性,故曰性即理也。言性即理,而'生命之气'之性,即在理不在气;人乃知以气从理,以理率气;则理高明而气亦高明,理广大而气亦广大。"② 在这种思路中,"理主乎气"主要通过"理行乎气之中"以及"理为动静之原"来表现,"性"只能在"理"上探寻,从"气"的流行中探求"理"与"性"。

唐君毅综合明道、伊川论"性理"的思路,内在地包含着对"理""气"关系的梳理。在这种梳理和总结中,唐君毅也把自己的文化哲学体系中关于"理主乎气"的文化根源论与中国哲学的相关讨论结合在一起。此外,唐君毅关于"天""理""气"的讨论中,勾勒出

---

① 金春峰:《董仲舒思想的特点及其历史地位》,载金春峰《师道师说:金春峰卷》,东方出版社2016年版,第167页。
② 唐君毅:《中国哲学原论·原性篇》,第370—371页。

宋明儒学与汉代儒学的关联，强调中国哲学发展中的连贯性，也是对于中国文化一本性的说明。

三 "生生之理"贯穿"气"之流行

唐君毅认为，"二程"所建构的"理主乎气"的两种不同的论述思路，都是通过"生生之理"的动态过程来展现的，而并非一个哲学形上层面的假设和论证。朱熹对于"理主乎气"的论述，更多继承了伊川关于"理行于气中"这一动态过程的说明。而王阳明对于"气"的讨论，也是从"生生之理"与"良知流行"的角度展开的。唐君毅在讨论中国文化的宇宙观时指出："中国自然之宇宙观中，共相非第一义之理。物之存在的根本之理为生理，此生理即物之性。物之性表现于与他物感通之德量。性或生理，乃自由原则、生化原则，而非必然原则。"①"生生之理"在《周易》系统中表现得最为充分，"性理"中关于"理"的"形而上意义并贯通于天理"正是对"生生之理"的表述。此外，唐君毅还指出，"生生之理"在具体的发用中，还有着丰富程度、顺畅与否的差异。这与"气"这一特殊化原则密切相关。

首先，唐君毅从"理气不离"中发掘"理主乎气"。唐君毅指出："朱子言生生之理，则直就此其之生生之所以然而言，此理乃贯而主乎此生生之气之流行中，而为其理者，故曰理行乎气之中。此理之直行于气之中，亦姑可说即在其恒承先之气，起后之气，以行于气之中。而此所谓不离气，亦即自其不离其所承之气，与所起之气。"② 在"理不离气"中理解"生生之理"，见"理"对于方向和动静的主宰意义，以及"理"贯穿于"气"的流行之中，是从"生生"之所以然的角度说明"理"的主宰地位。

---

① 唐君毅：《中国文化之精神价值》，第86页。
② 唐君毅：《中国哲学原论·导论篇》，第470页。

其次，唐君毅还从"理气动静"中说明"理主乎气"。唐君毅强调，"气"之阴阳、生化，正是"理"之动静的表现。他说："气乃由生而化，亦由化而生。由生而化，为由阳而阴，由化而生，为由阴而阳。此由生而化，依于理之暂息其用；则可说为理之静，而如只存其体。由化而生，依于理之复呈其用，则可说为理之动，而如自行其体。此即朱子所以言'静则此理存，动则此理行。'……天地间之有物之生生，气之生生，正赖有此理之静，理之动。"① 理之用的呈现与息止，决定了气的生化段落；同时，气之生化、物之变化也正是理之生生不已的表现。

最后，唐君毅还从"理"兼具抽象普遍性与具体特殊性的角度说明"气依理变化"。唐君毅指出："朱子尝言道字宏大，而理字细密。故人言道，恒就抽象普遍之原则性之道言；而言理，则可兼指种种具体特殊之应物感物之道。"②"生生之理"即在具体的感物应物中展现，并体现出阶段性特点与变化。与之相应，"气"的流行与止息即是这种阶段性特点的具体表现。春生、夏长、秋收、冬藏是颇具代表性的说明，也是中国思想史上最为深厚的气论传统之一。"气之依理而变化，即见气之灵、气之明与气之伸、气之神、气之生生不息。故气自具神明义、心义与生命义。天地万物之生生不已中，自有此神明或天心之遍在，以成此天命之不已。"③"生生之气"作为"生生之理"的流行，把总体性原则和特殊的具体事物关联起来。

在朱子"性理"的基础上，唐君毅以"生生之理"来说明"道德理性"的核心，彰显了"道德理性"的创生意义；阐发"生生之理"在人们活动中的根源作用，是唐君毅文化哲学的重要组成部分。说明"性即理"，即是说明"吾人之理想或所肯可之理之所在，无论其所及

---

① 唐君毅：《中国哲学原论·导论篇》，第475页。
② 唐君毅：《中国哲学原论·导论篇》，第336页。
③ 唐君毅：《生命存在与心灵境界（下）》，第251页。

第四章 "理主乎气"的文化根源论

者如何高明广大,以至无限量,其为吾人之生命向往,即无非吾人之性之所在"①。把人的理想和向往通过"生生之理"表达出来,这本身就是对于人的创造性的最为根本的肯定。

承此而来,唐君毅强调,宋明理学中的工夫修养论的建构不仅直接从天理之畅发来解决问题,更强调从具体生活中的负面现象中超拔。他认为对"恶"的思考和摄入是儒学发展中可以有的空间。②唐君毅指出:"吾人之生命存在与心灵,必须先面对此当下之境,而开朗,以依性生情,而见此境如对我有所命。此中性情所向在境,此境亦向在性情,以如有所命;而情境相召,性命相呼,以合为一相应之和,整一之全。"③正是由于对当下境遇的关注,唐君毅更加重视从社会环境、伦理生活、个人际遇的角度,以每个人之现实处境为基础,把道德本体切实指向实践对象,使道德本体不再徒具形式义、反省义,而落入现实世界调适个体之行为,实现文化理想的一贯性。用唐君毅的话来讲,即是"道德理性不显示于人文世界之成就与创造,则道德理性亦不能真显示超越性、主宰性、普遍性与必然性于人生与宇宙"④。

唐君毅以"性理"为核心范畴,综合宋明理学的思路,以"生之理"贯通天理与人性说明礼乐活动的根本依据,以工夫论来彰显理想在人的现实生活中的意义,都是对"文理"总持义的表达。唐君毅拒绝从纯粹抽象、先在的角度讨论"理"的超越性,用"性理"表达文化活动的总体性根据,用"理主乎气"来强调各种文化活动发展的内在统一,指向了道德主体在整个文化活动中的生成与发展。这种解读,是运用中国哲学中"理一分殊"的思路来解读文化结构,并强调文化

---

① 唐君毅:《中国哲学原论·原性篇》,第370页。
② 唐君毅:《人生之体验续编》,(台北)台湾学生书局1993年版,第137页。
③ 唐君毅:《生命存在与心灵境界(下)》,第280页。
④ 唐君毅:《文化意识与道德理性》,第26—27页。

理想与个体精神的贯通。一方面可以充分重视文化多元发展的可能，另一方面也强调道德理性、文化理想在文化活动中的根基地位。

在整个宋明儒学中，儒者们都以"理"为重要议题，只是讨论的思路和方式不同。唐君毅准确把握这一思想史特点，指出："在宋明理学中，程朱学派固视理为至尊无上。陆王学派重心，所争者不外谓心即理，良知即天理。张横渠王船山重气，所争者不外理不离气。而其重理则一。"① 进一步，唐君毅把宋明理学各个流派论"理"的重点概括为"性理"或"天理"，并指出"性理"与"文理"的关系："因皆重人伦之理，故皆多少及于礼文之理"②，"多是就人对其他人物之活动虽各不同，然皆原本于一心性，以言具总持义之性理；并由吾人与万物性理之同原处，以言总持义之天理"③。由此可见，在唐君毅看来，"性理"中所涉及的基本问题，与"文理"不可分割；"性理"采用更加抽象的言说方式，加深"文理"的整体性含义和形上化。唐君毅强调，"真正之天理，当是由心性之理通上去，而后发现之贯通内外之人我及心理之理，故性理是宋明理学家之所最重之理"④，以"性理"来说明"天理"，是宋明儒学的根本问题；在"天理"和"性理"的贯通中，"文理"的总持义也得到了更加深入的表达。

整体而言，在唐君毅的文化哲学中，"性理"是在"文理"的基础上转进而来的。与"文理"相较，"性理"主要讨论的是"总持义"，而相对忽视"分别义"的一面。但"文理"与"性理"毕竟不同，因为"性理"中还包含着工夫，强调人通过反躬内省来把握人与天命的贯通，进而由这种贯通来彰显此理不仅仅是"当然之理"，也是

---

① 唐君毅：《中国哲学原论·导论篇》，第21页。
② 唐君毅：《中国哲学原论·导论篇》，第69页。
③ 唐君毅：《中国哲学原论·导论篇》，第45页。
④ 唐君毅：《中国哲学原论·导论篇》，第69—70页。

对人有"真实作用"之理,把"文理"的总持义与个体的生命活动切实地关联起来。"文理"不仅仅是一个抽象的法则。这也是唐君毅对于"如何在现实社会生活中构筑新的行为方式和交往原则"这一问题的思考。在中国文化传统中,这种真实作用,也是通过"礼"来实现的。"理显礼隐"成为唐君毅从"性理"的角度梳理"理"的主宰作用的重要维度,工夫论的意义得到极大彰显。在日常生活中体验礼乐文化意味,也成为唐君毅哲学思考的目标。

第四节 "事理"对"性理"和"文理"的转化

从思想史的角度看,唐君毅认为宋明理学中所讨论的"性理"并不能很好地解决道德与事功的关系,为中国哲学留下了一个需要进一步讨论的问题。他说:"此义理性理与天理,与事功事势之理、物理当分别各有其学以通之,则此理学家之儒者,未必皆能灼见其故。于是为宋明理学之学者,与世之重事势之理与物理之学者,仍相对峙而不能相下。"[①] 从对"理"的不同侧重,来说明宋明儒学内部理学家与事功学派的分歧与对峙,是唐君毅说明"事理"的线索,既包含着对"事理"在宋明时期未能成为主导之"理"的反思,又包含着对于"事理"后来崛起之必然性的分析。唐君毅认为,到了清代,"事理"成为"理"的重要内容,是学者们针对宋明理学形上化、内在化的弊端而进行的思想创发,尤其反对"离事言理"。作为一种批判性的讨论,"事理"成为清代哲学的重要内容。

说明"文理""性理"和"事理"之间的演变轨迹,分析"事理"如何表达"文理"和"性理"的思想,是对"理"的内在发展线索的

---

① 唐君毅:《中国哲学原论・原教篇》,第 677 页。

梳理，也是对人们的具体文化活动不断丰富、文化根源始终发挥作用的一种论述。唐君毅把用"事理"表达"文理"和"性理"的方式概括为两种。一是通过社会历史的大事件之"理"来把握"文理"和"性理"。他说："社会文理，亦只在人类历史中之大事中。由此而人如能了解此大事之理，则似可包括一切理在内。"① 二是通过对"文理"的把握，来明晰社会历史发展的方向，把握"事理"的具体内容，强调人与人相互配合、人与天道合一的重要性。唐君毅强调："明末至清代之经史之学……一方面在明圣王所以治平天下之道，及古代礼法制度之文理，而备当今之用。另一方面则是要知古代历史之真相，而明史事演变之理。"② 这勾勒出"事理"对于"文理"和"性理"的转化。

一 "事理"发展"文理"之分别义

唐君毅认为，清儒"之所以特别着重以分与别之观念释理，乃意在反对宋明儒之浑然一理，以一体之太极为理之说"③，指出清代学者在反思"理"这一观念时，以"事理"的方式重新表达"理"。唐君毅对"事理"的界定相当简练："事理之理，是历史事件之理"④；"一切论历史事件之理，及如何成就办理个人之事及社会人群之事之理，皆可称为事理"⑤。"事理"的基本含义，可以从两个层面理解，一是社会历史的客观规律，二是个体行为、社会规则的依据。进一步说，"事理"作为"规律"，是指人、事、物各自的规律，并通过人、事、物的相互作用来呈现，与"性理"的基本问题一脉相承，但"事理"

---

① 唐君毅：《中国哲学原论·导论篇》，第75—76页。
② 唐君毅：《中国哲学原论·导论篇》，第75页。
③ 唐君毅：《中国哲学原论·导论篇》，第30页。
④ 唐君毅：《中国哲学原论·导论篇》，第24页。
⑤ 唐君毅：《中国哲学原论·导论篇》，第75页。

拒绝从抽象层面讨论"理"。同时,"事理"也是一个具体之理,在具体事件、活动中表现,这是对于"文理"之分别义的具体发展,并成为清代学术的主流。"清人如颜习斋、戴东原、焦里堂,与诸经学家史学家,则大皆重考证各种分殊的礼文之事之分理。"①

唐君毅把"事理"总结为清代以来中国哲学的重要概念,是有见于当时学者们对"事"分门别类的、专门的讨论。但是,就中国哲学的发展而言,"事"的观念出现得很早,且长期融合在"物"的观念之中。《中庸》中的"不诚无物"与《大学》中的"格物"都是典型代表。郑玄在注释"不诚无物"时,指出"物,万物也,亦事也"。同样,郑玄注释"格物"时,也用"物,犹事也"来说明"物"的内容。从《春秋繁露义证》的记载中,也可以见"物"为"事"的多处表述。如:"物之所由然,其于人切近,可不省耶?"② 这里的"物",即是"事",是《春秋》对君主发出行事须谨慎的警言;"是以必明其统于天地之宜,故知其气矣,然后能食其志也;知其声矣,而后能扶其精也;知其行矣,然后能遂其形也;知其物矣,然后能别其情也"③,这里的"物"也是指"事",强调人的需要,根据事情不同的原因来进行具体判断。就此,我们可以认为,在中国思想中,唐君毅所强调的"历史事件之理",本身就是"文理"的内容之一,在先秦和汉代被放在"物"之中,通过人情物性来讨论。唐君毅对"事理"的概括和讨论,尚未能兼顾这层含义。这是由于唐君毅主要是就清儒的思想来讨论"事理"所造成的。

但是,"事理"作为具体之理,只涉及"文理"的分别义,而与"文理"的总持义无关。这是"事理"与"文理"的基本区别。之所

---

① 唐君毅:《中国哲学原论·导论篇》,第45页。
② (清)苏舆:《春秋繁露义证》,钟哲点校,第59页。
③ (清)苏舆:《春秋繁露义证》,钟哲点校,第143页。

以有这种区别,一是因为"事理"以具体的事件为载体,即"任一事之成,皆各有其特定之理"①。尽管一个事件的完成是诸多因素综合作用的结果,但就其内在的依据,即各种因素综合作用的规律而言,是具体的。在唐君毅看来,"任一事之所以成,亦皆只能分别关联于许多人物之一方面,决不能同时关联于此许多人物之一切方面"②。这也从根本上决定了"事理"所涉及的只是人、物的某些方面之理的特性。与"事理"不同,"文理"所重视的是各种具体的事对人的活动与行为所产生的功效与影响,必须综合各种"事""事理"来进行分析和把握。唐君毅强调:"吾人在论人与人发生伦理关系,而构成社会文理时,则是着重在看人与人之事,对人与人精神或行为之联结之功效。"③

此外,唐君毅特别强调"事理"的具体性与"文理"的具体性有所不同。他说:"社会文理乃人与人之诸事之会合所显,而事理则可分别直就一人一事之所以成上说。"④ 概括而言,"事理"与"文理"具体性上的差别,是"理"在不同层面的表现。"事理"作为具体之理,必须从具体事件中总结;"文理"则需要观照整个社会的仪文,关注诸事之会合,需要用整体性视角来把握。这主要是因为人们考察"事理"和"文理"时,视角和目标不同。人们考察"文理"时,侧重于人、事、物对个人和社会产生的影响、效用;考察"事理"时,更重视对事情本身从发生到结束之规律和过程的说明,以期预测事情的发展方向。"文理"关注的对象始终在于人的活动,在于个体与他者的互动,以及人与事的关系;而"事理"更强调对事的了解和洞察。唐君毅对

---

① 唐君毅:《中国哲学原论·导论篇》,第77页。
② 唐君毅:《中国哲学原论·导论篇》,第78页。
③ 唐君毅:《中国哲学原论·导论篇》,第78页。
④ 唐君毅:《中国哲学原论·导论篇》,第79页。

第四章 "理主乎气"的文化根源论

此有一段详细的说明:"由人与人之联结所成之社会文理,则属整个社会,而不属于此诸个人本身。唯此文理,可似外在客观的显于其他个人之心灵之前,或'人之超出其自己来看自己与他人关系'之自觉心灵之前,此文理是人对人有事之所成,然却非事之所以成之理。至于吾人在论事或事所以成之理时,则吾人所注目者,乃'分别关联于许多人物之一方面之事之本身'。"①

唐君毅从"事理"的具体性,自然地引申出"事理"的创生性,即新旧更迭、前后相续,并且强调创生性在"事理"中的意义。他说:"事理则可分别直就一人一事之所以成上说。又一新事所以之理中,包含其所成之诸事之先在。故无先在之事,新事亦即物可成之理。无承之之事,则无续之之事,此本身为以必然之事理。放所承之事尚未有时,则成新事之理,亦即可说不存在。成新事之理,乃随事之不断发生,而亦不断创造出,此之谓事理之创生性。"②"事理"之创生性,即在社会历史、经验传承的层面展现个人活动对历史经验的继承和发展。正是在这个意义上讲,唐君毅强调历史与文化不可分割,都是全面了解人心人性的必要依凭。相较而言,"社会文理乃人与人之诸事之会合所显,而事理则可分别直就一人一事之所以成上说"③。

从唐君毅对"事理"之创生性的描述,可以看出他对事之历史继承性的关注。这与他对民族文化的生命力、个人价值与历史文化互动的理解密切相关。"一新事所以成之理中,包含其所承之诸事之先在。故无先在之事,新事亦即无可成之理。无承之之事,则无续之之事,此本身为一必然之事理。"④ 唐君毅强调,后一事总是要以前面的事为

---

① 唐君毅:《中国哲学原论·导论篇》,第78页。
② 唐君毅:《中国哲学原论·导论篇》,第79页。
③ 唐君毅:《中国哲学原论·导论篇》,第79页。
④ 唐君毅:《中国哲学原论·导论篇》,第79页。

基础，故而需要通过对前事之保守来寻求后续的发展。唐君毅文化哲学中鲜明而厚重的历史意识即与此相关，这也是唐君毅强调保守文化价值的理论根据。他根据文化与历史之关系指出人之为人是在历史过程和社会发展中不断积累、自我塑造而成的，民族文化的连续性便因此产生。自觉传承民族文化精神是人的主体性和创造性的一种表现。

唐君毅对于"事理"的讨论，主要集中于对具体事的原则的把握，可以说是对于"文理"之分别义的说明。同时，这种讨论又兼顾了人类社会历史发展的总原则和规律，"文理"的总持义也在其视域之内。而"性理"以形上、超越的方式深化"文理"总持义的思路，又为"事理"所拒斥；"事理"更强调从具体历史进程来讨论社会文化的规律。从"文理"总持义的角度看，经过"性理"和"事理"的讨论，更加丰富。"文理"的分别义也在"事理"中得到进一步发展。近代以来，学者们把"自由""平等"等观念渗透到传统观念中，也是通过"事理"完成的。这也是中国哲学、中国文化近代发展的一个重要表现。

从历史发展的大事件中把握社会历史、文化发展的方向和规律，本身也是文化哲学研究的一种基本思路。一般认为，文化哲学是19世纪兴起的思潮，与历史哲学、文化史、哲学史的发展密切相关。亦有学者把文化哲学追溯到维科、赫尔德以及康德。有论者指出，文化哲学的发展经历了三个阶段。第一阶段是指18世纪，维科等人在民族文化的历史发展中探讨人类理性的规律，使哲学走进人们的生活实践，建构历史理性。在这一阶段，文化哲学停留于历史哲学层面。第二阶段是19世纪文德尔班、李凯尔特等人以"普遍有效的价值"为对象进行的研究，在方法论的层面建构文化哲学的基础。[①] 唐君毅对"文理"

---

① 何萍：《文化哲学的哲学史论题》，《光明日报》2011年2月15日第11版。

"性理""事理"之关系的进一步申述，对于从整体上说明"理"为文化活动的直接根据具有重要意义，把中国传统学术中对于历史和哲学的讨论结合在一起，可以说是典型的文化哲学研究思路。

二 "事理"彰显"性理"的总持义

唐君毅提出研究事理的基本方法是"凡论事理皆当分别论，又当论事之承续关系，事之顺逆成败之故"；同时，在事理的具体研究中，还需要从人性本身入手，在人伦生活中进行整体性观照，即"本仁义礼智等性理，以断史事之是非"[1]。这种思路，长期占据中国传统伦理政治思想的主流，"趋善求治"是中国传统思想的核心诉求。"自天子以至于庶人，一是皆以修身为本"，道出了传统社会的根本"大事"在于修身。在儒家思想中，理想的君主是道德榜样和政治权力的结合，内圣与外王的结合是他们津津乐道的话题。但在现实的政治实践中，道德权威和政治权力往往是分离的，现实中的富国强兵也不是通过仁义道德来完成的，冷静的利益计划和严峻的刑罚威慑发挥着不可低估的作用。

孟子就此发出警示，强调道德力量不足会带来危险。"有天爵者，有人爵者。仁义忠信，乐善不疲，此天爵也。公卿大夫，此人爵也。古之人修其天爵，而人爵从之。今之人修其天爵，以要人爵，既得人爵，而弃其天爵，则惑之甚者也，终亦必亡而已矣。"[2] 他试图通过加强君王个体的道德修养来克服这种危险，进一步把内圣与外王黏合在一起，君主正己以正天下的表达，也是孟子要求通过君王的道德感化来实现天下太平的社会治理目标。"道德理性"成为社会治理中的价值依据，德治也是基本的社会治理方式。道德原则是评价历史事件的依据。

---

[1] 唐君毅：《中国哲学原论·导论篇》，第80页。
[2] （清）焦循：《孟子正义（下）》，沈文倬点校，第796页。

董仲舒提出"仁人者，正其谊不谋其利，明其道不计其功"①，主要是对于执政者的警示，强调为政者的首要任务应当是安民，而不是获利。对于"义"与"利"的选择，是大人与小人、执政者与民众的重要区别。通过执政者集团自觉地追求"义"来带动整个社会风气向善向好，是董仲舒思想的基本线索。"天之生人也，使人生义与利。利以养其体，义以养其心。心不得义不能乐，体不得利不能安。……夫人有义者，虽贫能自乐也。而大无义者，虽富莫能自存。吾以此实意之养生人，大于利而厚于财也。民不能知而常自反之，皆忘义而殉利，去理而走邪，以贼其身而祸其家。"② 这与执政者的示范作用相呼应，从应然层面看，是执政者不得不做出的价值选择。

到了宋代，"民"通过科举考试而成为"士"的人数激增，"'民'成为'进士'之后自然会发展出对国家的认同感和责任感。这是宋代出现'士以天下为己任'意识的主要原因。换句话说，他们已自认为是政治主体，不仅是文化主体或道德主体而已"③。在这样的变化中，"大人小人"的身份意识、"重义轻利"的道德自觉，使得"功利"与"道义"的对立愈加严重。程颐提出"不独财利之利，凡有利心便不可"④，朱熹强调"学者须是革尽人欲，复尽天理，方始是学"⑤，由此一方面带来侈谈心性义理而忽视国计民生的空疏学风；另一方面则造成社会上人际关系紧张，出现"以理杀人"的历史悲剧。叶适提出，道德不能离开功利，用"正谊不谋利，明道不计功。此语初看极好，细看全疏阔。古人以利与人，而不自居其功，故道义光明。后来儒者，

---

① （汉）班固：《汉书》，中华书局1962年版，第2524页。
② （清）苏舆：《春秋繁露义证》，钟哲点校，第59页。
③ 余英时：《综述中国思想史上的四次突破》，载余英时《国学与人文》，广西师范大学出版社2014年版，第66页。
④ （宋）程颢、程颐：《二程集（上）》，王孝鱼点校，第173页。
⑤ （宋）黎靖德编：《朱子语类》卷一，第225页。

行仲舒之论，既无功利，则道义者乃无用之虚语尔"(《习学记言》卷二十三）来强调功利与道德不可截然分开。

自明代中期开始，肯定"私"与"欲"的合理性成为重要的内容，这也导致对于"理"观念的重新建构。"天理"逐渐不再是个人道德的完满，而逐渐包含着"社会性欲望中相互应循的条理"[①]。王船山提出："学者有理有欲，理尽则合人之欲，欲推即合天之理。于此可见：人欲之各得，即天理之大同；天理之大同，无人欲之或异。"[②] 如何在人与人、事与事的密切交往中判断是非，也即是个性化、具体化的"事理"之后的价值根据问题。

在唐君毅看来，"性理"作为人之为人的终极根据，在现代社会依旧是判断史事之是非的依据。因为"人必须由知性理以达天理，乃能知统摄宇宙人生之大理。忽性理而重事理者，恒因见事与事之相互独立性，乃归于重分理，而忽总持性条贯性之大理。此清儒诸家学术之弊所由生"[③]。对"性理"主导意义的持守，保证道德理性的主宰和统摄地位，也是唐君毅对于中国文化根基的肯认，成为唐君毅文化哲学的核心之一。

说明"性理"具有不断丰富自身、改变自身的能力，也是"性理"能够成为判断是非根据的内在原因。这也是对"性理"是"生生之理"的逻辑引申。在唐君毅看来，"物如何表现生之理，将生起何种事象，可随感通之其他物之情况，而多少有所改变。因而一物之性本身，即包含一随所感而变化之性。一物愈能随所感而变化者，其所具之生之理亦愈丰富而充实，亦即愈为能生之物。由是而中国思想中，

---

① ［日］沟口雄三：《中国的公与私·公私》，郑静译，孙歌校，生活·读书·新知三联书店 2011 年版，第 26 页。
② （清）王夫之：《读四书大全说》上册，第 248 页。
③ 唐君毅：《中国哲学原论·导论篇》，第 83 页。

所谓物之性,非一必然原则,而正是一自由原则、生化原则"①。此外,唐君毅还强调:"此自由生化之原则,非依附于物之一个体之力量,亦非依附于一个体之任意之意志,而是依附于个体所得于天之生生之几、生生之理,亦即个体之能贯通他物之德量。个体之德量,由其与他物感通,新有所创造的生起而显;亦由时时能自觉的求多所感通,求善于感通,并脱离其过去之习惯之机械支配,及外界之物之力之机械支配,而日趋宏大。"②

从"性理"涵摄"情理"、情与事的关联而言,性理也是事理的内在根据。"人心之性理之为性理,……而兼在其能去除使吾人不能通情之各种意气习见私欲,以使去通情之事成为可能上见。性理之显于人心,则见于人自觉的成就此通情之事,同时自觉此所通之情,在此心之所涵盖包覆之下。故此性理,恒必在人心自觉的施主宰之功于自己,并主宰其所作之事业而所见。"③ 人与人是否可以通情、共感,则直接决定了人与人之间是否可以相配合以成就事。这也构成唐君毅讨论儒学外在向度,说明社会、国家之根据的理论基础。

三 "事理"细化理气关系的说明

唐君毅在对于"性理"主乎事的论述中,着眼于"性理"与事的关联,既丰富了对"性理"本身的理解,强调"性理"自身不断丰富和发展的社会、历史维度,有力地彰显了"性理"在人伦社会、人类历史中的主导性,把道德理性、文化理想的整合功能表达出来。从唐君毅的文哲学整体构建来看,唐君毅在"性理"与事的具体关联中,重申把"文理"的分别义和总持义结合在一起的必要性:"忽视性理而

---

① 唐君毅:《中国文化之精神价值》,第88页。
② 唐君毅:《中国文化之精神价值》,第88页。
③ 唐君毅:《中国哲学原论·导论篇》,第87页。

第四章 "理主乎气"的文化根源论

重事理者,恒因见事与事之相互独立性,乃归于重分理,而忽视总持条贯义。"① 这是重新整合既有资源,深化文化根源问题的讨论,以构建新的文化哲学的基础。唐君毅关于"事理"主乎"气"的说明,主要通过"理之相继表现于气"来说明,并结合他对船山学的阐释来展开。

王船山曾以"笛子"的比喻说明来理、气关系:"以物喻之,质如笛之有笛身、有笛孔相似。气则所以成声者,理则吹之而合于律者也。""气"是笛子可以发出声音的根据,而"理"则通过对"气"的引导和调节,使声音符合乐律。船山的这个比喻,生动地说明了"理主乎气"如何实现。唐君毅所概括的"理之相继的表现流行于气之事"②,即可以看作对"笛子"之喻的引申和发挥,一是强调"理必表现于气",这是"事理"不同于"空理"和"性理"的内在要求;二是强调"理须相继表现",形成了"气"之流行的节奏,进而形成了"事"中段落。

首先,唐君毅强调,理必表现于气是事理的基本特征。他说:"事理之别于人之性理或物之物理者,则在人之一性,物之一理,皆可表现于多事。"③ 人之性、物之理通过一件一件的具体事件来展现,从"事"中获得对人、物以及二者关系的真切理解,既是人的创造性、主体性的必要展现,也是物之多样性的丰富呈现。尽人之性与尽物之性、成己与成物的过程,可以从"事理"和"文理"的角度分别去看,所做出的描述也会有差异。唐君毅总结说,从事理的角度看,"人只当即事论道,即事穷理,而亦不能立理以限事",这可以概括为理在事中;从"文理"的角度看,"在人去成就某种社会文理之事之尚未有时,此

---

① 唐君毅:《中国哲学原论·导论篇》,第 83 页。
② 唐君毅:《中国哲学原论·原性篇》,第 512 页。
③ 唐君毅:《中国哲学原论·导论篇》,第 77 页。

文理仍可先在社会改造家或理想主义者之心中存在，而先为一理想。人常是先有此理想，而后有逐渐实现此理想于社会之行事。尅就此处之理想与事实之关系说，仍是理先于事"①。从理、事关系看，理不离事，理想始终对人的社会文化生活发挥影响。只是，理想的主导作用或隐或显，事的盲目性也有大有小，人们是否能够自觉理想的引导作用，成为人们境界差异的原因。

进而，唐君毅用"理须相继表现"来强调人、事、物之间的关联自有相应的节奏和段落。在《中国哲学原论·原性篇》中，唐君毅把船山学的旨归概括为"论史"："船山之旨，乃重在言乾坤阴阳之恒久不息的相对而相涵，以流行表现，即以说理之相继的表现流行于气之事，而缘是以畅发宇宙人生之日新而富有，以成一相续之历史之一面。……缘此以观天地万物之日新而富有与往来之不穷，更当知一切新生与方来者之继已成已往者而生，不仅是顺往而使之成，亦兼是自成为往者之所得寄；乃使往者得更生于来者之中，以随来者之日新，而日新，而来者亦以是方得更成其富有。"②由"理"之相继表现于气，不断形成不同于以往的人与物，新新不已的宇宙即在此顺往、成此、开新的节奏中"相继表现"，并不断丰富，旧事物随着新事物的发生、发展而不断更新。唐君毅在对船山学说宗旨的概括中，强调了两个内容，一是大用流行的历程不可间断，二是历史事物的影响不可忽略，人在现实的文化活动中，应该有"上有所承，下有所开，旁皇周浃于古人之言之教，守先以待后，精神斯充实而弥纶于历史文化之长流"③的主体意识和责任意识。

唐君毅从船山的"道器不二"命题出发，来分析"理之相继表现

---

① 唐君毅：《中国哲学原论·导论篇》，第81页。
② 唐君毅：《中国哲学原论·原性篇》，第512页。
③ 唐君毅：《中国哲学原论·原教篇》，第624页。

于气"的过程,也即是从大用流行的角度,说明历史事物对于后来事物的影响不可忽略。他指出:"此天地之道,即表现于天之形形相继,器器迭成之化育流行中。依船山说,则一切有形器之物,无不承他物之用,而更自用其体以生他物,而存于此一用之流行中。"① 具体而言,这种影响作用则表现为"任何形器之体,皆为用之所凝成,而复化其体,以呈用于他者。夫然,故形器之体之所以为体,即依其承用与呈用以得名。形器虽有形,通形体之中者,惟是一用之流行。推广此义,以观宇宙之形形器器之全体,即惟是一大用之流行。此用之流行,在一历程中、一路道中。故吾人当由肯定任一个体事物之为真实,转而肯定此用之流行中所显示之一道之为真实"②。这种思路,是对熊十力"体用不二"抽象表述的细化说明。其中,唐君毅对"具体事物"承"他物之用"的同时,又能"更用其体以生他物"的说明,把船山思想中"性"日生日成的内容用"体用不二"的话语表达出来,理气不二、"理"的主宰作用也蕴含在这种体用相依、流转之中。

唐君毅提出文化与历史不离、人在具体的历史进程中自我塑造,以此理解中国文化根本精神的自我转型和发展,是唐君毅分析"事理"的结论之一。他认为,自周代以来,中国文化精神的发展是由于积极自觉传统文化精神的理性之应用。"中国文化之所以有统之故,即在中国文化根本精神之形成,依于次第之升进,亦可谓依于层层包含之环展。故其启后之处,即直接由其承前之文化,而加以自觉以来。"③ 在这种历史情怀下,唐君毅强调对中国文化要"同情的了解",突出强调"敬意"在研究中国文化中的作用。

唐君毅延续着以"流行的存在"来解释"气"的思路,通过对

---

① 唐君毅:《中国哲学原论·原教篇》,第521页。
② 唐君毅:《中国哲学原论·原教篇》,第519页。
③ 唐君毅:《中国文化之精神价值》,第58—59页。

"文理""性理""事理"与"气"关系的细密讨论,不仅指出了"理"与"气"可以相通,更加强调"理"的主宰作用。就"理"与"气"的相通,道德生活和文化生活均需要在"理主乎气"的过程中不断超越和扩展。

四 "物"与"事"的分离

唐君毅从中国哲学史的发展着眼,指出"事理"成为"理"的主要内容是较晚成熟的形态,自有其合理性。若从中国哲学中对于"物"的理解与诠释之变迁来看"事"与"物"的逐渐分离,也可以说明"事理"与"物理"的分离,为吸纳西方的"物"论与科学开辟了一条通路,也增加了一条从"物"与"事"的关系来说明历程、过程的哲学路径。

唐君毅从中国传统文化中寻求发展自然科学、实现文化整合的资源,对于"物""理"的理解是一条非常重要的线索。他说:"由动之历程以言物理,则汉代之阴阳家与易学家,皆是此路。由是而有阴阳消长,五行生克,五德终始,律历循环一套之中国式之科学。"[1] 即物穷理的思路也是在这一框架下展开的。此外,唐君毅对"物"与"事"相分离的思考,通过对《大学》"格物致知"的解释表达出来。[2] 唐君毅还认为《大学》中"格物致知"之义的演进,即是解决"将此今人皆知重视之科学知识之知,与中国传统所重之德性之知,加以配合之问题,而此亦为中西学术思想如何融通中之一问题"[3]。《大学》整个思想体系从个人到社会、从内至外,构建起儒学系统的"内圣外王"理论,因此也被人称为"儒家的宣言",对我国传统社会的政治、

---

[1] 唐君毅:《中国哲学原论·导论篇》,第45页。
[2] 张倩:《唐君毅对传统"格致"理念的现代诠释》,《现代哲学》2012年第5期。
[3] 唐君毅:《中国哲学原论·导论篇》,第304页。

思想、文化艺术诸方面产生了深刻影响。《大学》本身所强调的"大人之学"的伦理政治底色也保持在唐君毅的"格致"思想之中。

朱子和王阳明对于《大学》的解释差异颇大，但对于后世的影响都很深。唐君毅认为，朱子、王阳明对大学的理解，各有其非，却有共同的错误根源："物事二者之不分"，"二家同以物同于事"。他说："物有本末之物，实应指家、国、天下等，而不同于齐家、治国、平天下之事。"① 朱熹所关注的"物"，包含着自然物、人之行为两重含义；而王阳明以"意之所在便是物"的说法，把"物"集中理解为"事"，"心外无物"的说法旨在强调人心在确认伦理原则方面的作用，但对于外在自然物缺乏有效的说明。无论是朱熹还是王阳明，对于物与事的区别，都没有给出足够的说明。唐君毅的这种分析，确有所见。

唐君毅进一步指出："物皆为事，物之一字落空，而格物之一言亦落空。此盖即朱子讲格物，不直对物讲，而冒过物字，而以物之'理'为所对之故。阳明承朱子而亦以物为事，并以事为意之所在，故阳明讲格物，亦不对物讲，而以正意念之不正，使归于正，而使事得其正，即为格物。"② 这种解释，比较清晰地说明了"事"与"物"相分离对于理解"格物"思想的意义。

为了清晰说明"物"与"事"的区别，彰显儒学可能的发展向度，唐君毅强调，《大学》文本中的"物"可以是一个个具体的物，可以是内在于心的事与理，也可以是外在于人的自然物。他说："《大学》之物，应即指在内在外之种种具体之物。此具体之物之间有本末关系，而吾人对之有所事事者时，即当先事于本，后事于末。此即物有本末，事有终始之所以相对成文也。……必先分开物与事，勿使淆乱，然后方可依物之本末，以说'事之始而当先者'，亦可称为'事之

---

① 唐君毅：《中国哲学原论·导论篇》，第322页。
② 唐君毅：《中国哲学原论·导论篇》，第323页。

终而当后者'之本。"①

《大学》中"物"的多重含义交叉使用的现象，对中国哲学的发展产生了比较重要的影响。唐君毅指出："在昔之中国，物之名亦与事之名，恒交换而用。如常言事物或物事。凡物与物相关相作用，即有事。又离一物与其余之物之交互关系、交互作用而成之事，则似亦无物。故物可谓只是事之和，人生亦只人事之和。"② 在这种传统思路中，"物"自身的独立性被"事"所遮蔽。要开启对于"物"之个体性的理解，需要从"事"与"物"的分离开始，还强调"物"之独立性的思想史意义。他认为"物与事固有别，而于物之本末，事之终始，能知所先后，实为《大学》之一要义所存"③。唐君毅开启了现代新儒学内部对于"物""格物"思想的另一条解释向度，更加有助于沟通、接纳西方的哲学和科学。

唐君毅认为，西方近代科学的源头在于重视"物"之间的功能关系。他说："在近代西方之科学思维中，首即重世间之存在物，自有其能、其力，以致他物之运动变化之果之种种因果关系。……西方近代之科学思想，即以重此功能之间之涵变关系，而迥异于希腊与中古思想之重实体与类者。"④ 哲学思考中从"功能"的角度理解本体，本身也受到了自然科学的影响。

爱因斯坦在谈近代科学的起源时曾经说："西方科学的发展是以两个伟大的成就为基础，那就是说，希腊哲学家发明形式逻辑体系（在欧几里德的几何学中），以及通过系统的实验发现有可能找出因果关系（在文艺复兴时期）。"⑤ 爱因斯坦进一步推测说，中国之所以没有产生

---

① 唐君毅：《中国哲学原论·导论篇》，第322—323页。
② 唐君毅：《生命存在与心灵境界（上）》，第58—59页。
③ 唐君毅：《中国哲学原论·导论篇》，第324页。
④ 唐君毅：《生命存在与心灵境界（上）》，第248页。
⑤ 《爱因斯坦文集》第1卷，商务印书馆1976年版，第574页。

近代科学，是因为中国古代并没有迈出这两步。唐君毅指出："依中国文化精神，则首以人心之虚灵明觉，为超概念式思维者，心之仁性则主要表现于一切人物，在精神上之感通。因此概念式之思维不被先哲所重视，今人亦恒不知其价值。于藉科学研究，以改造征服自然，以满足欲望者，深心恒若有一不屑之感。"① 唐君毅基于中国传统文化的解读，在一定程度上更加深入地道出了中国传统文化缺乏科学的深层原因，以及中国弥补近代科学之不足的思路。

"物"与"事"的分离，是从思维方式上更新中国文化传统，接纳自然科学、民主、自由的起点。只有真正从"物"的个性着眼，深入追问"是什么"，才能真正确立"概念式"思维方式，逻辑思维才能真正在中国文化中生根。从"理"的角度区分"物理"与"事理"，从形上根据和"物"的发展规律来分析具体的"物"，进而发现"因果规律"，则成为中国人进入科学世界的第一步。

唐君毅强调，"物"的丰富，是拓展心性论的必要媒介。他说："应用科学技术来造的大建筑、大桥梁、与工厂、农场，以至一切一方为供给人民之个别消费，而一方又由许多人合作而成之生产事业，及其他一切社会的物质建设之事业，都是人与人人格精神接触交通的孔道，都是客观社会中，人与人的精神交光相网时，一个一个的交光站。如果莫有物质器物之世界的建设，人与人之精神的光辉，便失去其互相表现，而接触交通的凭借。此各人的光辉，便只有退缩于各人之主观的世界内，而相互隔离，因而不能互相生发，互相增进了。少数个人在此，虽尽可从事个人内心的修养，而亦能成圣成贤；但是社会大多数人，即只有分别散处，而精神各自闭敛退藏，而日趋于枯萎了。"② 这是唐君毅说明科学技术在现代社会发展中的积极贡献的基本思路。

---

① 唐君毅：《中国文化之精神价值》，第486页。
② 唐君毅：《科学对中国文化之价值》，载氏著《中国人文精神之发展》，第133—134页。

同时，唐君毅也看到了"物"的发展所带来的人类社会加速分化，少数能够充分利用器物成果的人可以获得更多的精神享受和成就，而大部分人则被器物所局限和遮蔽。他说："我所谓物化，是就每人皆忙于其特殊的事业活动，其精神皆趋于为其特殊事业所包裹，而特殊化，遂逐渐与真实的整个世界之隔绝来说。我所谓平面，则是就各人所作之事业活动之成果，皆可直接间接为全社会人所享受；然而关于价值的等差高下之意识，则逐渐趋于泯除说。合此二者，则人之一切超越涵盖的精神，将日益堕落；而保卫全人类的自由之心愿，亦必然难于提起。"[1] 这种思路，是对科学主义的扬弃，也是对20世纪二三十年代的现代新儒学的丰富和深化，还是唐君毅文化哲学与其他后工业社会文化批判理论对话的主要内容。

---

[1] 唐君毅：《当前世界文化问题》，载《中华人文与当今世界（下）》，第111页。

第五章 "知理践理原于心"的文化动力论

唐君毅纵论"六理",从"理"的演变,以及"六理"的差异、关联中细化对文化根源论的说明。同时,唐君毅提出了一个问题:"各种理之何以同称为理,又如何可会通为一?"① 从"理"的基本含义来看,"六理"分别讨论不同时期的思想史主题,在核心问题和讨论方式上有所不同,故既可以分列开来,又可以同称为"理"。从"理"的动力和根据来看,"六理"皆不能离开人心人性,故而可以会通为一,即"人能知理践理,皆原于心"②。对于"心"的讨论,在唐君毅早期就是一个颇为重要的问题,形成了以"自觉力"解释"心"的思路和结论。在《中国哲学原论》中,唐君毅引申"心即理""心与理一"等传统心学的基本内容,并借鉴西方道德哲学,丰富了"自觉力"的内容,回答了"各种理如何关联起来"这个问题。这既是唐君毅深化文化哲学中关于文化动力的说明,又拓展了传统心学的范围和主题。

---

① 唐君毅:《中国哲学原论·导论篇》,第88页。
② 唐君毅:《中国哲学原论·导论篇》,第90页。

第一节 以"自觉力"解释"心"

唐君毅从20世纪40年代起,就开始关注当时青年的思想世界,并以讲授哲学的方式与当时流行的社会思潮进行对话。他说:"我当时觉真要讲哲学,直接由知识论到形上学到宇宙论,或由道德文化反溯其形上学根据,再讲宇宙论,比较更能直透本原。从自然界之物质、生命,讲到心灵、知识、人生文化,固亦是一路,然却是最弯曲的路。……不过据我多年的经验,一般青年学生,一般社会上的人,所易感受到之哲学问题,仍是如何从自然宇宙去看人之生命心灵之地位价值,以定其人生文化理想的问题。人如此去想,易有常识、一般科学知识、与流行的哲学意见作凭藉。然亦可随意引出意见,而止于一些肤浅混乱之谈。"① 因此,唐君毅把说明"提高人心在宇宙中之地位"②的哲学思想方向作为著述的基本目标,论成"人类文化,皆原于人心灵精神之求实现真美善等价值"③。"自觉力"是"心"的根本。《心物与人生》和《意味之世界导言》是唐君毅阐述这一问题的基本文献。

一 "自觉力"的客观性与超越性

在《心物与人生》中,唐君毅以"心理活动"统称人的感情活动和理性活动,把"自觉力"作为"心"的根本内容。他说:"我们认为所谓自觉力,即去自觉,去统一经验,去贯通经验,将一经验内容

---

① 唐君毅:《心物与人生》,自序,第3—4页。
② 唐君毅:《心物与人生》,自序,第4页。
③ 唐君毅:《心物与人生》,自序,第5页。

超越其所在之经验系统之力。"① 在这种界定之下，超越具体经验并统一各种经验是心灵的根本能力。统一人的感官感受的知觉能力可以是自觉力的逻辑起点。"自觉"是人不同于其他生物的特性，是自然赋予的。人的心理活动都以"自觉力"为中心展开，"自觉"又是人之为人的特性。"一切心理活动都以自觉力为中心，即一切心理活动，通过自觉之中心，便与其他心理活动交渗互贯，而有新心理活动之产生。新心理活动产生后，亦必通过自觉之中心，而后能开启以后更新的心理活动。"② 在自觉力的贯通渗透中，心的真实作用呈现出来。唐君毅认为心兼具主观性与客观性，且具有不为对象所限制的超越性。

在唐君毅思想中，"自觉力"的客观性，是通过"心"的客观性来说明的。"心"的客观性，即心的真实存在。人们确认心的客观性的基本方式，不同于对自然界的感知，而要依赖人的反省。唐君毅指出："人可由感觉而接触外面之物质世界之存在，由心的自觉反省，而知其内心的世界之存在。"③ 内心世界即是心灵活动的结果，是人与外在世界互动的结果。内心世界客观存在，心的活动必然客观存在。同时，心的客观性与主观性又不分离。因为"心之必需对象，乃心欲包摄对象收入其自身之范围。因为心在了解一切对象时，此对象之内容即成为心之内容而属于心了"。由此引申，唐君毅得出"在记忆是正确时，我们过去之所经验之事物内容，为我们现在之心所包摄；在判断正确时，客观之事物之内容为我们之主观心所包摄"④ 的结论。

唐君毅对于"自觉力"的超越性分析，主要依据两条线索展开。一是对经验世界的超越，二是心所具有的纯粹超越能力和趋势。唐君

---

① 唐君毅：《心物与人生》，第 111 页。
② 唐君毅：《心物与人生》，第 101 页。
③ 唐君毅：《心物与人生》，第 167 页。
④ 唐君毅：《心物与人生》，第 119 页。

毅对上述两方面内容进行以下概括:"自自觉活动之本质而论,他只是经验之统一者贯通者。而其所以能为经验之统一者贯通者,在另一方面,即表示其能超越经验之限制之意。"① 就第一条线索而言,"自觉力"需要以特定的经验为对象,才能为人们所把握,而不是脱离对象世界的神秘存在。从第二条线索来看,"自觉力"则是纯粹的动能,只是心的活动。

首先,"自觉力"超越特定经验,是通过对经验的联系、贯通来实现的。而"自觉力"需要依赖经验为人们所把握,又在一定程度上限制了人们对自觉力的认识。唐君毅提出:"真正的心之自觉力,乃联系贯通我们之经验,而有超越于我们之任何指定经验之上者。这是我们不能单独自觉'我们心之自觉力'之根本原因。"② 因此,人可以积极主动地进行判断、推理、回忆、想象等活动,来把握"自觉力"。在含推理的判断活动中,思维的活动已经"超出我已有之经验范围之外";在科学、哲学的推理中,"所推知之理,可根本非感觉知觉之对象,且为感觉知觉所无法完全加以证实者。故其超已有经验之范围者又更大";"在想象之活动中,我们自觉力之表现为超越我已有经验之范围者又更大"。③ 心灵作为感觉的主体,一方面尚不能完全脱离日常经验的限制,另一方面又表现出主动摄受其他对象之功能的能力,代表了客观境界向主观境界的转进。

其次,"自觉力"通过判断、推理、想象、通情来形成理想、追求理想,是更高层面的超越,表现了人对其天赋的自觉能力的运用。唐君毅认为,"心"的超越性,主要表现在真、善、美的理想上。"人之自觉心,不止根于自然世界,而且为昭露显发真理之世界、美之世界,

---

① 唐君毅:《心物与人生》,第96页。
② 唐君毅:《心物与人生》,第114页。
③ 唐君毅:《心物与人生》,第98—99页。

第五章 "知理践理原于心"的文化动力论

并能赞天地之化育，以建立人类之善的理想。"① 在唐君毅看来，形成理想、追求理想的努力，是更高的自觉力。"人由自觉有真善美与伪丑恶之别，于是又有自觉的求真善美之努力，是谓理想之追求。此理想之追求又表示一更高之超越。此超越乃由自然的自觉以达真善美，而为自觉的运用自然的自觉以达最高真善美。"② 这种超越性，是"自觉力"在人类文化生活中最有影响的内容，成为其文化哲学的基本问题，也是唐君毅早期对于心的主体性和理想性的基本说明，并在后来梳理中国传统哲学的过程中不断深化，成为其心学思想的基本思路。

最后，"自觉力"是一种超越经验的动力，表示不断超越经验限制的趋向，可以是心发出的纯粹的、无特定对象的超越活动。唐君毅说："自觉力之活动非他，实际上，只是一经验内容向上以超越其自身之所在经验系统之趋向。此向上趋向，根本上只为一意味，或只表现一理，当此趋向未落实而完成一新经验时，只为一纯粹之动。"③ 从纯粹的动能中把握心的理想性和主体性，最能够说明人的潜能，成为人类活动生生不已的根本动力。

从中国哲学的思路来看，在"成物之性"与"成己之性"的互动中成就人与物和谐共在的"至诚"，需要人依据物的本性来彰显、成就物，也需要人自觉地去承担、践行这种辅助万物的责任。"心"的动力

---

① 唐君毅：《心物与人生》，自序，第5页。在这一时期，唐君毅对于真、善、美的理解，都以人的"自觉"为基础。他说，"人能自觉，于是生物之感觉知觉化为人类之认识。人之继续用其认识力而有求真之活动，人之能以过去经验解释现在之对象而有判断推理以推断未来而有各种真理之逐渐发现"；"人能自觉于是人可将其自己之过去经验情调加以反省而能组织过去之经验情调成想象而表现之，于是有艺术之活动，是谓表现美。能于现在对象中发现其足以表现我之经验情调而欣赏之，是为欣赏美"；"人能自觉于是能通己之情以度人之情，于是有爱。然又或不免陷溺于生物之现在，于是爱不能常有。然人之特性为自觉必求发展其爱，爱得发展常言之谓之善"。参见唐君毅《意味之世界导言》，载氏著《哲学论集》，第107—108页。

② 唐君毅：《意味之世界导言》，载氏著《哲学论集》，第108页。

③ 唐君毅：《心物与人生》，第113—114页。

意义即在理想发动行为的过程中呈现。唐君毅的这种思路，与程明道《识仁篇》所强调的"仁者，浑然与物同体，义、礼、智、皆仁也"①相一致，并指出，此"浑然与物同体"之亲近心境，只能由人与物相接触的活动、生活来"体会"。② 在人与物相接触的过程中、人与人相配合的互动中，道德理性逐渐开显，人文世界逐渐形成，形成一个内外相通、由外养内的和谐世界、人文世界。这也就是唐君毅所总结的"中国思想之所重，在言人性人事人文，而人性人事人文之本，毕竟在于人心"③。

二 "意味"深化"自觉力"的纯粹超越性

不断深化"自觉力"的纯粹超越性，说明心灵活动的自主性和理想性，是现代新儒学哲学形上学的重要内容之一。唐君毅文化哲学中对于文化动力的思考，便以这种哲学形上思考为基础。以"意味"深化"自觉力"的纯粹超越性，是唐君毅早期哲学思考的一个成果。

唐君毅在1944年写作了《意味之世界导言》一文。《意味之世界导言》是唐君毅"人生之路十部"之一部。其中，《人生之体验》中包含五部，《道德自我之建立》包含三部，《心物与人生》中包含一部（物质、生命与心）。④《意味之世界导言》是唐君毅早期思想的重要组成部分，其中对物质、世界、心灵的讨论，对于分析唐君毅思想具有重要价值。唐君毅在此文中特别指出："意味之观念乃东方哲学之一钥，由理智到智慧之媒。"⑤ "意味"其实是心灵所发出的活动，表现心的"自觉力"如何超越个体意识，超越功利追求，超越世俗知识，

---

① （宋）程颢、程颐：《二程集（上）》，王孝鱼点校，第16页。
② 唐君毅：《中国哲学原论·导论篇》，第71—72页。
③ 唐君毅：《中国哲学原论·导论篇》，第92页。
④ 唐君毅：《道德自我之建立》，第23页。
⑤ 唐君毅：《意味之世界导言》，载氏著《哲学论集》，第93页。

第五章 "知理践理原于心"的文化动力论

逐步消解对象的客观实在性,确立超越意识在人类生活中的根本地位,打通天人物我。"意味"在说明自觉力的纯粹超越性的同时,也包含着对自觉力的客观性的解释。

在唐君毅看来,意味是"未意识到的意义之领略",也是"对于意义之领略",其核心在于主体由对象的意义所引起的"感应"与"感通",超越主体与客体自身而直面主体与客体的关系。其中,"感觉"侧重于身体的反映,"感通"则侧重于情感、道德、审美的体验。他说:"一种认识对象的意味并不在其本身,而在其与其所含意义之关系上。每一认识对象我们可视作一符号,则其意味存于符号与意义之间。我们说符号指示引导我们认识其意义,则其意味存于符号之指示引导之作用上。"① "意味"关联着主体对对象的直觉,主体之所"感",则是"意味"所特有的。因为"感意味只能感不能求,感意味时之超越对象是一纯粹的超越而无所到的心境。唯其无所到所以又不离此对象,因此感意味的心境与对象之关系,是一种不即不离之关系"②。当唐君毅尚未以"感通"来论述心灵与生命之真实存在时,"意味"观念便已表现出这种致思路向。

意味通过形相关系的呈现与引生,成为沟通客体的形象与主体的精神理想之相需、相感、相通的途径。唐君毅指出:"唯有视吾人精神之表现于物体身体之形相世界,乃由物体身体之形相本身可启示一理想的精神意义。吾人可谓物体身体有二种理想的精神意义,一为作文化活动之材料或工具之精神意义;一为直接表现文化活动之精神意义。而此二种意义之显出,前者待于物体身体之物质资料之销毁,后者则系于吾人姑舍自然界之身体物体之自身,而唯观物体身体之形相关系。此形相关系,或由一物体身体与其他物体身体之静的地位关系中显出,

---
① 唐君毅:《意味之世界导言》,载氏著《哲学论集》,第97页。
② 唐君毅:《意味之世界导言》,载氏著《哲学论集》,第98页。

或由一物体身体在其自身或环境中之运动变化中显出。此形相关系即一种理的关系。而此理的关系之观照或直觉,同时即可表现或规定引发一形态之精神生起。"① 在形相关系中,先由既有物体形象引生精神意味,再经过主体对这一精神意味之感而引起精神的超越和挺拔。意味带给人们的,是精神的不断提升和心灵的丰富享受。它的存在,只有通过对"相"的品悟来沉潜玩咏,削弱了对象的客观实在性对人的心灵活动的影响。

首先,"意味"是对于时、空、质、力的统合,是将"时空质力一齐摄入纯动的观念之中"。唐君毅从形相关系来解读时间、空间、物质和力。他说:"所谓时间只是此纯动之流相续不断相,所谓空间只是许多纯动之流之并立分布相。所谓物质占空间即是各分别之物所代表之纯动之流彼此相望而并存。……物质之相互之力,即各种纯动之流通过其间隔,相动而互传递其动。"② "我们现在把时空质力都视作纯动之流表现的方式,则我们将不见一切时空质力,而只有各种分布而相成的纯动之流存在于我们心目之中。……如此我们将觉一切物都只是一纯粹之意味,一切物对于他物只是一动过去,这动过去是一纯粹之超越,动过去之两头却并无物,因两头亦只是其他'动过去'。"③ 在这里唐君毅借鉴了现象学的理念,表述主体意向的转换,实际上并没有特定的对象。"意之所向"而并未达到具体目标,却已离开原有对象,完全符合"意味"所要求之"纯粹超越而无所到"的前提条件。

其次,宇宙可化为一个"意味"世界。唐君毅提出:"宇宙一层一层的存在,在时间的历程中显现,在空间的外表中并列。所象征的只是一层层的超越,一层一层的意味的感受。所感受的是意味,能感意

---

① 唐君毅:《文化意识与道德理性》,第52页。
② 唐君毅:《意味之世界导言》,载氏著《哲学论集》,第103页。
③ 唐君毅:《意味之世界导言》,载氏著《哲学论集》,第104页。

味者亦可成所感受的意味。宇宙之一层一层的存在即表示低层的意味可为高层所感受而融入更高的感受者。……然而此层层的'超越'、层层的意味之融入更高的存在为其所感本身亦是一超越，亦是一意味。所以全宇宙无论从横看从竖看都是意味。宇宙间无任何有定相的对象存在，而只是无穷的意味之周流交渗。"① 在这里，"意味之周流交渗"虽然在总体上呈现层层上升的历程，但终究缺乏理论说明和过程描述，仅停留于个体体悟，而无法使人真正确立此种逐层超越的信心。对于"意味"之扩大而言，则需要通过取消对象世界，把对象当作纯粹的意味看，把对象当作一"纯动"，化除一切对象之"相"。

唐君毅承认，化宇宙为一"意味"，把过去、未来完全融入当下一念，不能跳出"此意味只是我心中之意味"的论述。因为"此意味之原，只生自我们之把一切平时关于宇宙横加划分的观念彼此消除，我们只算把那许多观念化为意味的观念，而于意味的观念不视作心之所对，把他与我心之对待之关系自己拆断，故全沉入此观念，而此观念又不能引我们到任何一对象，因对象之观念已先消除；于是我们之心在意味的观念与求对象的活动之彼此相消中，而使我们感觉一意味"②。心作为"感"主体，一方面尚不能完全脱离日常经验的限制，另一方面又表现出主动摄受其他对象之功能的能力，只有经历了注视对象、超越对象、回到对象的过程，心与对象世界不即不离的关系才能真正确立，"意味"的世界也才得以确立。

最后，"意味"之"感"具有客观化的能力，是更高的超越。唐君毅认为："人之感过去未来如在过去未来，即是人在人之现在中包摄了生物之过去未来现在之阶段，而将过去未来现在之生命意味客观化而反映之。这客观的反映表示一更高的超越，这超越乃整个时空之一

---

① 唐君毅：《意味之世界导言》，载氏著《哲学论集》，第108—109页。
② 唐君毅：《意味之世界导言》，载氏著《哲学论集》，第110页。

齐超越而人遂为宇宙之主宰，这对于整个时空之超越之感又为其所感到之意味。"① 从思路上讲，"人之感过去未来如在过去未来"，是对朱熹解释孔子"祭如在，祭神如神在"（《论语·八佾》）的延续。

尽管历代儒者对于"祭如在，祭神如神在"的内容与限度的解释颇为不同，但还是承认孔子用两个"如"表达出现实世界与鬼神世界的距离：不可谓鬼神世界真实客观存在，又不可否认鬼神观念对人的真实影响，通过"设想"鬼神存在，涵养人的诚敬之心来表达儒者对于鬼神的理性态度。朱熹曾经非常谨慎地提出，"鬼神"并非祭祀者的私意相信的"设想"，而是由先祖的真实存在延续下来的真实存在。朱子的这种解释，颇具独特性。② 朱熹认为："气有聚散，理则不可以聚散言也。人死，气亦未便散得尽，故祭祖先有感格之理。若世次久远，气之有无不可知。然奉祭祀者既是他子孙，必竟只是这一气相传下来，若能极其诚敬，则亦有感通之理。"（《朱子语类》卷三）朱熹用"一气相传"把祖先与子孙的具体关联表达出来，并在"理"的层面做出抽象解释："然气之已散者既化而无有矣，其根于理而日生者，则固浩然而无穷也。"尽管时间相隔久远，祖先对子孙在"气"的具体质料方面的影响可能逐渐弱化，但"理"则是不断绵延的真实存在。

与朱熹的思路类似，唐君毅也认为，意味中的"感"并不是个体的体验，不是一种"设想"，而是由过去的经验、未来的理想引生的能力。他所强调的是人对于过去、未来、现在的"感"，必然会在现实世界影响人的行为，在客观世界表现出过去、现在、未来的意味。生生之理的内容，在意味关系中成为"心"之"自觉力"的内容，弱化了"如"的主观设想性。在这种解释中，"自觉力"的纯粹超越性与客观

---

① 唐君毅：《意味之世界导言》，载氏著《哲学论集》，第107页。
② 张清江：《"如在"与"临在"之间——论朱熹对"祭如在"的解释》，《云南社会科学》2013年第3期。

第五章 "知理践理原于心"的文化动力论

性的统一获得了更加细致的说明。

基于上述分析,我们可以认为,"意味"观念是沟通唐君毅早期哲学和晚期哲学的核心范畴,在关联主体心灵与宇宙世界方面具有重要作用。在形象的引生中消解对象的客观实在性,同时在说明"感"的客观化中弱化了主体感受的主观性,宇宙通过"意味"所展示出来,就成为一个层层超越、互相摄入的系统,最终达到"宇宙之大意味完全融化在我们眼前而觉当前宇宙完全沉入我们当下一念之活泼泼的真心,成了我心自身之意味一般"[1]。在《生命存在与心灵境界》中,唐君毅用"感通"所表现出来的宇宙,则是心灵"知境而即依境生情、起志"[2] 所形成的九层境界,形成心性情一体的系统。就此而言,"感通"一方面在前五境(万物殊散境、依类成化境、功能序运境、感觉互摄境、观照凌虚境)中与"意味"相通,另一方面又在后四境(道德实践境、归向一神境、我法二空境、天德流行境)中把"意味"提升到更高的层面。

唐君毅以"自觉力"来解释"心",呈现出"心"的客观性与超越性,对经验的统贯、纯粹的动能都是超越性的基本内容。在《中国哲学原论》中,唐君毅直接从统类的角度说明人心对于经验的认知整合与价值统摄,是对以经验的统贯来说明超越性的思路的延续,这也是中西哲学可以直接相通的内容。唐君毅以"意味"来分析"自觉力"中所包含的纯粹超越性,认为整个宇宙是一个层层意味不断超越的过程,人生活在一个意味的世界,从根本上说明天人物我贯通为一,是对传统心学的丰富。在《中国哲学原论》中,唐君毅用"虚灵不昧"来说明这种纯粹超越性在中国传统哲学中的表达,彰显了中国文化自身的特质。从唐君毅的文化哲学体系来看,"心"作为文化活动的

---

[1] 唐君毅:《意味之世界导言》,载氏著《哲学论集》,第110页。
[2] 唐君毅:《生命存在与心灵境界(上)》,第13页。

根本动力，经验的统贯、纯粹的能动两者都是不可或缺的内容。

三 "善"与"乐"的动力功能

生生不息是唐君毅从"大意味"的角度来诠释宇宙人生的基本观点。他提出"生生不已，善必求继，故宇宙以生生不已而真实，即以善必求继而真实。宇宙之所以必须恒久，即根于善之必须相继"① 的判断。在这种思路下，心灵活动的自觉力便细化为乐与善。唐君毅结合中国哲学史的经典进行了说明。

唐君毅非常重视"心"内具的"善"与"乐"的绝对性，彰显了中国传统哲学中存在本体、价值本体、情感本体合一的特点，并体现了本体与工夫合一的思路。在《道德自我之建立》一书中，唐君毅对"心之本体"有所说明。他指出："心之本体虽一方平等的表现出真善乐与苦恶错，然而只有真善乐，是他自性的表现，因此我们可说心之本体之自性，是绝对的真善乐。"② 具体到解读孟子思想，唐君毅说："以种种成德之乐，兴发鼓舞人之精神，原是孔孟之遗教。……乐由德来，德为绝对，乐乃绝对。"③ "乐"不是普通的道德情感。"心之本体"之"乐"需要经过不间断的工夫修养方能实现，需要经过多种文化活动的陶养才能真正获得。

本体的创生、生化意义，可以把《中庸》与《易传》的义理沟通起来。"天地之大德曰生"④，"一阴一阳之谓道。继之者善也，成之者性也"⑤ 作为中国传统文化中关于创生源头的说明，奠定了"天"的思想基调：人与物作为"天"的创造物，共同构成一个大的生命世界、

---

① 唐君毅：《中国哲学原论·原道篇》卷三，第436—437页。
② 唐君毅：《道德自我之建立》，第131页。
③ 唐君毅：《中国哲学原论·原道篇》卷三，第426—427页。
④ （唐）李鼎祚：《周易集解》，王丰先点校，第449页。
⑤ （唐）李鼎祚：《周易集解》，王丰先点校，第401页。

第五章 "知理践理原于心"的文化动力论

价值世界，生命创生是一个自然而然的过程；人与自然的依存关系与生俱来。"天"是万化之源，是一切生命的源头；"天"还是一切秩序、意义的源头，"德"成为天与人相沟通的关键，是生命之源与终极秩序在人间实现的保证。唐君毅说："自周秦儒家观之，变易之义，即含生生之义，变易之事，即生生之事。而生生之事，乃被视为可乐而非所苦者。"①"生而不乐，则生不若死。生必归于乐，乃成其为生。乐者，生之自己肯定之符验也。生有真乐，而生乃真自己肯定。"② 在"生之自我肯定"中，"乐"具有动力意义。

人的德量扩大、摆脱各种习惯束缚和外力支配，本身就会带给人快乐的体验。在这种思路下，生生不已、生化感通，内蕴着"乐"；强调"生生之事"的"乐"，是唐君毅思想中一个非常基础的理论预设。"乐"内蕴于修德、成德全过程，并为人能够不间断地进行道德修养提供动力支持。从传统儒学的相关讨论中，我们可以发现，以"乐"来论证性善，为"善"提供情感支持，是从孟子开始就已经形成的思路。杨泽波指出："重视成就道德的愉悦是孟子性善论体用紧密结合、相互无间的奥秘所在。"③

除孟子之外，王阳明也有"乐是心之本体"的论述："乐是心之本体。仁人之心，以天地万物为一体，欣合和畅，原无间隔。……良知即是乐之本体。"④ 在唐君毅的哲学中，"心之本体"是从"纯粹的能觉"、心之"自觉"的角度来把握"心"的本体含义，包括能觉的活动本身、超越自身限制的方向。从"能觉"的内容来看，则包含道德情感、客观印象、心的主宰力等内容。唐君毅在讨论"心之本体"的

---

① 唐君毅：《中国哲学原论·原道篇》卷三，第425页。
② 唐君毅：《中国哲学原论·原道篇》卷三，第438页。
③ 杨泽波：《孟子性善论研究》再修订版，第74页。
④ （明）王守仁：《王阳明全集（上）》，吴光等编校，第194页。

内容时，对于"心之本体"的"乐"也予以较多说明，承认"乐"这种道德情感的本体地位，也是现代新儒学的道德形而上学构建不同于康德的重要表现，更加直观地呈现心学对于成就乐观向上这一中华民族文化基因的影响。

具体而言，唐君毅认为，"乐"既是心之本体自足的状态，又是成德之人的外在表现，亦应贯穿在工夫修养、日常生活之中；也正是因为人们注意到日常生活、修养心性过程中的快乐经验，才能进一步通过直觉来体验、确认本体之乐。他说："修德为学而未至于乐之境，恒见其工夫之尚有未济。故此乐不可说为德行之报偿，德行亦非求乐之手段，乐只是德行完足之效验，其本身亦为一德者。人之德行必完足自满，而更能自己受用之，或自己感受之者，而后有其长乐。此长乐之为德，亦如吾人前所谓由人之直道而行，或由曲而成之德，再返回于人之自身，以为人自己之所受用感受，而自周流于有德者之生命之内之所成。而可姑称之为圆德之乐。"① 把工夫修养与人的日常生活结合在一起，更见"乐"对于人的鼓舞作用。唐君毅有言："如吾人之精神，果能充满于日常生活中之事物而不陷溺；则吾人之有超越性、涵盖性之精神，即充满于所接之事物，并以情趣加以护持，而更无所泄漏。"② 通过唐君毅的解读，"乐"是人们化解修身养性中的辛苦，并欣赏、感受日常生活之美的根本支撑。"乐"是以身心与宇宙自然合一为依归的、最大快乐的人生极致，是巨大深厚且无可抵挡的动力，是直觉的审美体验，是最根本的"意味"。

"善"润泽"生"是"生生之乐"的具体保障。赋予生命本原价值意义，是东西文化的根本差异；在价值关系上的"天人合一"成为中国传统文化的主要内容。这也塑造了中华民族对"善"的诉求，以

---

① 唐君毅：《中国哲学原论·原道篇》卷一，第106页。
② 唐君毅：《中国文化之精神价值》，第246页。

及强调个人体验的修身方式。唐君毅对此有深刻的体认,并指出:"生之真乐,则在于以善润生。善能润生,即证生之性善。必以善润生,有真乐,而有生乃能真自己肯定。即必性善,而后我之生,乃能自己肯定。故我真肯定我之生,即必须肯定我生之性善。我生之性既善,则他人之生之性亦当善,而宇宙之生生不已之几,所本之性亦当善。盖仁善者无私。"① 在唐君毅的思路中,"生之真乐"由"以善润生"来表现,并通过"同声相依,同气相求"的传统类比思维确认"性善"。

这种思路本质上是一种形而上的论述方式,亦不局限于孟子"以心善论证性善"的思路,更强调造化本身的至善之性,融摄了王阳明"良知是造化精灵"的基本思想。同时,这也确立了唐君毅以"性善"为文化本源论的重要内容,进而探讨人类文化活动的规律和方向,从根源处确立人类文化活动的乐观底蕴。

"乐"是生生不已的情感基础和最终指向,是人类理想得以实现的动力支撑。在唐君毅看来,中国哲学的人性讨论,有一个共同的主题:"人之面对天地与自己,而有其理想,而透过其理想以观人与天地之性。"② 理想基于人的生活而产生,是人们把握、涵养人性的现实基础。在这种思路下,人性之"善",不仅仅是"天命",更应该是人的当下承担与自我期许。这也是他理解、阐发儒学生生不已之义的基础。"乐"是生生不已、善以润生的情感保证和动力支撑。"得善而乐此生,即此生唯由善,乃得安顿、得满足。生于善乃得安顿满足,即证生之必以善为其内容,生以善为性,以实现善为事。"③

"乐"作为德性心的重要内容,掩盖了道德修养活动中的强迫性。

---

① 唐君毅:《中国哲学原论·原道篇》卷三,第438页。
② 唐君毅:《中国哲学原论·导论篇》,第12页。
③ 唐君毅:《中国哲学原论·原道篇》卷三,第436页。

在成德这一善的目标之下，一切道德修养活动又统统可以称为"乐"。唐君毅指出："宋明理学家由德以言乐，则此乐非是凡情；德而必至于乐，则德非枯淡。乐则生趣盎然，而德适所以润生。"① 他以"花过飘零"的心态、"灵根自植"的努力、"中国文化自立于世界文化之林"的自信来追求中国文化的生生不息、现代开展，既是当下现实文化问题逼出的理论探讨，也是对宋明儒学"以忧言乐"精神的继承。"善"与"乐"的动力意义，渗透在心之自觉、超越、感通的活动之中。

第二节 "文理"契于"统类心"的初步说明

在中国哲学史上，对于"理"与"心"的关系的系统讨论，源于人们对于"天""天命"和"天道"的思考，在宋明儒学中成为核心问题。从内容上看，"理"是"天""道"中的一个部分。朱熹在回答关于经传中"天"的含义时，有非常经典的说明："苍苍之谓天。运转周流不已，便是那个。而今说天有个人在那里批判罪恶，固不可；说道全无主之者，又不可。这里要人见得。"② 陆九渊更是从"天"与"理""心"的关系处立论，指出"此理本天所以与我，非由外铄，明得此理，即是主宰"③。在唐君毅看来，理学与心学的讨论思路，又是对于先秦以降相关问题的延伸。唐君毅受到宋明儒学的深刻影响，运用自己的研究思路对先秦儒学中的"心"与"理"的关系进行了回溯性检讨，分析荀子思想中"文理"与"统类心"的关联，成为其文化哲学中的重要内容，也是对"心"的经验统贯、纯粹能动的进一步阐释。

---

① 唐君毅：《中国哲学原论·原道篇》卷三，第427页。
② （宋）黎靖德编：《朱子语类》卷一，第5页。
③ （宋）陆九渊：《陆九渊集》，钟哲点校，中华书局1980年版，第4页。

第五章 "知理践理原于心"的文化动力论

一 "统类心"的主要内容

唐君毅认为,所谓"统类心",本义为"知类兼能明统之心","一方为一理智性的统摄心,一方为一自作主宰心"①。《荀子》中对"心"的论述,是唐君毅"统类心"的直接来源。他认为,荀子思想的重点在于"言心"。首先,唐君毅反对以"性恶"来概括荀子的思想主旨。他说:"直接由荀子之言性恶之理论,则只证明荀子之视性为待变化者。然其所以当变化之理由何在,及变化之力自何来,与荀子整个政治文化之思想,全不能由其性恶观念以引出。则谓荀子之思想之核心,正全在其言性恶,最为悖理。以吾人之意观之,则荀子思想之核心,正全在其言心。"② 其次,唐君毅强调,荀子在《解蔽》和《正名》等篇目中,对于"大清明心"和"定名"等问题的讨论,吸收了庄子"虚心"和墨子"知识心"的说明,是荀子"统类心"的部分来源。

唐君毅梳理先秦的哲学史时,认为"知类"主要是"心"认知功能的体现,最早由墨子提出,由荀子继承并发展。其中,墨子论心的特点是"接于物而明之、虚之、辨之,而知其类,以进而知吾人之知识与行为之类"③,是"知识心"。"知识心"强调对于"物"之客观了解的一面,明晰物与物之间的区别,以及关于物的知识的分别。此外,"类"的内容还可以是"名","知类"还包含着对于名的分类和运用。《荀子·解蔽》中提出了"凡以知,人之性也;可以知,物之理也。以可以知人之性,求可以知物之理而无所疑止之,则没世穷年不能遍也"④ 的判断,说明人对于物的了解如何可能,并强调人对物的了解必

---

① 唐君毅:《中国哲学原论·导论篇》,第94页。
② 唐君毅:《中国哲学原论·导论篇》,第131—132页。
③ 唐君毅:《中国哲学原论·导论篇》,第106页。
④ (清)王先谦:《荀子集解(下)》,沈啸寰、王星贤点校,第406页。

须有限度。人有能知之性，物有可知之理，以人之能知之性，求物之可知之理，若无限定的目标以为研究之范围，老死也不可能遍知。荀子已经非常清晰地提示出，儒家思想中对于客观知识的了解，并不是为了知识本身，而是有着知识以外的目标，即对于"道"或"礼义"的把握。就此，有论者指出，荀子的认识论在本质上属于社会道德认识论，不是所谓的朴素唯物主义反映论。①

在唐君毅对《荀子》的解读中，荀子论"心"之接物，除了与墨子有相同之处以外，还有自身的特点，即"亦重心之知之有所合。固谓'知有所合谓之智'"②。荀子思想在对于"物"的客观了解的基础上见"合"，除了追求对于客观世界的整体认识，还能形成人的综合判断和文化理想，并展开自觉的价值认知和价值评价，进而为人的行为提供直接动力。唐君毅判定"荀子论正名，重在名定而实辨，以归在道行而志通"③。进一步而言，如果结合中国哲学中言、默的运用，以及孟子、墨子、庄子中的论辨，则可见"中国名辨之学或语言之哲学，乃纯以成就人己心意之交通为归，此实一伦理精神之表现"④。唐君毅对于荀子正名主旨的把握，非常符合《荀子·正名》开篇讲君王如何"制名"的根本精神。通过"正名"来"正心"，通过"正心"来"正道"，是《荀子》所倡导的"圣王之治"的内在线索。

基于上述理解，唐君毅认为，认识心只是荀子所论之"心"的初级层次，意志行为心才是更加重要的内容。他说："荀子之心，即只在第一步为一理智心，而次一步则为一意志行为之心。此意志行为之心，乃能上体道而使之下贯于性，以矫性化性者。由是而荀子之心，即有

---

① 惠吉兴：《解蔽与成圣：荀子认识论新探》，《河北学刊》2004年第5期。
② 唐君毅：《中国哲学原论·导论篇》，第132页。
③ 唐君毅：《中国哲学原论·导论篇》，自序，第7页。
④ 唐君毅：《中国哲学原论·导论篇》，自序，第7—8页。

如原为一伞之直立,而渐向上撑开,以铺陈出统类而下覆者。"① 唐君毅对于"认识心"的论证,在《生命存在与心灵境界》中更加完整和系统。在解读荀子思想时,唐君毅把"统类心"的重点放在了"人文统类"方面,着重说明圣王何以尽伦尽制,以及凡人如何学以成善。

唐君毅用"明统心"来表达荀子论心的"知有所合"的内容。"明统心"即是"对于万物万事各得其位,而通于度上,兼加以综摄贯通之心"②。人可以在统类心的主宰下,"摄天下古今之'仁义之统'(即德性之统)、'诗书礼乐之分'(即人文之类)于其内,以成'天下之大虑','长虑顾后而保万世'"③。"综摄贯通"本身,是知识获得与价值认同的统一,知识获得是对于物分类认知的结果,价值认同与价值整合则是对于通过制名、用名来实现社会大治的礼乐教化的强调。以价值、治道的探寻与追问为基础和目标,"知类"自然而然就指向了"明统","知类见合心"的发展方向就是"明统心"。这也是唐君毅所强调的,"孟子重论圣贤之心,荀子则重圣贤之本其能辨之心,所择之术。此所择之术,即所择之道也。此所择之术,要在由知人与人间之尽伦尽制之道,其中有种种当分辨者,以合为一统贯之道"④。荀子所论的"统类心",即是圣贤之心。只不过荀子的论述方式与孟子不同,荀子更加强调圣贤之心不能离开"虚壹而静"的工夫。

二 "统类心"的价值意识是文理的根据

唐君毅对于"文理"和"统类心"这两个文化哲学基本概念的说明,都是借助于对荀子思想的诠释展开的。"文理"与"统类心"相

---

① 唐君毅:《中国哲学原论·导论篇》,第140页。
② 唐君毅:《中国哲学原论·导论篇》,第135页。
③ 唐君毅:《中国哲学原论·导论篇》,第135页。
④ 唐君毅:《中国哲学原论·原道篇》卷一,第487页。

契合的论说，也需要从唐君毅对荀子思想的继承和发展中来说明。在唐君毅的诠释中，荀子所强调的思想在于：人有自内而外、持续发展、与他人求通的活动，这都是心之统摄、安排的作用表现，"理"在这里侧重于横摄诸礼仪的内在根据。通过对荀子思想的梳理，整合孟子、荀子心论的阐释，唐君毅勾勒出一条"礼""理""心"步步向内深化的文化动力追问线索，最终形成以"心"为形上根据与动力，"礼"为外在表现，"理"为具体规范的文化哲学系统。

在《荀子·正名》中，对如何"辨类"，以使"心"合于"道"，体现意志行为心的意义，有具体论说："名也者，所以期累实也。辞也者，兼异实之名以论一意也。辨说也者，不异实名以喻动静之道也。期命也者，辨说之用也。辨说也者，心之象道也。心也者，道之工宰也。"[1] 名称，是用来互相联系来说明实际事物的；言语，是用不同的名称来说明一个意思的；辨论与说明，是通过不使名实相混乱来说明事物动静之理的；约定与命名，是辨论和说明所使用的；辨论与说明，是心灵认识"道"的表现。心是"道"的工具，"道"是社会治理的法则。唐君毅多次论及，在《荀子》的义理脉络下，"此道则通于古今，而可由圣王之文制礼制，类推而知者"[2]。

知"名之类"，是荀子"统类心"的重点内容，体现在"正名"、"用名"的过程中。在知名、"用名"的过程中，"心"与"礼"关联起来。这种关联，又以圣王、君子为现实载体。有论者指出，《荀子·正名》之"正名"在于"正心"，确立"名"的所指，以满足治国的要求。其"用名"思想是对圣人、君子之辨说的考量，形成荀子心学的论证体系。不过，《荀子·正名》将"正人心"的要

---

[1] （清）王先谦：《荀子集解（下）》，沈啸寰、王星贤点校，第423页。
[2] 唐君毅：《中国哲学原论·原道篇》卷一，第487页。

第五章 "知理践理原于心"的文化动力论

求放大到一般的"正名"原则,又体现出先秦逻辑的一般特征。①借助于说、辞、名、实等范畴,荀子认为从"类"的概念来辨别事物的同与异,是做到同类事物有共名的前提。然后,听他人之言,并选择其中符合文理的内容,再经自己辨、说,才能完成说明事物之实的整个过程。

"心"与"道"在言语、名辩、选择中具有价值统领的意义,是荀子及儒学传统中一以贯之的内容。王先谦认为,"言辨说者不唯兼异常识之名,所以喻是非之理","心有所明则辨说也"②,强调的即是名、辨背后对于价值是非的坚守。正是在这个意义上,荀子强调"君子必辨","君子必辨。小辨不如见端,见端不如见本分"③。在"辨"的基础上去知晓道与理,是荀子主张的认知和价值整合的必要过程。辨、说、辞背后的价值意味,其实亦是根源于"心"之所明、"道"之所指。这也是唐君毅在说明名辨、名实关系时,重视以荀子的思路来整合墨家与名家的相关思想的原因。

唐君毅把认知过程中按种属关系进行推理的过程,与价值评价过程统一在一起,认为"原人之所以兼有类名与种名,即所以别同异。类名所以表一类事物之同,即兼所以表一类事物与他事物之相同之处。种名所以表一类事物中有各种之异,即兼所以表一事物与他事物之相异之处。一类事物之各种既相异,遂连带有价值上之高下贵贱可说矣。夫然,故吾人于一实事实物,必须兼有种类之名以表之,乃能别同异而明贵贱。……吾人既能于事物之同异,兼有所知而能辨之,亦必当兼有此表同异之名,乃能喻人全幅之志意"④。在唐君毅看来,

---

① 曾昭式:《论荀子的心学论证——以〈正名〉为例》,《现代哲学》2019 年第 5 期。
② (清)王先谦:《荀子集解(下)》,沈啸寰、王星贤点校,第 423 页。
③ (清)王先谦:《荀子集解(上)》,沈啸寰、王星贤点校,第 87 页。
④ 唐君毅:《中国哲学原论·导论篇》,第 167—168 页。

荀子在申论名实关系时，已经说明了此"具体统一之理"形成的根据，即在于"心"的价值判定。其中的关键即在于，"用名"之标准就在于"对心负责"。

从这个向度进一步诠释，唐君毅彰显了"名"中的精神和价值意味。他说："'名之定'乃成为'诸个人之主观精神之求相喻相结，以成为一社会之客观精神'之不可少之资。"① 唐君毅所强调的，是由定名、辨类之思维和行为中所蕴含的主体精神之拓展而实现的沟通事物之间的联系、增强人伦情感和社会政治方面的亲和力和亲切感。"心"在这里不仅具有认识和逻辑的功能，而且是精神、价值的根源，社会文化生活各依其类而发展，即是"心"之价值根源的表现，更是指向"实"和发动行为的动力。"统类心"所包含的知识与价值的统一，揭示出人伦社会的知识与价值之间的内在一致性。

在儒学传统中，"名"本身就是人文社会历史的产物，是社会人伦之理的集中反映。荀子所鄙斥"若夫充虚之相施易也，坚白、同异之分隔"之论，认为这样的论说"是聪耳之所不能听也，明目之所不能见也，辨士之所不能言也，虽有圣人之知，未能偻指也。不知无害为君子，知之无损为小人。工匠不知无害为巧，君子不知无害为治。王公好之则乱法，百姓好之则乱事"②。荀子此说代表了传统儒学不认可为了纯粹的"知"而思考的态度。为了纯粹的认知所进行的努力在传统儒家思想中，被认为是无意义的，甚至是妨碍社会秩序建构，危害社会稳定的。这也正如论者指出的，荀子之"所止"观念，一方面凸显和理论化了孔孟以来儒家的"价值优先"立场，将儒家救世拯民的理想和整顿社会秩序的宏愿表达得急迫而淋漓尽致；另一方面，也透

---

① 唐君毅：《中国哲学原论·导论篇》，第180页。
② （清）王先谦：《荀子集解（上）》，沈啸寰、王星贤点校，第224页。

露出儒家纯知心灵之缺失。① 这是中国传统人文精神中需要科学之"分析的理智"来充分发展自己之处。

对于儒学的这种偏好,唐君毅的基本态度是:"对于中国传统人文精神,忽略科学的知识技术之缺点,我们亦无容自讳。"② 承认中国文化自身的这种不足,是现代新儒学比较理性的表现,既不同于盲目的文化自大,也不会因此而陷于文化自卑。在这种理性态度的基础上,分析科学缺失的原因与影响,是比较客观而深刻的。唐君毅进一步指出:"此缺点之原,一方可说在中国先哲之忽略人之分析的理智活动,即科学知识之体现真理之价值;而另一方亦可说在,中国先哲之尚未能充量的依仁心,以自觉的了解:人之理智活动,及科学知识技术,之导助此仁心以生发成就此世界之大业的价值。由此中国文化缺点所生之弊害,乃愈到后代、乃愈显著。我们今唯由此缺点与弊害之深刻认识,才知科学实为中国文化完成其自身之发展,中国文化理想自身之充量实现,所需要。"③ 在中国社会的发展中,因为缺乏科学思维,出现了诸多弊端,这也是中国文化自身需要补上的短板。

由"统类心"所持之"统类秩序"显发为社会之"统类秩序",关键在于心之主宰如何在具体的事上发挥作用,如何达到"人心原能兼知万物,而又能择一以精于一事,则人之各有所专精之事,更相配合,即人所以组织此人文社会之本"④ 的理想状态。在荀子思想中,这主要通过圣王的礼乐教化来实现。《荀子·非相》有云:"圣人者,以己度者也。故以人度人,以情度情,以类度类,以说度功,以道观尽,

---

① 东方朔:《荀子的"所止"概念——兼论儒家"价值优先"立场之证成》,《河南社会科学》2011 年第 1 期。
② 唐君毅:《科学对中国文化之价值》,载氏著《中国人文精神之发展》,第 129 页。
③ 唐君毅:《科学对中国文化之价值》,载氏著《中国人文精神之发展》,第 129—130 页。
④ 唐君毅:《中国哲学原论·原道篇》卷一,第 454 页。

古今一度也。类不悖，虽久同理。"① 唐君毅在解读这段文献时，指出："此即言人能以己之情，推度人之情。以同类者推度同类者，而能统诸类，得其贯通之理，以古观今，而尽其道。"② 在此，唐君毅用"人"来替代"圣人"，因为在他看来，人都可以有自作主宰的能力，人可以通过"学"成为圣人。

唐君毅认为，在先秦儒学中，《荀子》思想最能体现"人文化成"之义。荀子所讲的"人之欲为善""化性起伪"中，内蕴着从认识上的主宰心到行为上的主宰心的转化，彰显了礼、义的意义，较之孟子之扩充本心，在工夫论上更加严密。荀子尤其强调"礼"的教化意义。他说："虽王公士大夫之子孙，不能属于礼义，则归之庶人。虽庶人之子孙也，积文学，正身行，能属于礼义，则归之卿相士大夫。遁逃反侧之民，职而教之，须而待之，勉之以庆赏，惩之以刑罚，安职则畜，不安职则弃。"③ 从这个意义上讲，所有人都可以通过礼义修养，获得超越血缘的文化身份和社会地位。唐君毅据此认为，"荀子之学与孟子分途之关键，则在荀子虽言天生人，人有其天君之心，然其所重者，只在本此已有之心而用之，以成人之事"④。这里的"本已有之心而用之，以成人之事"，也指出了"文理"必须以"统类心"为根据。

三 "统类心"的形成即"文理"的自觉

荀子"统类心"所彰显的主宰性，并不是直接的道德选择的主宰性，而是通过"虚壹而静"的工夫、礼义规范的陶冶而获得的、主宰人的认知和行为的能力，是价值判断意义上的综合能力。唐君毅认为：

---

① （清）王先谦：《荀子集解（上）》，沈啸寰、王星贤点校，第82页。
② 唐君毅：《中国哲学原论·原道篇》卷一，第488页。
③ （清）王先谦：《荀子集解（上）》，沈啸寰、王星贤点校，第148—149页。
④ 唐君毅：《中国哲学原论·原道篇》卷一，第444页。

"求治去乱之心,亦可说与知物有治乱之心不同,而为另一心。故可分别说。如谓前者为人之仁心,后者则单纯之知识心。单纯知识心之存在,固不涵蕴此人心之存在也。此是自逻辑说。但在实际上,人固俱时有此二心,为一心之二面。在实际上,此二心恒相连而起。"① 从"知类"的理智能力到"见合"和"明统"的主宰能力,经过了一个上升和转化的历程。这个历程,即"虚壹而静"的养心过程。

唐君毅用"虚""静"来说明"见合"和"明统"的前提。《荀子·解蔽》有言:"人何以知道?曰:心。心何以知?曰:虚壹而静。心未尝不臧也,然而有所谓虚;心未尝不两也,然而有所谓一;心未尝不动也,然而有所谓静。"② 首先,"虚"是心能知统类的前提。唐君毅说:"以其心能虚,故能知一类事物之理,又兼知他类事物之理,而综摄之,心乃成能统诸类之心。"③ 其次,"虚"还包含着"藏"的活动。由"虚"而"藏"的过程,即是先综合把握各种具体认知,再进行自我限制的主宰性活动。唐君毅指出:"心之由虚而藏,而不以此一害彼一,以使其对此一与彼一之知,自相制限,更求静以察一;即此心之知中之行,而见此心之能自作决定,而自作主宰。"④ 这种自作主宰之义,实际上是"对于万物各得其位,而通于度上,兼加以综摄统贯之心"⑤。

唐君毅强调,荀子论"心",除了"虚"以知"统类"之外,还有"静"以求"自主"的一面。这是荀子继承了庄子论心之静的思路,并有所发展之处。其中,荀子论心之"静"有与庄子的相通之处,在于承认心有受外物引导而不由自主的一面,故而求静而止其纷乱。

---

① 唐君毅:《中国哲学原论·原道篇》卷一,第465页。
② (清)王先谦:《荀子集解(下)》,沈啸寰、王星贤点校,第395页。
③ 唐君毅:《中国哲学原论·导论篇》,第136页。
④ 唐君毅:《中国哲学原论·原道篇》卷一,第453页。
⑤ 唐君毅:《中国哲学原论·导论篇》,第135页。

此外，荀子论心之"静"，还有主动求自省、自我限制来实现自我提升之义，即有"心者，神之君也，而神明之主也，出令而无所受令；自禁也，自使也；自夺也，自取也；自行也，自止也"①的内容。唐君毅认为，"此求静，即心之自禁自止之事之所涵。而其既静，则又能自使自行，以有所用其心"②。这种"静"，是人自求用心的结果，是"心"之主宰力的一种表现，进而主宰人的意志和行为。对于"虚壹而静"的工夫论说明，则成为唐君毅梳理"心"之明统而主宰自身、主宰人的行为的重要内容。

把"虚"与"静"综合在一起，也就是唐君毅在《中国文化之精神价值》一书中描述中国哲人论述"心"这一范畴时对《荀子》论心的综合概括："一方言其能致虚，以摄受外物之形相；一方即视此心为主动的向外物伸展，而兼知其异，施行一综合的定置作用者。"③ 此"通止于度"而具有"定置作用"之心，是唐君毅从论述心之"统类"向人文社会之"统类"过渡的关键，主要通过对"道"所内具的具体意向而展开，在具体的待人接物中完成。这个过程，是文化理想、价值认知引导行为活动的过程。荀子论述的"统类心"，有促进主体精神转化为客观行为的能力；圣王以其"统类心"为根据，效法天地、先祖、君师制"礼"并通达文理，建立了一个以具有行为动力的"统类心"为根据的、面向人文世界的横摄系统，是荀子思想的根本旨归。在"统类心"的自觉中，人关于个体与社会或个体与类的关系的认识、关于人在宇宙中的自我定位、关于人类未来的价值追求等，都以自觉的方式呈现出来。

在"虚壹而静"的养心过程中，人对于社会人文之理，也会有充

---

① （清）王先谦：《荀子集解（下）》，沈啸寰、王星贤点校，第397—398页。
② 唐君毅：《中国哲学原论·导论篇》，第138页。
③ 唐君毅：《中国文化之精神价值》，第131页。

分的把握。"统类心"形成的过程，也即"文理"自觉的过程。"统类心"本身就包含着"养心"的工夫，"虚壹而静"的养心过程，也是修身和为学的过程。在唐君毅看来，荀子养心，"要在养得清明不偏倾，自正置，以对一一之物，更分别察之，而兼知之，求兼成之，以兼物物之道心"①，"要在念念积累，以使之趋于坚固"②，以成就一个"文理之心"。在"人心"与"人道"的共同作用下，人有其当知当行之人事。唐君毅指出："此道初在此主客内外之中间，而为人心循之以通达于外，以使人心免于蔽塞之祸者。故此道在第一义，初当为心之道，在第二义方为心所知之人文历史之道。"③"心"作为"人之欲礼义、行礼义、造礼义之积思虑习伪故之心"④，"乃恒对其所欲转化之现实生命状态以存在"⑤。"心"知"人文历史之道"的过程，即"心"首先需要向内自知其自身，然后要向外关联，进入人文世界，实现天人、物我、古今相贯通。这即是荀子"文理"本于"统类心"的逻辑进程。

经历了"虚壹而静"的养心过程，荀子所论的"统类心"，成为"文理"的根源。唐君毅认为："荀子言心之'虚静'之工夫，必与'壹'之工夫相连。而荀子之虚壹而静之工夫，则又不只成就一个灵台之光耀，且为本身能持统类秩序，以建立社会统类秩序，以成文理之心。"⑥ 这种讨论，既探讨了人文化成的人心依据，又在心性之学的脉络下彰显了荀子思想在人文价值方面的意蕴。具体而言，"文理"本于"统类心"的说明，既包含文理之分别义与"知类心"的相契，也包

---

① 唐君毅：《中国哲学原论·原道篇》卷一，第459页。
② 唐君毅：《中国哲学原论·导论篇》，第141页。
③ 唐君毅：《中国哲学原论·原道篇》卷一，第446—447页。
④ 唐君毅：《中国哲学原论·原性篇》，第70页。
⑤ 唐君毅：《中国哲学原论·原性篇》，第70页。
⑥ 唐君毅：《中国哲学原论·导论篇》，第132—133页。

含文理之总持义与"知类见合心"("明统心")的相合。

不同于牟宗三由"正名"思想中之"逻辑心灵之发展"[①]、徐复观以"虚壹而静"之"认识心"[②]来定位荀子对中国文化的贡献,唐君毅通过对荀子"统类心"的论述,强调了"心"的认知向度和价值评价功能的统一,肯定了荀子思想的人文价值,实际上代表了新儒学在心性论的脉络下探索荀子学说之积极意义的努力。正如有论者所指出的:"唐君毅先生以统类心解荀子之心,其实远较一般的认知心之说来得合理。由于认知中有定位的作用,所以大清明心扩充至极,整体的自然界就有了重新塑造的构造,失序的混沌因此也就变为可以理解的秩序,这显然可以比配造化的创造。……在荀子的大清明心的重新定位之作用下,人身的一切也会从自然的状态中获得改变,成为理想模式。荀子的准'践形'理论和孟子学派的所以不同,我们可以这样说:孟子学派的是'由内往外,心气不断流行渗化,至终于转化为人的存在';而荀子则强调大清明心对人身的认知、主宰、重新定位,人的自然之身因此可转化成符合道德的一种模态。"[③]

"文理"作为人伦社会的根据,要在"统类心"的主宰下践行。荀子肯认各种类概念都蕴含着价值意味,表现人的精神和意志,并因此而有价值之高下。价值差等是诸不同之类整合的内在根据,人自觉地由此理而行,即可做出恰当的行为。唐君毅指出:"荀子言学,以圣王之道为至足。然此所为至足,乃自其不同于'人对万物之知,殁世穷年不能遍',而是一人可于此得其止息,而可知可行道之言。人能止于其所以自待,及待与之有人伦关系之人之道,人即当下有所止,而

---

① 牟宗三:《名家与荀子》,(台北)台湾学生书局1985年版,第193页。
② 徐复观:《中国人性论史·先秦篇》,(台北)商务印书馆1969年版,第240页。
③ 杨儒宾:《儒家身体观的原型——以孟子的践形观及荀子的礼义身体观为核心》,载李明辉主编《孟子思想的哲学探索》,(台北)"中研院"中国文哲研究所1995年版,第51页。

有其所自得自足者在。故人时时知此道,时时行此道,人即步步有所止,步步有其所自得而自足者,故曰至足。"① 在唐君毅看来,与孟子之"即心言性"不同,荀子分裂"心"与"性",赋予心自作主宰的能力,并强调"礼"在人之实践中"化性起伪"的功能。唐君毅认为荀子之"统类心"能知人伦、人文之道之全,能知人类历史文化相继相续之全,故而在荀子处是"以心主生""以心主性",强调了人必须依赖现实自然生命的变化来实现对道德人文理想的追求。

四 荀子"统类心"缺乏超越的反省

唐君毅立足于孟子思路,把荀子论心的思路描述为"自外观人心",即"非在自己的道德修养之历程中,直接自内观此心之性",而"自居于道德修养历程之外,视他人与自己之心,为一客观所对,而就其与所对治之性情之恶之力量之大学之关系等,而平观其可中理合道,亦可不中理合道之谓"②。"在心外观心,正以其所谓心,乃以智为主。智之为智,即可宛若自立于此心外,以观此心与其外者之关系。而智之为智,亦本为照烛此心外之物者。则只依智观心,必不免将心与其外之人性之恶之关系,相对而观,而心亦终只是一可以为善以去恶者,不得为实善者也。"③ 缺乏对"心"的超越的思考,不能承认"心"之本善,是唐君毅认为荀子之"统类心"的根本不足之处。

在唐君毅看来,荀子思想中的"统类心"虽然具有价值统领的能力,但始终只是"向善",而并非"本善"和"必善"。之所以如此,"非因荀子不重道德修养之工夫,而是因荀子对其修养工夫之所以可

---

① 唐君毅:《中国哲学原论·原道篇》卷一,第477页。
② 唐君毅:《中国哲学原论·原性篇》,第74页。
③ 唐君毅:《中国哲学原论·导论篇》,第140页。

能，尚缺乏一超越的反省"①。这表现为"荀子终未能自反省：此求有诚固之德之心，求使此'心之不中理合道成为不可能'之心之自身，为何种之心？亦未尝试思：如此如此之心之性，是否为定然必然之善？若其思之，则荀子亦终将谓此心为定然必然之善也"②。这种"反省"，需要通过"超人文"的思路来进行。因此，唐君毅认为荀子所论的"统类心"，只是人文领域的思考，不足以成为文化的全部根据。

在唐君毅的思路中，荀子思想中的"心"经由知"道"而向善，本身即是一曲折。从义理上讲，"性伪所结成之对较反照关系，实即在人之虑积能习所依之礼义文理之理想，与此理想所欲转化之现实间之一对较反照关系。唯人愈有理想，乃愈欲转化现实，愈见现实之堕性之强，而若愈与理想成对较相对反；人遂愈本其理想，以判断此未转化之现实，为不合理想中之善，为不善而恶者。故荀子之性恶论，不能离其道德文化上之理想主义而了解"③。从实践上讲，"由心知统类，加以实践，斯有善行；而心实不能直欲为善，而只能直欲求知道。故说心欲为善是间接说，而非直接说"④。这种曲折，是唐君毅认为荀子思想尚有不足的一个方面。

从"性"而言，唐君毅认为"荀子之言性恶，惟在性与礼义之对较关系中言之意，亦最显。人之欲为善，正孟子所持之以言性善者。如由人之能欲义甚于生，即孟子之所以证性善也。今荀子乃谓人欲善，即反证人初之无善。然此无善是否即为恶，则大有问题"⑤。这也导致人文统类的终极根据未能在荀子思想中确立，需要把孟子的德性心与

---

① 唐君毅：《中国哲学原论·原性篇》，第75页。
② 唐君毅：《中国哲学原论·原性篇》，第75页。
③ 唐君毅：《中国哲学原论·原性篇》，第67页。
④ 唐君毅：《中国哲学原论·导论篇》，第140页。
⑤ 唐君毅：《中国哲学原论·原性篇》，第69页。

第五章 "知理践理原于心"的文化动力论

荀子的"统类心"综合在一起，才能更好地说明文化的根源和动力。统合孟荀，成为唐君毅进一步说明人类文化的根据的一个着眼点。

这也导致，唐君毅判定荀子不如程朱的原因在于荀子不能从根本上承认心性之善。"程朱之以理为性，即心之理善，以言心之性之善之说，而为荀子之所未能及。荀子之所以未能及此，则由其于虽知理之重要，然只知理为心之所对，心之'所知'与'所中'；而不知：此'求知理中理'之本身，正为此'心之理'；此为心'所中''所知'之理，亦为此心所有之'求知理、中理'之'心之理'之所摄，此'心之理'即'心之性'。荀子亦未知此心之有'求知理中理'之'心之理'、'心之性'，即此心之自求历其危，而达其微之理之性；此理此性，固必当为善者也。"① 正因荀子思想在根本上有此不足，才需要重新确立德性心的根本地位，坚定心善性善的本然意义。从这个意义上讲，唐君毅做出了"程朱之论，盖亦正每为人之由荀子之论，再转进一步，以重引入孟子性善之论，所宜经之一论也"②的判断。

唐君毅通过荀子思想展开的"文理"与"统类心"关系的说明，彰显出礼乐文化中"智"的一面，以及"智"必须通向"善"的方向性规定。重视"善"在客观知识的理解和运用中的基础地位，是唐君毅把荀子纳入心学体系的一个重要标志，也是唐君毅圆融哲学史上各家思想的一个表现。唐君毅更强调从价值之心、意志行为心来挖掘荀子思想的深刻内涵。他对于"统摄"能力的强调，是对于心之主宰力的说明，也是对于荀子论心不同于庄子的强调。

"文理"本于"统类心"的思路，体现出"由外养内"的特点，"文理"既是"统类心"清明自持的依凭，又在"统类心"主导的工夫修养中被人所深知和坚持。由"养心"来说明心的主宰和向善，进

---

① 唐君毅：《中国哲学原论·原性篇》，第76页。
② 唐君毅：《中国哲学原论·原性篇》，第76页。

而说明"心"在社会人文生活中的动力意义,是唐君毅援引荀子思想来说明心学的一种努力,也是对唐君毅文化哲学的基本内容的丰富。但是,荀子之"统类心"终究是"自外观心",与本善之心存在着一定的间隙,难以成为社会伦理政治的最终依据和动力,需要对本善之心进行更加全面的说明。

第三节　整合孟子和荀子深化文理与心的关联

在唐君毅看来,人心最主要的方面依旧是道德主宰方面,故而,以"统类心"来理解"文理",必须转化到以孟子之"德性心"(也可称为"性情心")为基础的心性之学的脉络下来理解"文理"的根源,从超越经验世界的总体性上说明"心"的主宰意义。《礼记·礼运》和《礼记·乐记》中的相关内容,正是这方面的说明。唐君毅指出:"礼记之礼运,则为专论能表现人之德,与养人之德之'礼'之运行于天地鬼神山川与万物中、及古今历史之世界之著。乐记则为论礼乐之道之兼为人生伦理政治之和序之道,亦为天地万物鬼神之和序之道之著。此二文可称为文化哲学与形上学之和合,其规模亦甚弘阔。"[1] 从"大同""小康"的分析中,唐君毅指出"礼义"是人们"天下为公"理想实现的现实途径,而《乐记》以"心"为乐的根据,较荀子以情言乐更为完备。因为"以心可包情性,而通于所知所感之物,而情则不必包括心性与所知所感之物也"[2]。说明礼乐与"性情"的关系,也是对于"文理",即社会仪文根据的一种不同于荀子的解释,并具有整合孟子、荀子相关思想的内容。

---

[1] 唐君毅:《中国哲学原论·原道篇》卷二,第94页。
[2] 唐君毅:《中国哲学原论·原道篇》卷二,第124页。

一 孟子"德性心"之证立

现代新儒家学者一般认为,"性理"亦即心性之学,是宋明儒学中最重要的内容,其特征在于连及天理,其指涉者,在于人生行为的当然之理、道德实践所以可能之先验根据,却也存在或多或少的争议。心性论可以溯源于孟子之心性思想,唐君毅把它概括为"即生言心"以论性,并认为孟子所讲的"心"是"德性所根而涵性情之心"。

在中国哲学中,"性"本身即与"心"密切相关。唐君毅指出:"中国文字中之有此一合'生'与'心'所成之'性'之一字,即象征中国思想之自始把稳一'即生命与心灵之一整体以言性'之一大方向;故形物之性,神灵之性,皆非其所先也。……'生'以创造不息、自无出有为义,心以虚灵不昧、恒寂恒感为义。……生必依心,而其生之'有'乃灵;心必依生,而其'感'乃不息。生依心,故此心即心之所以为生之性;心依生,而生亦即心之所以为心之性。"[1] 唐君毅对于"生"与"心"一体相连的解释贯穿在他的整个思想中。

其中,"生"作为一种创造力,是一种自然而然的能力,不仅自发,而且自主;"心"作为主体性存在,以"生"为主要内容。"生"与"心"共同构成了创生、生生的原则。具体而言,"此自由生化之原则,非依附于物之一个体之力量,亦非依附于一个体之任意之意志,而是依附于个体所得于天之生生之几、生生之理,亦即个体之能贯通他物之德量。个体之德量,由其与他物感通,新有所创造的生起而显;亦由时时能自觉的求多所感通,求善于感通,并脱离其过去之习惯之机械支配,及外界之物之力之机械支配,而日趋宏大"[2]。"生"与

---

[1] 唐君毅:《中国哲学原论·原性篇》,第13页。
[2] 唐君毅:《中国文化之精神价值》,第88页。

"心"的这种内在关联,即通过"性"来表达。唐君毅以"情之生"和"心之生"为"性"的主要内容和基本思路,是基于中国哲学自身的传统所做出的总结,也是唐君毅从训诂与义理并重的角度得出的结论。

孔子"罕言性与天道",在人性论上仅仅给出了"性相近也,习相远也"①的判断,儒家心性论的具体说明主要由孟子开启。唐君毅用"德性心"来总结孟子对"心"的说明,并以"即生言心以论性",强调"性善"是孟子论心的旨归,也是儒家心性论的本根。唐君毅指出,孟子所论之心,"乃一涵恻隐、羞恶、辞让、是非之情,而为仁义礼智之德性所根之心。此为德性所根而涵性情之心,亦即为人知德行或德性之原,故又可名为德性心。名之为德性心,亦即表示其为具道德价值,而能自觉之之心,而非只是一求认识事实,而不自觉其具道德价值之纯理智心、纯知识心也"②。这与牟宗三"仁义内在,性由心显"的论证思路具有一致性,又契合熊十力论"心"的刚健、创生思想。

唐君毅系统考察了孟子思想在中国哲学史上的阶段性影响,称之为"孟学之三大变"。具体而言,一是"赵岐之自羽翼五经,推尊孟子"③,二是"宋儒之自孟子之言性善言本心,以推尊孟子"④,三是孟子"民贵君轻"的思想,"为明末之大儒,如黄梨洲等所重;延及清末,而为其时之言变法革命者所重,……民国至今,一切反专制集权之思想,皆有此孟子民贵之义为其本。自此民贵之义,推尊孟子"⑤。通过这种思想史的梳理,呈现出了孟子思想的多面性。

---

① 杨伯峻:《论语译注》,第179页。
② 唐君毅:《中国哲学原论·导论篇》,第95页。
③ 唐君毅:《中国哲学原论·原道篇》卷一,第214页。
④ 唐君毅:《中国哲学原论·原道篇》卷一,第214页。
⑤ 唐君毅:《中国哲学原论·原道篇》卷一,第213—214页。

第五章 "知理践理原于心"的文化动力论

进而，唐君毅提出"孟学之精神或孟子之道其核心果何在，则亦尚待于更加考究"①的问题，并把孟子之学的基本内容概括为"兴起一切人之心志，以自下升高，而向上植立之道"②。具体来说，"孟子之言人性之善，则下在使人自别于禽兽，上则在使人由自兴起其心志，以为圣贤；……为政则重在以天下为己任者，自兴起于草野之中，更升举于上位，以为民望"③，是"立人之道"，从兴起人的心志、行为中，把"心"的创生意义彰显出来。

概括而言，唐君毅以"即生言心以论性"说明孟子思想中的"心"，主要有两条线索，一是从"情之生"的角度看，恻隐、羞恶、辞让、是非之情感之"情"，与仁、义、礼、智之德性之"性"本无区分；二是从"心之生"的角度看，通过心的未来发展、心之扩充来指正人具有不断为善的能力。唐君毅从"无所为而为之心之直接感应"和"心之直接安处悦处"说明"性善"是"德性心"（性情心）的原始相貌。在他看来，孟子所论之"德性心"中的性与情、才并没有内外之别；与"情才"相对的"性理"，是后起的，是"程朱诸儒对孟子所言重加一反省的追溯，依概念的分解而生之论。直就孟子之所言而论，心之性与情才，并无明显之内外之别，而初是即心之情之生而俱见"④。唐君毅的这种解释，主要依据《孟子·公孙丑上》中关于"不忍人之心"的论述。在"乍见孺子将入于井"这一具体境遇下，唐君毅用心之"感应"和"呈现"描述了孟子思想中道德发挥作用的过程。有论者指出，唐君毅的这种解读，"已经掌握到儒家讨论的'心'所具有的一种'在世存有'的性格。也就是说，'心'的呈显、

---

① 唐君毅：《中国哲学原论·原道篇》卷一，第214页。
② 唐君毅：《中国哲学原论·原道篇》卷一，第214页。
③ 唐君毅：《中国哲学原论·原道篇》卷一，第214页。
④ 唐君毅：《中国哲学原论·原性篇》，第47页。

发用，都必然是在一'具体的''情境'或'脉络'中，将'心'从其'具体的实践场所'抽离出来的任何讨论，都是不适当的"①。

就"心之直接感应"而言，唐君毅说明了"德性心"的现实指向和超功利性质。他说："此心初乃一直接面对人物而呈现出之心，初非反省而回头内观之心。……此中，心与事互相孚应，全心在事，全事在心。……心在事中，则心是向其他人物。心向其他人物，心便放平，自然无放失与矜持之病。……我自己之尽心，即将外之人物涵摄于我心之内。……此一直充达此心，充类至尽，便可说'万物皆备于我'。"② 在心对物、事的感应中，心与物、事完全交融。同时，心向外感应于物、事的活动，本身并没有目的性、功利性的预设，以"心"直接面向"事"本身而产生恻隐、羞恶、辞让、恭敬、是非之德性基础的可能性与现实性，彰显了德性超越血缘、身份限制而具有普遍性、公共性的内容。唐君毅指出："只有不是为满足吾人原先之'所为'，而直发之感应，乃可见人之本心。而此处之感应，即皆为无私的，公的，恻隐、羞恶、辞让、恭敬、是非之类。"③ 这种解释，超越了以血缘亲情为基础的仁爱解释向度。尤其以"无所为而为"，又提示出"恻隐之心"的非功利性。

从"心之自安自悦处"引申，唐君毅彰显了心之主宰性和自律意义。他认为："孟子之讲性善，一方是就上述之无所为而为之心之直接感应上指证，再一方则就心之直接安处悦处指证。此安或悦，亦不须是与其所不安处不悦处相对而后见者。如孟子由礼义之悦我心，以指证人之好善，人心之性善。……此自好自悦，乃一绝对之自好自

---

① 袁保新：《对当代几个重要的儒家道德学诠释系统的分析和检讨》，载袁保新《从海德格、老子、孟子到当代新儒学》，（台北）台湾学生书局2008年版，第219页。
② 唐君毅：《中国哲学原论·导论篇》，第102—103页。
③ 唐君毅：《中国哲学原论·导论篇》，第98页。

悦。……此时乃心在悦中，悦在心中，心在好中，好在心中。此方是性情心之原始之相貌。孟子之由心之悦好善，以指证心之性善，实乃直契孔颜乐处，以言性善。"① 唐君毅的这种分析，旨在强调心善与性善所具有的动力意义，是以"乐"为底色的；以"乐"为底色的动力，更加具有持久意义。而"绝对之自好自悦"，具有了超越现实的本源性特点。

"德性心"存在于人的心灵活动之中，由具体情境引发其具体呈现，是一个应然性、超越性的存在，不能作为一个对象性的实然存在来把握；德性心的自悦自安就是其存在的证明，不需要外在的证明。唐君毅说："此德性心，在其自悦自安，而无间充达之历程中，乃永不能化为对象者，即此处根本容不下问：依何理由，或为甚么而要有此仁心之问题。其有，为超理智之上之有，亦为超一切知识上之理由者。其当有，在此德性心自悦自安，已足完全证明，另不须外在之证明。"② "德性心"的这种存在方式，为唐君毅坚持以"自觉力"释"心"，说明"自觉力"的根据，提供了中国哲学的资源。

"自生"是唐君毅对孟子所论的"德性心"之根本特点的概括，强调心在自我呈现的过程中所表现出的自向性。唐君毅指出："孟子之所谓心之由感而应之中，同时有一心之生。心之感应，原即一心之呈现。此呈现，即现起，即生起。然此所谓心之生，则是此心之呈现中，同时有一'使其自己更相续呈现、相续现起生起，而自生其自己'之一'向性'上说。……心能自向于其相续生、相续长，以自向于成一更充实更扩大之心。简言之，即心之自向于其扩充。由心之此'自向'，即见心之性。"③ 通过"生"之起点的绝对性和过程的丰富性说

---

① 唐君毅：《中国哲学原论·导论篇》，第98页。
② 唐君毅：《中国哲学原论·导论篇》，第112页。
③ 唐君毅：《中国哲学原论·原性篇》，第47页。

明孟子"即生言心"以论"性"的多元向度,"德性心"的内容也具有多样性。

整体而言,唐君毅认为孟子之"德性心"虽然抓住了"心"之根本,但仍然需要不断丰富和发展,与墨子、庄子、荀子思想不断融合。他说:"孟子所言之德性心或性情心,为吾人之本心所在。然孟子之所言,若不经大学中庸及宋明理学家之发挥,尅就孟子所明言及者而论,则其与他家所言,实各有所见,亦互有长短,尚不足以全使他家相服。"① 如何更加全面地说明"心"的丰富性,是说明"心"作为社会人文之理的动力必要环节。唐君毅文化哲学的进一步追问,也在他对中国哲学的圆融式解读中走向深入。

二 《中庸》以"合道之德性心"综合孟荀

唐君毅用"即性言心"来说明《中庸》的心性思想,彰显其言心本于孟子,言工夫则统合孟荀的思想史特点,并强调这是社会、人心所面对的问题复杂化的结果。根据哲学问题意识的演变,唐君毅认为《中庸》的成书年代应当在《荀子》之后。原因在于,"今观中庸之言性,更可见其为能释除庄荀之流对心之性之善之疑难,以重申孟子性善之旨,而以一真实之诚,为成己成物之性德,以通人之自然生命、天地万物之生命、与心知之明,以为一者"②。

"诚"是《中庸》的核心,存在着本体论和工夫论的双重意义。唐君毅认为,《中庸》所论之"诚",与孟子、荀子所分别讨论的"诚"具有很多相通之处,同时也有自身所特有的内容。他说:"中庸言诚之语,多同孟荀言诚之义。然孟荀皆未尝以一诚,统人之一切德行而论之。……一切天人之道,皆以一诚为本,而后能贯彻始终,以

---

① 唐君毅:《中国哲学原论·导论篇》,第94页。
② 唐君毅:《中国哲学原论·原性篇》,第77页。

有其成功。故曰诚者物之终始，不诚无物。此则孟荀所未言。"① 因此，"诚者物之终始，不诚无物"是唐君毅在说明《中庸》思想时非常重要的切入点，尤其重视它与"天命之谓性，率性之谓道，修道之谓教"的关联和互诠。

唐君毅说："以中庸之言天德之诚，天命之性，本是由人心之能自诚而见。故此人之自诚之工夫，亦即自始为在人自己之内心深处，自承天德之命，以自命自令，而自率其性，自修其道之工夫。中庸言诚之工夫，一面是直道而行的顺天德性德之诚，以自然明善而成己成物之工夫，其极为不思而中，不勉而得，从容中道之圣，为'自诚明，谓之性'，言直率此性，便是道也。一面为致曲的，于善与不善或恶之间中庸与反中庸之过不及之间，择善择中庸，隐恶扬善，固执善，惟恐陷于过不及或小人之无忌惮之戒慎工夫。此即吾人之由明以求自诚之事，为'自明诚谓之教'，修此道以为教也。"②

唐君毅用"即诚言性""即明言心"来概括《中庸》里的"心"和"性"，提出对《中庸》的整体把握，并说明其思想史地位，"中庸之思想，正宜谓为本孟子之性善之旨，合荀子所谓心之能自令自命之义，以成'自成'、'自道'之诚，而又化孟荀以来自工夫义之诚，为兼通性德与天德人道与天道之本体之诚所生之思想"③。从文化哲学的角度看，"诚"既是本体，又是工夫；既可以回应从道德理性的角度讨论文化根源、文化动力的理论追问，又可以深化人文化成、文化教化层面的反思。

首先，唐君毅从工夫论的层面，说明"诚"在孟子和荀子思想中的基本内容和主要差别。"反身而诚"在孟子的思想中，具有工夫论的

---

① 唐君毅：《中国哲学原论·原性篇》，第77页。
② 唐君毅：《中国哲学原论·导论篇》，第151页。
③ 唐君毅：《中国哲学原论·导论篇》，第150页。

意义。其具体方式是专心于当下的情境、事态中，生发不忍人之心，顺着不忍人之心来尽心成事。这是一种"只在一当前能使心与事相孚，全幅精神在事上"①的工夫，"此尽心处便是诚。此诚，初不与伪妄对"②。从荀子思想来看，"诚"的工夫意义主要通过克服现实中不合理的行为来体现。唐君毅说："荀子言性之恶，并知人心之危，道心之微，人心可中理可不中理，可合道亦可不合道，而见守仁行义之不易，遂特重诚固之工夫。中庸之言不诚无物，则使人警惕之意益深。"③ 孟子和荀子思想中"诚"的工夫结合在一起，即奠定了善善、恶恶的整体规模。《中庸》则把工夫论中对于不合理、不中道的内容进一步推向深入。

在此基础上，唐君毅提出："人能思及并论及诚之重要，而专以之立教，盖亦必由人既知从事种种德行之修养之后，同时见及其中恒不免于夹杂，而有非德行中所当有者间之，致其德行乃断而不续，既有而终归于无，方知此立诚之重要；并知诚与不诚，乃为一切德行之死生存亡之地，而不可不以之立教。故此立诚之教非圣贤之'始教'，而为其'终教'。"④ "诚"的工夫论意义被凸显出来。

接下来，唐君毅认为，"诚"从工夫义衍生出本体义，是以"诚"统一切德行为基础的。他说："诚之所以能统一切德行者，由一切德行，无论如何相差别，然要必纯一无间杂而后成，亦要必继续不已而后成。此求纯一无间杂，求继续不已，即诚之之道。人而能诚，即为有诚之之德者。"⑤ "诚之之德"是建立在工夫基础上的德性，具有了超越一切具体德行的总体性含义。而这种总体性意义的"诚"，是人最

---

① 唐君毅：《中国哲学原论·导论篇》，第104页。
② 唐君毅：《中国哲学原论·导论篇》，第104页。
③ 唐君毅：《中国哲学原论·原性篇》，第77页。
④ 唐君毅：《中国哲学原论·原性篇》，第77页。
⑤ 唐君毅：《中国哲学原论·原性篇》，第78页。

第五章 "知理践理原于心"的文化动力论

为根本和真实的"性"。他说:"唯此人之能自诚之性或性德,乃为吾人真正之性。此真正之性,乃不只能表现为德行,使德行生发,亦为能去除间杂,使德行相续,而使行为纯一不已之德行,而得完成者。亦唯因此性德,能去除间杂,使德行相续,而后可见其为绝对之真实、绝对之善;方可言人只须率此性,即是道,人欲成道成德,亦除率性以至于尽性以外,更无他事。"①

唐君毅在解释《中庸》"诚者自诚也,而道自道也。诚者物之终始"时,认为"此处之言德性心之诚,与道之自成自道,即入于作圣之工夫之最鞭辟入里处……中庸之此义,正为先秦孟墨庄荀言心性之学之结穴处。此乃一方发挥孟子一路心性之学至极精微之境,一方亦即足销融他家对心性之善之疑难者"②。唐君毅指出:"儒家之大学言心,中庸言性,则盖为孟子之流,经道家及荀学之流激荡,而重本心性之善之旨,以通天道人道内圣外王之道。是见先秦儒家心学之极致。"③孟子所言之德性心,并没有善恶、习心与本心的区分。后世儒者对"德性心"的丰富和发展,即是沿着区别善与恶、习心与本心、人心与道心的理路进行的。这是心性之学不断完善的过程,也是反省工夫逐渐凸显的过程,以《大学》和《中庸》为关键,至宋明理学而成熟。在这一整体过程中,唐君毅区分出两种发展思路,分别为《大学》《中庸》论"心性",以及《易传》《礼记·礼运》言"心性"。他说:"易传、礼记之礼运,乐记等篇之言及心性,则要在通之于人类文化之原,天地乾坤之道以为论。此乃儒家思想之致广大,而足涵盖道家之义。"④

---

① 唐君毅:《中国哲学原论·原性篇》,第79页。
② 唐君毅:《中国哲学原论·导论篇》,第154页。
③ 唐君毅:《中国哲学原论·导论篇》,第91页。
④ 唐君毅:《中国哲学原论·导论篇》,第91页。

上述两条思路中，前者是先向着形上化、内在化的方向深化心性之论，确立人性之大本，再论说人伦社会的治理方式。后者则直接着眼于从人类文化的多元表现、人类文化的根源，来思考人心人性与天地之道的关系。结合唐君毅以"道德理性"论文化、以"人文化成"论文化的两条思路来看，前者由孟子"即心言性"的思路扩充而来，后者则以荀子"以心主性"的思路为中心展开。"荀子之只言治心养心之工夫之历程，而终不言心之性善，即见其言心之异于孟子者，乃在其不似孟子之直下以人之当下所表现之德性心为心，而即此心之情之向于善者，以见其性之善；乃由此心之不必然能得其所向，而不言其性之善。"[1] 可以说，唐君毅对于中国哲学史上论"心"的两条思路的提示，与他的文化哲学中道德理性由内向外的展开、"人文化成"由外向内的陶养两个角度进行的梳理，同时也是结合中国传统哲学的资源，丰富其文化哲学研究。

唐君毅由《中庸》"天命之谓性，率性之谓道，修道之谓教"以及"诚"的解释展开，通过"心"之"自命"，开辟了一个"横通内外，纵通上下"的"中庸之道"，充分发掘中国传统哲学的义理来说明"心""理"在文化中的动力和根源意义。

三 《礼记》对礼乐根于性情论的综合说明

《礼记》也是唐君毅说明"文理"的主要依据。唐君毅认为，《礼记》的成书，整体上晚于荀子，基本主旨是"大皆七十二子之后学，于秦汉之际，居潜龙勿用之位，上承孔孟荀之学，更尊其所闻，加引绎贯通之述作，意在守先待后以立教，亦非意在佐治于当时者"[2]。《礼记》中对于礼乐、性情关系的讨论，综合先秦、下启汉代，趋于形

---

[1] 唐君毅：《中国哲学原论·原性篇》，第73页。
[2] 唐君毅：《中国哲学原论·原性篇》，第108页。

第五章 "知理践理原于心"的文化动力论

成对礼乐根源的整体性看法。《礼记》对于礼乐根源的讨论，从大方向上看，是立基于孔孟的"性情"论，以弥补荀子以性情为恶所导致的"文理"外在于"性情"的弊端。

唐君毅认为，以人性人情为礼乐的根源，是孔子时就开启的儒学基本思想，"儒家之言礼乐，自孔子起，已不以玉帛钟鼓为礼乐，而以仁为礼乐之本"①；孟子和荀子也承认礼乐源于人情，但孟子认为礼乐是在性情的直接推扩中产生的，荀子却认为礼乐产生于矫情化性的社会治理需要。"孟子更自人之不忍其亲之委于沟壑，以言葬礼之源；又以人之乐而不可已，以言乐之源。孟子以人心之性情为礼乐之本，即所以答墨子一派以礼乐为无用之疑。后之荀子，虽别心于性情，亦承此意而言礼乐之源于人情者。……然荀子于性恶篇，又言人之性情，离礼乐文理，必趋向于恶。其礼论篇虽不言性恶，仍言'无性则伪之无所加，无伪则性不能自美'。此即谓只有情之本始材朴，不足以成礼义文理，此礼义文理为自外加于性之上者。"② 唐君毅从《礼记》中的"性情"思想与孟子、荀子思想的比较中，对于礼乐根源于性情进行了论证。

从对于"性情"的态度上看，唐君毅认为，荀子以性情为恶，而《礼记》对于性情并无贬义，并能直就人心人情来论礼乐的根源，与孟子相通。《礼记》中有《问丧》《祭义》《乐记》等篇，能够"直谓由人心之表现，即有声之相应，变之成方，以有其节奏；人之自然的情感，即自然表现为音乐中之情感。即大不同于荀子之只言音乐与节奏等，纯由圣王自外定者，以感动人心者矣"③。"此礼记诸篇之谓礼乐之节文，初原自人情，则又正为与孟子言乐之有'手舞足

---

① 唐君毅：《中国哲学原论·原性篇》，第 97 页。
② 唐君毅：《中国哲学原论·原性篇》，第 97—98 页。
③ 唐君毅：《中国哲学原论·原性篇》，第 100 页。

蹈'之节奏，原于人之'乐生'之'不可已'，而为其自然表现之旨相通者也。"①

从"礼乐"与"性情"的关系建构来看，荀子只以礼乐养性情，强调自外养内的工夫，而《礼记》中既包含了荀子的思路，又有礼乐源于人情的说明，是对孟荀的综合。"礼记中若干篇，言人情为礼乐之源，其进于荀子者，即在荀子之思想中，礼乐虽亦原自人情，然此人情只为一原始之朴质。圣王所制礼乐之节文，则为对此朴质外加之形式，对此人情与以文饰，而亦养之，以维系其存在者。此固非无所见。然荀子未尝及于人性情之表现，亦可自有其自然之节奏、段落、方式，以成此礼乐之节文之处。礼记若干篇，其论礼乐之原于人情，则正多本此后义而说。"②

从"性情"与"人文化成"的关系上看，唐君毅认为："礼记之论礼乐之原，皆直在人文之始创处立根，以见此礼乐之文制始创，乃纯出于人情之自然。是皆所以见此礼记诸文，不同于荀子只自后王之制礼作乐处，言礼乐之源，只知礼乐之为圣王所制以变化人情者，而不知礼乐之本于人原始自然之情者矣。"③ 同时，《礼记》又能"重君子圣人之成就此礼乐教化之德之功，与礼乐之管乎人情，为人情之防之义"④，把荀子的对于圣王、教化的作用也纳入其体系，既有以内在性情为根基的人文反思，又有从外在的历史文化涵养人文教养的思考。《礼记·礼运》中以孔子之名做出了"夫礼，先王以承天之道，以治人之情"⑤的判断，就是对荀子思想中先王制礼以承天道、治人情的采纳。尽管人情是对治的对象，也构成"礼"的一个来源，但仅仅以天

---

① 唐君毅：《中国哲学原论·原性篇》，第100页。
② 唐君毅：《中国哲学原论·原性篇》，第99页。
③ 唐君毅：《中国哲学原论·原性篇》，第100页。
④ 唐君毅：《中国哲学原论·原性篇》，第101页。
⑤ （清）孙希旦：《礼记集解》中，沈啸寰、王星贤点校，第585页。

道、先王来说明"礼"的根据,终究是从个体之外立论,这对于教化的顺利推行是不足够的。从人性人情中寻求礼乐的根据,是推行现实教化的内在保证。

综合而言,唐君毅强调,"礼记之为书,乃兼具孟荀之旨"①。在唐君毅看来,说明德性与情的关系,是说明德性与礼义关系的重要环节。"何以德性之必见于情,为君子之所以对礼乐有所述作之关键之所存?此即因礼乐原为人情之表现。苟无德性之见于情,则无充盛之情之流行;无充盛之情之流行,即不能有此礼乐之表现,人亦可不要求有此表现也。"②

通过人的情感来确立人在生活中的真实感与愉悦感,通过人与天、地、人、物的生命感通来提升人的生命意义,以礼乐教化为桥梁,以身载道的文化精英与普通民众形成良性互动,使儒学的核心价值理念持续影响整个传统社会,是儒学日常生活理论的特质之所在。唐君毅从日常生活现代化的角度推动儒学的现代发展,重视历史文化对人的陶养作用,促进道德理性的全幅实现,代表了这位"文化意识宇宙之巨人"③最深挚的愿望。

第四节 "性理"本于心的总结证明

以《论语》《孟子》《大学》《中庸》《易传》为义理根据的宋明心性论,突出"理""气""心""性"等观念,把传统儒学推向形上化,重新表达"内圣外王"的文化理想,本体和工夫一并具备的程度

---

① 唐君毅:《中国哲学原论·原性篇》,第101页。
② 唐君毅:《中国哲学原论·原性篇》,第103页。
③ 牟宗三:《文化意识宇宙的巨人——哀悼唐君毅先生》,载《唐君毅全集》卷三十,(台北)台湾学生书局1991年版,第24页。

也加深了。宋明理学的"心性"论，强调性、情二分，与之相应，"理"、"气"亦二分。在唐君毅看来，这是在孟子开启的心性论上的一种重要的转折，也是心性论不得不经历的发展历程。唐君毅认为，儒学以德性心为内圣之学的根基，是《中庸》奠定的。"由中庸所言之德性心或性德，能自保自持，以自成自道，故可为儒家内圣之学，奠立不拔之基。由此性德之充于内而形于外，故可以行天下之达道，成天下之达德，以施教为政，由尽己之性，以尽人之性、物之性，赞天地之化育，斯人之性德，乃实通于上天之载无声无臭之天而无二。"①朱子之学与《大学》《中庸》相一贯，进一步认识人心和加密工夫，以"虚明不昧心"为核心表现出来。

一 "虚明不昧心"整合"德性心"与"统类心"

虚灵不昧的基本含义是"贯幽明、通有无，通无形有形二义，亦通未发之寂与已发之感二义"②。其中，"虚言其无形，心即以其无形之虚，而寂然不动，以上通于内具之无形之理；更以其灵，以感而遂通，更不滞于所感之物，而得显其内具之生生不息之理之全，而不陷于一偏；复以其不昧，使其相续感物，而有相续之明照之及于物与物之理；并使此心内具之生生不息之性理，亦得相续明通于外，而无始终内外之阻隔"③。"虚灵不昧心"，有时也用虚灵明觉心表达。唐君毅从朱熹《中庸章句序》中对"心之虚灵知觉"的论述中，展开对朱子"虚明灵觉心"的说明，朱熹所讨论的人心与道心、性与气、形与心、本体与工夫都是唐君毅关注的内容。唐君毅比较了朱子与孟子相关论述的差异，提出朱子"虚明灵觉心"与孟子"德性心"的不同，彰显

---

① 唐君毅：《中国哲学原论·导论篇》，第154页。
② 唐君毅：《中国哲学原论·原性篇》，第398页。
③ 唐君毅：《中国哲学原论·原性篇》，第398页。

第五章 "知理践理原于心"的文化动力论

了"虚明灵觉心"对荀子心论的吸纳。

首先，唐君毅指出，朱子论心，存在着从"性为未发，心为已发"分心性为二的说法，向"从心之自身兼有未发之寂之静之一面，而合动静、寂感以为一心之自身之体用二面"① 的转变。朱子"本'心体之寂'的一面，言其内具性理于其自身，而以心之用之感一面，言此性理之表现于气，而见于情；于是性情二者之有隐显内外之相对者，乃全赖此心之兼有寂感二面，以为之统。此心之所以兼有寂感二面，而能统摄此性理，与其表现于气之情之二者之故，则又原自此心之虚灵不昧，以'内主乎性，外主乎情'，亦为此一身之主"②。

"虚明灵觉心"是打通天与人、理与气、仁与欲的根据。他说："天命我以虚灵知觉之心，此心固一面通于天理，亦连于我之形气之求生之欲等者。然由此心之通于天理，而觉天理以成道心，固自觉的具内在之善；人之求生之欲，对天为善，此中亦初未有人欲之不善。人欲乃起于人心之知觉运动之只顺形气之欲，以单独进行而来，此乃第二义以下之事。"③"虚明灵觉心"作为"天命"在人身上的体现，本身就包含着"理"与"欲"的内容。人求生之欲，本身也是"善"，不能直接归之为"恶"。只有"心"的主宰力被遮蔽，人顺躯壳起念，才是"恶"；这种"欲"与"恶"，是后起的，第二义的。

其次，唐君毅明确提出，朱子论"性善"需要以"理"为中介，才能在本然意义上证立。他说，"程朱所以言人仁义礼智之性即

---

① 唐君毅：《中国哲学原论·原性篇》，第397页。
② 唐君毅：《中国哲学原论·原性篇》，第398页。
③ 唐君毅：《中国哲学原论·原性篇》，第426页。

是理，大率一方由其恒与私欲相对反而见，一方由其为普遍大公而见"①，前者即与荀子论化性起伪的思路一致，后者则与孟子的无所为而起的"德性心"一致。此外，唐君毅还强调了孟子与宋明儒学对于"性善"的论证方式不同：孟子直接以"仁义礼智"论性，而程朱则以"仁义礼智"为"理"，再以"理"论"性"；孟子通过"好善"直接指证性善，而宋明儒学在"好善"之外，还强调了"恶恶"的重要性。这也是受荀子思想的影响。这正如唐君毅自己所言："宋明儒言理，多是就人对其他人物之活动虽各不同，然皆原本于一心性，以言具总持义之性理；并由吾人与万物性理之同原处，以言总持义之天理。"②"性理"思想，是由反省荀子的心性论，并以孟子的性善论立根的综合孟荀之论。唐君毅说："程朱之论，盖亦正每为人之由荀子之论，再转进一步，以重引入孟子性善之论，所宜经之一论也。"③ 而这种转化，也符合唐君毅在《文化意识与道德理性》中所提到的"扩充孟子人性善论"④的思路，是其文化哲学系统的重要组成部分。

再次，唐君毅认为，朱子虚灵不昧心，是对"二程"思想的开展，又包含着成就陆王心学的义理。在唐君毅看来，朱子思想中的"心为理之所会之地"和"心能觉理"等说法，从心性论的观点看，包含着心与理俱呈俱现的内容。这种内容从根本上讲也是"以满心而发者皆是理，或心即天理之昭明灵觉，而言心即理。此即可成陆王之义。然朱子于此盖有意焉，而未能及"⑤。朱子之后，需要从综合孟荀、沟通理学与心学来进一步说明虚灵不昧心，勾勒虚灵不昧心的宇宙论线索

---

① 唐君毅：《中国哲学原论·导论篇》，第95页。
② 唐君毅：《中国哲学原论·导论篇》，第45页。
③ 唐君毅：《中国哲学原论·原性篇》，第76页。
④ 唐君毅：《文化意识与道德理性》，第17页。
⑤ 唐君毅：《中国哲学原论·原性篇》，第400页。

第五章 "知理践理原于心"的文化动力论

与心性论空间,彰显其广大、深邃的内容,成为说明"知理践理原于心"这一文化动力论理论基础。"虚明不昧心"也为唐君毅从沟通朱子与象山的角度诠释阳明思想,进而在阳明思想的基础上构建自己的心学体系积累了思想史资源。

最后,唐君毅指出,"虚明不昧心"中还包含着对于心、理、气的关系的说明。唐君毅认为,朱熹作为"性理"思想的集大成者,把人的道德理性、"气"之运行规律直接统一起来。"朱子与程子之不同,只在其更由人之仁义礼智之理,以见其原自天之元亨利贞阴阳五行之理,遂再进而论及于其他万物之禀此元亨利贞阴阳五行之理而存,遂附及物理之论而已。"[①] 此外,"朱子又有心为气之灵之说,则又似使心属于气。此则由朱子之言心,原由其先之说转进而成。……故朱子承此诸贤之说而更进,亦尚存此心为气之灵之说也。然此气之灵一语,可重在'气'上,亦可重在'灵'上。重在灵上,则心即气之灵化,亦即气之超化,而心亦有超于气之义。心之所以有超于气之义者,固非以其是气,而实因其具理以为性"[②]。由"气之灵"说心,意在由"灵"指出"心具理以为性",故而心具有超越于气、通于天理的含义;"心"有此"灵",才能由人心而道心,化除种种私欲,澄明人之为人的内在根据。

在唐君毅"即哲学史以言哲学"的思路中,分析"虚灵不昧心"时,需要涉及多种不同性质之心的统一与分殊问题。"虚灵不昧"虽然是在孟子心、性思想基础上引申出来的,但是包含了庄子、墨子、荀子的影响,是对孟子"德性心"的转进相合。荀子思想中"虚""静"的养心工夫,也在"虚灵不昧心"中保留下来,并继续深化。这种转进,正是以对人性、人生、人文更加深刻的了解为基础的。通达天理,

---

[①] 唐君毅:《中国哲学原论·导论篇》,第70页。
[②] 唐君毅:《中国哲学原论·原教篇》,第499—500页。

见证人生、人文的复杂，重视工夫论并更加坚信性善，正是儒学的核心品格与道德坚守。

二 "虚灵不昧心"是"性理"统摄的根据

"性理"作为"生之理"，与天理直接相通，具有内在超越的特点。唐君毅把"性理"的超越性总结为"自其先于一切现实之事，为吾人所当实现，而又不能为吾人之现有之心之气，与有此心之现有生命之气，所全幅加以实现而言"①。这种超越性，从宇宙论的角度看，是"天理之全显于无尽之气，以成一天命之行而生物之事"②；从心性论的角度看，则是"人要实现其理想"，是"人之实现理于气"。"人之实现理于气，赖于人心之内外之感通，正如天之生物之依于阴阳之感通。"③ 从宇宙论与心性论相贯通而言，"在天，可以无心之心而成化之'易'，为统摄理气之概念；在人则当以心为统摄理气之概念"④。除了从心性论、宇宙论的角度来说明"虚灵不昧心"中的理、气关系，以见"心"的超越意义和统摄意义之外，唐君毅还从哲学的角度说明"虚灵不昧心"的超越性。

兼"虚"与"灵"是唐君毅对哲学心灵的描述。这也就是说，"虚明不昧心"即"哲学的心灵"。其中，"虚言其无所不超越，灵言其无所不贯通关联。虚灵而不昧，故一方能知异类者之各为异类，而分析的知之；一方能知异类者之关联处，而综摄的知之。……故分析与综摄，似操术不同，然分析之使异类者，不相纠结黏缚而生混乱，正所以为综摄之初阶，而使其真正之关联贯通之处，得以昭明者"⑤。

---

① 唐君毅：《中国哲学原论·原性篇》，第396页。
② 唐君毅：《中国哲学原论·原性篇》，第396页。
③ 唐君毅：《中国哲学原论·原性篇》，第396—397页。
④ 唐君毅：《中国哲学原论·原性篇》，第397页。
⑤ 唐君毅：《哲学概论（上册）》，第220页。

第五章 "知理践理原于心"的文化动力论

在"虚"与"灵"的讨论中,唐君毅也说明"分析"与"综合","知类"与"明统"相统一的根据。他说:"心不虚则不能摄物以有知,心不灵则不能既知物而更有所知。"① 唐君毅所努力揭示的,是朱子论心对于中国传统哲学的综合和转化。其中,从心之虚来解释心之摄物以有知,是荀子之"统类心"的主要内容之一;从心之灵来解释心之超越、心统理气,则是在孟子论性情心之超越义的基础上,沿着汉儒以气言心之虚灵的义理线索,以及张载"大心"以体物的思想,综合提出的论断。

有论者指出,唐君毅把朱子的"生生之理"解读为一切事物所以得生而存在的原因,存在于具体事物之中,并使得事物生生不穷,同时在事物的生生不穷中而生生不穷,是一个动态的历程。因而,"生生之理"不能离开气而独立存在,理气不离不杂是唐君毅解读朱子"理"论的重要维度。② 在唐君毅看来,朱子虽以"虚明灵觉"论心,以"生生之理"论理,但心却不能必然显理,心不能自己呈现其好善恶恶之用,需要以"气""情"为依凭才能显其功用。而"气"遮蔽"心"的一面,则成为唐君毅强调"人文化成"的理论根据。

唐君毅用"心之虚灵不昧,要在其具性理,以有此知;此心之主宰运用,要在其能表现性理,而行此情。心始于知,终于行,以感于内而发于外。即足以见此心之内外间无阻隔。此又正原于心之虚灵不昧"③ 来总结"性理"与"虚灵不昧心"的关系,在"虚灵不昧心"的向上、向下、向内、向外活动中,说明"心统理气"与"心

---

① 唐君毅:《中国哲学原论·原性篇》,第427页。
② 乐爱国:《朱熹的"理":"生生之理"还是"只存有而不活动"》,《厦门大学学报》2016年第1期。
③ 唐君毅:《中国哲学原论·原性篇》,第402页。

统性情",得以进一步申论"性理"所具有的统摄义。具体而言,"此中所谓'上',为万物一本之'理之全'或太极之全之广大,而人可由其超越在上,以见其尊严与高明者;此中之所谓'下',为理之实现于气所成之人与万物之性之种种差别分殊,而人可由其实际,以观其富有与广大者;此中所谓'内',为人之气质中之理性之通于太极之理者,人于此可见性理之精微者;此中所谓'外',为人之气之接于天地万物之气,而有其情与知,人更可即其物而行其情,更穷其理以致其知,于此可见日用常行之中庸"[1]。唐君毅的这种描述,一方面借助"理一分殊"说明统一的道德原则与具体的行为原则,均为"心"所主宰,以知"性理"、义理之精微和日常生活之广大;另一方面也借助"已发未发"说明"性理"之内具于"心"和表现于气,均是"虚灵不昧"之"心"的寂静与感通。

唐君毅以"统类心"来概括荀子思想中的"心",并说明"荀子之言统类心意在成就社会之文理"[2],同时也提出,"凡言文理者,必本于一能统摄多方面之知与行之心以为言,然不必皆本诸荀子"[3]。而《礼记》中综合孟子、荀子关于礼乐与"性情"关系的讨论,拓展了以荀子"统类心"论文理的思路。这为从"德性心"和"虚明灵觉心"来寻求"文理"的根据留下了空间。以"虚灵不昧心"为基础,唐君毅紧扣"德性心"的"自生"说明"心"的主宰力,以"德性心"的"自安自悦"说明心之主宰力所内具的不竭动力。"生生之理"作为各种事物、人类活动的基本法则,都以"自觉力"的超越性为最终依据和动力。

人心之"仁"作为道德理性(即性理)的根据,是展开一切文化

---

[1] 唐君毅:《中国哲学原论·原性篇》,第 395 页。
[2] 唐君毅:《中国哲学原论·导论篇》,第 94 页。
[3] 唐君毅:《中国哲学原论·导论篇》,第 94 页。

活动的根本。在层层论述中，唐君毅把文化活动收归到人心之"仁"这一最终根源上来，成为其文化哲学思想的核心。唐君毅对于荀子思想中"文理"与"统类心"的诠释与吸纳，与贺麟强调的现代新儒学的发展方向"由粗疏狂诞的陆、王之学，进而为精密系统的陆、王之学"；"由反荀反程、朱的陆、王之学，进而为程、朱、陆、王得一贯通调解的理学或心学"[①] 相契合。

---

① 贺麟：《五十年来的中国哲学》，第30页。

第六章　构建"心通九境"的心学体系

唐君毅对"心""性""理""气"的说明，是对体用不二的心学思路的展开，与他对王阳明思想的诠释密切相关。与"性""理"相较，"心"具有更加根源的意义和动力意义，并且能够与西方哲学相通。这也是唐君毅心学的立足点。他说："吾虽素主张以孟子至宋明理学家之言德性心，为最能得人心之所以为心之本，然吾亦不能抹杀他家之于人心，确另有所见。此其所见之不同，亦为形成他家之学，与孟子一路下来之儒学之不同者。此他家之所见之心，则正与西方哲学与印度哲思想中所见之心，有极大之相通处。昔人生于孟学之传统中，所加以忽略，而或未能明其与孟子所言之异同之际者，今则皆可皎然明白矣。"① 唐君毅除了强调以德性心、虚明灵觉心为主导，构成中国传统哲学的主流之外，也重视其他各家思想的发展，以及传统心学的现代开展。唐君毅晚年所构建的"心通九境"的心学体系，成为他关于心学思考的大成之作。

---

① 唐君毅：《中国哲学原论·导论篇》，（台北）台湾学生书局1986年版，第105页。

第六章 构建"心通九境"的心学体系

第一节 "心与理一"的心学基调

在唐君毅看来,阳明之学"为朱陆之通邮"①,会通了朱子、象山之学,是古代心学的集大成者。唐君毅把阳明贯通朱陆之学的思路总结为:先将朱陆之工夫论打并归一,再归于本体工夫之打并归一。② 其中,王阳明以"良知"为昭明灵觉,为天理,为至善,会通了朱陆的本体之思,深化了"知理践理原于心"的本体论和动力论说明;阳明以"致良知"为良知通过好善恶恶来呈现自己,并把朱子工夫论中从教人不知处用力,扩充"知"的细密思路融入象山关于本心的建构之中,把朱陆的工夫论结合起来,进行新的拓展。这在阳明学说中,是通过工夫体认而确立的,也是朱子"格物"而"豁然贯通"的归宿。唐君毅以阳明思想融会朱子、象山之学的思路与牟宗三严分朱陆、并称陆王相对照,为梳理我国哲学史上的理学与心学之同异问题提供了另一个范例。以阳明融通朱陆,进而上承"二程",也是唐君毅建构自己心灵哲学、进一步说明"心"的动力意义的重要环节。

一 "心与理一"沟通朱陆之辨

唐君毅以"察其问题之原,名辞义训之原,思想义理次第孳生之原"为基本思路来说明中国哲学的义理发展,注重会通中国历史上各位思想家的思想。"常略迹原心,于诸家言之异义者,乐推原其本旨所存,以求其可并行不悖,而相融无碍之处"③是唐君毅治学思路的自述。在此思路下,他分析中国哲学史上的"朱陆之辨"时,旨在说明

---

① 唐君毅:《中国哲学原论·原教篇》,第 206 页。
② 唐君毅:《中国哲学原论·原性篇》,第 469 页。
③ 唐君毅:《中国哲学原论·导论篇》,第 5 页。

朱子思想与象山学派之相同处，并论其相通性，进而指出阳明思想对于朱子、象山均有承续。唐君毅认为阳明学之精义皆由朱子思想转进而来，希望纠正世人多将陆王学派与程朱学派严格对立的偏颇。唐君毅对阳明学说精义的理解，则在即本体即工夫的"致良知"之教，并认为这是由"如何化除人的气秉物欲"这一朱子学说的核心问题转进而来的。这一问题既是对道德理性如何自作主宰的追问，又是人文化成的具体内容。

唐君毅首先提出，讨论朱陆之辨，需要从两者学问的源头处开始，这样可以避免两者成名之后门户之见对其差异的扩大，又可以彰显两人学问理路的变化。他认为，朱子与象山同源于"二程"之学，都以尊德性为治学之本，都主张"心与理一"，都源自程明道对"心"的论述。只是对于"心与理如何为一"的论述方式不同，象山直接指出本心，明道、朱子则把心与性、命、理、气贯通，但留下一个问题："理"是万物的依据，有特定的内容；而"心"是知觉能力，没有特定内容。"心与理毕竟如何为一"在朱子哲学里没有得到很好的说明。在唐君毅看来，象山"不自气上说心，又善能通心之体用动静，以说发明本心与涵养之功，则其言自有其胜义"①。象山的思路摆脱了气与心、理关系的纠结，避开了朱子本体哲学中理气关系这个较为核心的问题，但也导致工夫论层面的粗疏。王阳明多次论及的象山思想"细看有粗处"也是由此而来。唐君毅认为，阳明恰恰是通过对朱子工夫论的汲取，才超越了象山的局限。

唐君毅强调，工夫论层面的差异，才是朱子与象山思想中最为明显和根本的不同。其中，象山以"满心而发，心与理一"正面教人发明本心，于当下自信自得。这是对孟子以"好善"来论本心的延续，

---

① 唐君毅：《中国哲学原论·原教篇》，第206页。

第六章 构建"心通九境"的心学体系

这种思路在先秦就已经展开并有了比较充分的发展,至《大学》《中庸》就已经开始了以"好善恶恶"论心、性的面向。在唐君毅看来,"好善""恶恶"兼顾才是对心性至善的全面说明。至宋明儒学,更加需要从"恶恶"的层面来说明心性之学。他判定象山之心学之不足处正在于此。因为只有"好善"和"自善其善"并不能确证人性向善,需要"恶恶"和"戒慎恐惧"的工夫才能真正避免人陷于不善。只有"好善""恶恶"两者结合,才能成就中国哲学中本体即工夫的心学大义。① 这也是唐君毅把朱子思想中关于"如何化除人之气秉物欲之偏蔽,足使心与理不一者,以使心与理一"② 的内容作为朱子思想精义的原因,并认为这也是阳明思想中的基本问题。

唐君毅明确提出:"阳明之学又实由朱子所论之问题、与义理而转出。其归宗义之近象山,乃自大处言之,此固不可疑。……若其精义所存,则与朱子之别在毫厘间,而皆可说由朱子之义转近一层而得。"③ 总体而言,唐君毅认为,朱子通过主敬涵养、格物致知所陶养的本心,与象山所论之本心相近,却因理、气的纠结未能足够清晰;朱子所强调的涵养本心、省察气秉、克除私弊的工夫,则是象山所缺失的。

阳明的"良知"思想,直接以好善恶恶、知善知恶来讨论心之本体,并用"知"把朱子涵养、省察、克除的工夫统一起来,是对朱子思想精义的"转进"。唐君毅指出:"阳明合知行、通心之虚灵明觉与天理之义,皆由朱子所言格物致知、已发未发、中和、体用、动静、存养、省察、戒惧之义而转出。此则阳明之不同于象山之重明道辨志,以发明本心,而次中和戒惧等工夫之教。"④ 有论者指出,唐君毅把朱

---

① 唐君毅:《中国哲学原论·原性篇》,第460—461页。
② 唐君毅:《中国哲学原论·原教篇》,第204页。
③ 唐君毅:《中国哲学原论·原教篇》,第206页。
④ 唐君毅:《中国哲学原论·原教篇》,第289—290页。

子工夫论概括为涵养、致知、察识三者贯通的架构，其中的深意，即是强调朱子所言的工夫由心体自立①，也为我们把握阳明对朱子核心问题的"转进"提供了一种借鉴。

唐君毅认为，尽管朱子与象山彼此既相互表彰，又互有批评，却均未能获得本心与工夫圆融的表述。直到阳明，才把本体与工夫较好地结合在一起。阳明有一段自述，表达了兼通朱陆的学术旨趣："君子之学，岂有心于同异？惟其是而已矣。吾于象山之学有同者，非是苟同；其异者，自不掩其为异也。吾于晦庵之论有异者，非是求异；于其同者，自不害其为同也。"②唐君毅对阳明思想的解读，建立在分析朱陆之辨的基础上，侧重于说明：阳明思想是朱子思想与象山思想的综合，"良知"圆融了本体层面的"心与理一"的论述，又把工夫层面的直面本心与居敬涵养统一起来，开启了一个超越朱陆的心性结构之思。以阳明融通朱陆，进而上承"二程"，也是唐君毅建构自己心灵之学的重要环节。

二 "良知"是心与理会通合一

"心与理一"是唐君毅分析朱陆之辨的基础，也是唐君毅分析阳明思想的一个进路。他提出："心之虚灵知觉与天理，毕竟当如何会通，则其义极为幽深玄远。"象山与朱子在这一问题上的说明均有不足，而阳明以"良知"为"至善"，为"无善无恶心之体"，说明心与理会通合一，也是对朱陆本体思想的会通。因此，唐君毅评价阳明于此"有千古卓见，非朱陆所及"③。

唐君毅把朱子关于"心"与"理"关系的说法总结为："朱子所

---

① 杜保瑞：《论唐君毅对朱陆工夫论异同之疏解及其误识》，《周易研究》2014年第3期。
② （明）王守仁：《王阳明全集（上）》，吴光等编校，第209页。
③ 唐君毅：《中国哲学原论·原教篇》，第256页。

第六章 构建"心通九境"的心学体系

谓心,以虚灵明觉之义为本。此虚灵明觉之心,可显理为道心,亦可不显理而为人心,与具不善之人欲之心。则此心之本身,并非必然能自呈其善善恶恶之用,而由此以直接展示其善善恶恶为性者。"① 工夫修养影响着心的发用与呈现。唐君毅分析阳明思想时,认为阳明对于"心"的说法,是对于"虚灵不昧心"的继承,并旗帜鲜明地强调了"理昭显于心"这一核心问题。

从"心"上论,阳明自评与朱子一致。王阳明有言,"吾说与晦庵时有不同者,为入门下手处有毫厘天理之分,不得不辨。然吾之心与晦庵之心未尝异也"②。唐君毅认为,阳明提出的"心之本体,即良知也;天理之昭明灵觉,所谓良知也"的思路,是以"良知"为"心之本体",为"天理",把"理"与"心"打通,这是继承了象山"心即理"的思路,并结合朱子以心为"虚灵明觉"的说法;他还指出,阳明把"虚明灵觉"改为"昭明灵觉",意在"显此明觉中有理之昭显"。③ 具体分析而言,从字面上看,"阳明之良知天理之昭明灵觉,乃合心与理而言。此与象山之合'此心之灵'与'此理之明',为一心即理之本心之言,大体无异"④。但从义理上看,"良知"作为心之体,有需要进一步说明之处。因为"知之一名,一般用以指心之用;而本心之一名,则一般用于尅指能自作主宰之心之自体"⑤。唐君毅认为,阳明做出的进一步论说,恰恰是在朱子哲学的义理架构中展开的,以"心、性、情、意、知在存在上互相关联以为一体"⑥为基本思路,道出了"心之体之性理之至善,应由心之情、心之工夫、心之用之好

---

① 唐君毅:《中国哲学原论·原性篇》,第461页。
② (明)王守仁:《王阳明全集(上)》,吴光等编校,第27页。
③ 唐君毅:《中国哲学原论·原教篇》,第327页。
④ 唐君毅:《中国哲学原论·原性篇》,第450页。
⑤ 唐君毅:《中国哲学原论·原性篇》,第450页。
⑥ 唐君毅:《中国哲学原论·原性篇》,第454页。

善恶恶以识得"①的心体与性情、本体与工夫、本体与功用相即不离的意蕴。唐君毅对"良知"之至善的分析,是对阳明如何会通朱子、象山本体之思的说明。

唐君毅对阳明"良知"义理的正面阐述,从"心之体为至善"和"无善无恶心之体"两处切入,并指出,"无善无恶"与"至善"都是心体在究竟义上的呈现。他首先指出心体之虚灵是心体至善的前提,心体的无善无恶也要从心之虚灵来切入和理解。他说:"人既知恶而去恶之后,则恶固不存;知善而为善之后,亦不当有'自以为善之念'。……亦唯此心体在究竟义上为一无善无恶,然后此心体之感物而应,乃先无一定之善,为其所执,成象山所谓意见定本,反以窒塞此心体良知之虚灵之用。"②然后,唐君毅强调,良知心体是超越善恶、判断善恶的主体。"良知之不可为善恶之概念判断之一对象,而只能为知善知恶为善去恶之超越的主体。"良知不自有其善,知善知恶而成为判断一切善恶之源,则成就了良知的"至善",此"至善"即为"心之体"。③这种超越的、主体性的良知也是确立人的真实存在的根据。最后,唐君毅提出,良知本体通过好善恶恶之情来显示其功用。"无善无恶心之体"要经由"由人之既能知善知恶,而有为善去恶之工夫之后,所反证而得者"④,良知能"直就此本心之兼善善恶恶之用,以见此心之能反反而正正、唯定向乎善之至善之性"⑤,良知"对善恶之于知中,同时有对善恶之好恶之情在。必具此情,方实有此知"⑥。"情"的作用,在于确证心、性至善。

---

① 唐君毅:《中国哲学原论·原性篇》,第463页。
② 唐君毅:《中国哲学原论·原性篇》,第455—456页。
③ 唐君毅:《中国哲学原论·原性篇》,第459页。
④ 唐君毅:《中国哲学原论·原性篇》,第455页。
⑤ 唐君毅:《中国哲学原论·原性篇》,第461页。
⑥ 唐君毅:《中国哲学原论·原性篇》,第461页。

王阳明对于"性"与"理"的关系有一段比较简要的说明："性一而已：自其形体也谓之天，主宰也谓之帝，流行也谓之命，赋于人也谓之性，主于身也谓之心；心之发也，遇父便谓之孝，遇君便谓之忠，自此以往，名至于无穷，只一性而已。……人只要在性上用功，看得见一性字分明，即万理灿然。"① 据此可见，在王阳明思想里，"性"是天命流行的表现，也是心之主宰的表现；从心之发用处，也即人的行为处，见"性"之当然，即是见"理"之灿然。"性"与"理"都是在人的行为中具体呈现的。这也是心学论述心、性、理的一条基本思路，凸显性与理在人的行为中自然贯通，都是心的表现。

唐君毅进一步指出：阳明以"良知"为"心之本体"，为"天理"，把"理"与"心"打通，这是继承了象山"心即理"的思路，并结合朱子以心为"虚灵明觉"的说法。在朱子那里，"心"主要是"虚灵知觉"，是一种知觉能力；在阳明思想中，"心"除了"虚灵知觉"之外，还具有了"道德本心"的含义，是最根本的形上本体。唐君毅的结论是："陆王一派，虽不以心性为二，谓心即性理，然此乃透过程朱'性即理'之言以言心，其心实非徒一虚灵不昧之觉，而即天理本然之性。"② 把阳明心学与朱子"性理"思想相贯通，是唐君毅对于"知理践理原于心"思路的进一步引申。

三 "致良知"呈现心与理一

工夫论作为心性论的延续，是唐君毅讨论朱子、象山、阳明三者思想关联、论说阳明为"朱陆之通邮"的重要内容。"良知"是阳明通过反思人的至善之性而确立的，"致良知"则是阳明对本体本心自我呈现的说明，主要通过对《大学》的阐释来说明。唐君毅认为，人们

---

① （明）王守仁：《王阳明全集（上）》，吴光等编校，第15页。
② 唐君毅：《中国哲学原论·原道篇》卷三，第436页。

在"致良知"之中，深化对良知的体认与把握，真正感知良知的节奏，这是朱子"格物穷理"的工夫所不可为阳明思想替代之处；而阳明对良知自己呈现自己以为用的说明，则超越了《大学》而成为圆教。

唐君毅认为，就工夫修养而言，很难找出一套没有弊端的学说。关键是要善于针对具体问题，运用具体工夫而不间断。他说："天下无不弊之言，而一切言工夫之言，无论言省察、涵养、言致知穷理，又无论其言之对学者为高远，或切近，学者如不善会其意，不善用其心，则皆无不弊。……一切工夫之弊，皆由工夫之间断，有所不实，然后依于气秉物欲之杂之种种弊害，随之以起。一切工夫，原皆所以直接间接去心之弊患，弊患不同，则工夫原非一端。如执一工夫，以去不同之弊患，则工夫自有可弊。……若人之工夫，能处处皆实而无间，则一切工夫之弊，亦即无起之可能。故此使工夫皆实而无间，即一切工夫之运用之根本工夫之所在。"[1] 在唐君毅看来，如何通过工夫修养来呈现"心与理一"，呈现"心"的价值根源意义、分辨善恶的能力，是朱子、象山、阳明思想的相通处，而阳明以象山思想为宗旨，汲取朱子对格物致知的解释，把"致良知"思想建构为即本体即工夫的新说。其中，关于中和、已发未发之论的说明，是阳明继承朱子的核心内容。

首先，唐君毅分析了朱子和阳明在工夫起点处的不同，并强调阳明的"致良知"不能完全取代朱子的"格物致知"，彰显朱子与阳明在工夫论方面的并立。唐君毅指出，朱子"格物"，起于人所不知处，阳明"致良知"起于人之真知、真行，朱子与阳明在工夫论上的起点不同。他说："阳明之良知，乃重在就人之所已知，以彻知彻行而说……亦即重在人之真知其所已知，而更亲切于其所已知；而不同于

---

[1] 唐君毅：《中国哲学原论·原性篇》，第 626—628 页。

朱子之重其所不知,以更扩大其所知之说者。"① 此外,唐君毅还强调,朱子对"格物致知"的解释,彰显在人所不知处求致知的工夫,具有永恒的价值。

唐君毅认为:"良知之流行,亦自有节奏与段落。在每一段落上,皆有所不知,人亦可知其有所不知。而朱子则正是就人知其所不知处,教人以格物穷理。只须人真能知其有所不知,则见得朱子之教,自有其确乎其不可拔之处,而亦非阳明之致良知之教所能废者也。"② 对于这一解释,成中英给予了高度评价,认为唐君毅重视朱熹、王阳明对《大学》"致知"的诠释,把朱熹和阳明所重视的知与良知的功能大致安顿下来。从这个意义上讲,唐君毅对《大学》文本的诠释具有超融朱、王的意义,并提示了一条重新思考心性结构之路。③

其次,唐君毅还强调,王阳明通过"致良知"把本体与工夫打通,是在朱子格物致知义理层面更进一步的表达。具体而言,王阳明首先"将朱子所谓物,与吾人之一般所谓'对物之知'、或意志、或行事相连结,而合以名之'物'"④,扩大了"物"所包含的对象范围。然后,阳明把"即物穷理以知理"解读为"此心之自呈现其性理于其知",以成此整个之"知理"之事。⑤ 最后,阳明"以朱子之致知之义,摄朱子之诚意之义,乃以致知为诚意之本,格物为致知之实;而此致知之义即由其摄诚意之义而上提,以更连朱子所谓居诚意之后之正心工夫"⑥,把朱子分开论的格物、致知、诚意、正心合为致良知。

---

① 唐君毅:《中国哲学原论·导论篇》,第 344 页。
② 唐君毅:《中国哲学原论·导论篇》,第 343 页。
③ 成中英:《超融朱王——唐君毅论知与良知以及对〈大学〉的诠释》,载郑宗义编《香港中文大学的当代儒者:钱穆、唐君毅、牟宗三、徐复观》,(香港)香港中文大学新亚书院 2006 年版,第 189—202 页。
④ 唐君毅:《中国哲学原论·原教篇》,第 300 页。
⑤ 唐君毅:《中国哲学原论·原教篇》,第 302—303 页。
⑥ 唐君毅:《中国哲学原论·原教篇》,第 306 页。

唐君毅认为，阳明学说中的工夫论由朱子思想转进而出，并从心性论层面指出两者的差别："朱子与阳明之不同，乃在朱子于心之体用、动静、已发未发，恒分别说，而致中与致和之工夫，亦分别说"，阳明则是把"未发之致中工夫，与已发之致和工夫，即打并归一，于心之中与和、未发与已发、体与用、动与静，亦当相贯而说"。① 唐君毅在《象山、慈湖至阳明即心性工夫，以言心性本体义》一文中说得最为明白：朱子"以性为未发，且以心有其未发之一面，并以涵养之工夫为与此心之未发一面相应者；然于省察，则纯视为已发"。在阳明看来，"省察虽为已发，然省察乃依良知或心体为对照，亦此心体之用。此心体在省察时，即自呈于此省察之用之中，故省察虽为已发而不离未发，已发同时是未发"②。唐君毅如此总结阳明对朱子工夫论的改造，认为阳明强调已发与未发不离，本体与工夫不离，是"将朱子所重之省察之教，更摄在象山之发明本心，以事涵养之教中，方成此致良知之说"，并把"致良知"解读为"致此本心之明，于意念之善恶之好恶之中"。③

唐君毅进一步指出，阳明"致良知之工夫，即此心体之呈现而更自起用"④。在良知心体"自呈现"时，即是本体与工夫的统一。具体而言，"真能知此良知本体之好善而恶不善者，则良知本体之至善，即已呈现于前，而不善则渐自销化于无形。故此知本体之自身，亦为工夫。……致良知，实即良知本体之自己流行为工夫或用"⑤。唐君毅以此而判定，阳明把心之体、心之用打通，把心之内、心在外关联，是将《大学》中"由体达用、由内而外之三纲领八条目之铺陈，……

---

① 唐君毅：《中国哲学原论·原教篇》，第309页。
② 唐君毅：《中国哲学原论·原性篇》，第452页。
③ 唐君毅：《中国哲学原论·原性篇》，第451页。
④ 唐君毅：《中国哲学原论·原性篇》，第452页。
⑤ 唐君毅：《中国哲学原论·导论篇》，第345页。

化为本末内外、一以贯之之圆教"①。

　　唐君毅对阳明思想的解释，代表了现代新儒学中融合朱子与阳明的思路，并在此基础上建构自己的心学思想。他通过对"理"的心学化解释，把"心"的能动性、创生性和"理"的具体义、动态义结合起来，完成"心与理一"的说明。唐君毅指出："自理之有一定内容上看，即明似与心有所不同。盖心之与物感通，既变动不居，此心之自身，即如只为一能觉，而无一定内容者。此能觉之感物，既感此，而又能舍此，以更感他，即见其虚灵而不昧；而心之自身，唯是一虚灵之明觉，便无一定之内容；其内容，皆当是此心之与物感通，而有所发用时，所表现之性理上言者。"② 这种解读，对于说明沟通理学与心学，构建唐君毅自己的心学体系，都有重要的意义。这也超越了熊十力对于"理"的忽视，更能兼容理性主义哲学的内容。贺麟曾指出："熊先生于本心即性，本心即仁，皆有所发挥，唯独于'本心即理，心者理也'一点，似少直接明白的发挥。"③ 结合贺麟的评析，可以说，唐君毅对于"心与理一"的论说，在整个现代新儒学的发展中，具有原创意义。唐君毅对心与理的关系、本体与工夫的这种理解，提示出他对新的"心"学建构思路的理解，也蕴含在他自己所建构的"心灵九境"哲学体系之中。

第二节　"心通九境"论中的"心灵"构建

　　《生命存在与心灵境界》是唐君毅心学体系的集大成之作，对于"心"的本体性、主体性、理想性做出了综合论说，建构了"心通九

---

① 唐君毅：《中国哲学原论·导论篇》，第349页。
② 唐君毅：《中国哲学原论·原教篇》，第323页。
③ 贺麟：《五十年来的中国哲学》，第28页。

境"的理论体系，描述了通过"心"的活动，贯通客观世界、主观世界，达到超主客境界的过程，并说明"本体"的研究思路。唐君毅总结了西方哲学中对"体"的多种解释，结合他对中国哲学的梳理，指出"由事物的性相作用之外以求实体"的理论有种种困难，反对以"共相"定义本体，进而提出"体"的真实存在应当从事物的功能、关系的角度来理解，并通过主体的自我活动，呈现"用"，彰显"体"的主体含义及其理想性特点，"真善乐"共同发挥着文化活动的理想引领功能和动力意义。唐君毅以此为中国文化的情感底色，并以此为人文世界的应有之相。

一 与熊十力"本心论"的契合

熊十力以"良知"说明"本心"，继承了传统心学思想中"心"的主体性意义；熊十力还以"良知"体认"本体"，在其体用论的架构下，说明"心"的本体意义。同时，熊十力还从本体与现象不二的角度，扩充了"本体"的范围，力图增加"本心"的统摄范围。重视"心"的本体兼主体意义，并建构形上本体论是自熊十力开启的现代心性儒学的基本思路，这也是对传统心学理论的进一步厘清和发展。唐君毅对于"心之本体"的说明，与熊十力"心"论中的本体性、主体性的相关思想非常契合。唐君毅的高足唐端正在叙述熊十力和唐君毅思想的关系时，曾言："由熊先生之言，先生虽亦有所开通，然在哲学义理上所契于熊先生者，自谓已先自见得。且又以其言太高，学者难入，哲学应循序渐进，方可成学成教。"[①]

首先，熊十力从《周易》"乾为仁"处入手，以"生"为具体内容，说明"仁"的本体含义。熊十力说，"仁者真真实实，纯粹至

---

① 唐端正：《唐君毅先生年谱》，载唐君毅全集编委会《年谱·著述年表·先人著述》，第42页。

善，生生不息者也，故成其健。唯于纯粹至善，健动而生生不息之仁，以识吾所固有之主宰，涵养而扩充其力用，是乃所以继天立极也"①，而"本体"即是能变，是恒转。②"仁"健动不已、生生不息，且纯粹至善，即为"本体"，因而熊十力也用"仁体"来表达"仁"的本体义。以此为基础，熊十力肯认王阳明从继天立极中把握"仁""心"的思路。他说："阳明《大学问》，始就吾心与天地万物痛痒相关处指示仁体，庶几孔、颜遗意，惜其忽视格物，卒莫能复儒之真也。"③ 熊十力对"仁"的整体理解与唐君毅以"感通"释"仁"一致；熊十力与唐君毅都对阳明忽视"格物"思想的求未知路向进行了批评。

其次，熊十力从仁之健动不已、流行不息的功用来说明"仁"的本体之义，再通过工夫涵养说明"本心"即"本体"。他说："本心即是性，但虽义而异名耳。以其主乎身曰心，以其为吾人所以生之理曰性，以其为万有之大原曰天，故尽心则知性知天，以三名所表实是一事，但取义不一而名有三耳。尽心之尽，谓吾人修养工夫当对治习染或私欲，而使本心得显发其德用无有一毫亏欠，故尽心即是性天全显，故曰知性知天。知者证知，本心之炯然内证，非知识之知。"④ 熊十力把传统心学与体用论结合在一起，把心、性、理三个概念打通为一。唐君毅对"心与理一"的说明，与这种思路一致。

熊十力的"本心"是"明觉"的思想，直接源自阳明"良知者，孟子所谓'是非之心，人皆有之'者也。是非之心，不待虑而知，不待学而能，是故谓之良知。是乃天命之性，吾心之本体，自然

---

① 熊十力：《新唯识论》，上海古籍出版社2019年版，第277页。
② 熊十力：《体用论》，第13页。
③ 熊十力：《新唯识论》，第277—278页。
④ 熊十力：《新唯识论》，第140页。

灵昭明觉者也"① 的判断。在熊十力看来，"良知"是儒学的精髓所在。他说："儒家则远自孔子已揭求仁之旨。仁者本心也，即吾人与天地万物所同具之本体也。至孟子提出四端，恻隐之心，仁之端也。羞恶之心，义之端也。辞让之心，礼之端也。是非之心。智之端也。只就本心发用处而分说之耳。实则四端统是一个仁体。……逮王阳明作《大学问》，直令人反诸其内在的与安然而寂，恻然而感之仁，而天地万物一体之实，灼然可见。"② 在这里，熊十力强调人与天地万物具有相同的本体，与王阳明的"良知"亦在草木瓦石上一致，人可以通过对万物一体的体认来把握本体的功能与本体自身。从实体与功能的角度，说明中国传统本体论的内容，是熊十力哲学的重要贡献。熊十力又说明本体与本心的贯通，就在于人具有认知本体的能力，而这种能力，来自人的不断"体知"，来自人的工夫涵养和摒除习染。

　　熊十力构建的体用观，除了从本体与功用的角度说明关系的内容，还有本体与现象不二的内容。他把本体与现象的关系，比喻为"大海水与众沤"的关系，即"大海水全成众沤，非一一沤各有自体，故众沤与大海水本不二；然虽不二，而有一一沤相可说，故众沤与大海水毕竟有分"③，说明本体并没有脱离现象而独立存在。随着"用"的拓展，"体"也需要发生相应的变化。有论者提出，在熊十力的体用论中，"当'用'成为现象之后，便一下子拉开了其与'体'的距离，使其与体再也无法维持实体与其功能属性的关系，而不得不使'体'成为作为万有现象共同本质的本体"。"虽然熊十力将传统的体用观念拓展到本体与现象的层面，但这一拓展主要是从'用'的角度展开的，

---

① （明）王守仁:《王阳明全集（下）》，吴光等编校，第971页。
② 熊十力:《新唯识论》（熊十力论著集之一），中华书局1985年版，第568页。
③ 熊十力:《新唯识论》，第231页。

第六章 构建"心通九境"的心学体系

其目的也仅仅在于对儒学体用观念的汇通与功能的增大。"① 这种说明，充分地揭示了熊十力开启的现代新儒学一脉在构建体用哲学的旨归，即用心性本体涵摄更加多元的现象和功用。

李维武指出："在熊十力那里，本体的主体性体现为绝对性，是宇宙人生的生生不息的永恒动力；而本体的理想性则体现为相对性，是难以在生生不息的追求中完全实现的目标。这使得熊十力在凸显本体的主体性时，未能充分说明本体的理想性，从而使'新唯识论'在人生观、文化观、历史观方面受到限制，只能从本体的主体性方面作一些大而化之的说明，而难以作较深入较细致的开展。正是这样，如何来修补这一不足，就成为了熊十力之后现代新儒学哲学家所着重思考的问题。"② 这一问题在唐君毅的哲学思考中，通过细化心灵活动主体性来深化。从心灵活动的向内、向外、合内外的方向出发，唐君毅说明心灵活动在求知识、道德、理想时的自觉性、主宰性与动态性。抛弃中国传统哲学以"致虚""守静"为根本工夫的思路，强调阳明心学中的主体创造力，以及《周易》的刚健精神，赋予儒学以"动力论"性格，寻求中国现代文化的内在支撑，是唐君毅心学构建的旨归。

与熊十力的思路颇为一致，唐君毅也自觉区分了"本体"一词在西方哲学和中国哲学中的不同含义。他说："本体之名，或以 Substance 为之译名。此 Substance 之名，原自希腊哲学，初指'客观的站立于下'者。故言 Substance 恒指一客观存在之实体。然在中国，则'本初指枝叶之本'，为枝叶之生长或生命之原者。'体'初指人之身体，为

---

① 丁为祥：《从体用一源到本体与现象不二——儒学传统的现代跨越与张大》，《学术界》1999 年第 3 期。
② 李维武：《心理之间：本体的主体性与本体的理想性——以熊十力、冯友兰、贺麟为中心》，《社会科学战线》2018 年第 2 期。

人之视听言动之活动所自出者。合为哲学中'本体'之一名，即恒指吾人之生命心灵之主体，而此主体即表现于生命心灵之种种活动或用，如体验、体会、体贴、体悟、体达等之中。故于'体用合一'之义，以中国文字之'体''用'之字表之，最易明白。"① 在唐君毅的文化哲学中，"体""用"的使用，是回归中国哲学自身的传统来展开的，更加强调"体"的主体意义，而排斥其共相、本质意义。

进而，唐君毅指出以中西讨论本体的区别，主要在于主体含义与实体含义，哪种含义优先，以及"体"之对象差异。他说："今如以西方 Substance 指主体之生命心灵，更言与其用 Function 或 Activity 之合一，或先想着西方哲学之本体问题，再以中国哲学中之体用之论，为其答案；则须经一曲折支离之论，而或使人偏向于此体之形上学的客观义，而忽略在中国哲学中，此体之主体义乃本义，客观义只是末义。至于译中国之本体为 Reality 者，则当知西方之 Reality 乃与现象或幻象对。此与中国之本只与末对，体只与'用'或'相'对，而不与幻象对者，亦有不必同。"② 唐君毅丰富了熊十力论"心"本体和主体意义的思路，并做出具体的论述，尤其体现为他以"生命存在"说明"心灵"，并强调"心灵"与"境界"的不可分。

接下来，唐君毅强调了"心"内在地包含"生生之理"。这在唐君毅诠释朱熹和阳明思想中，有多次表达和论证③，这在前文"虚明不昧心"和"性理"的关系中已有说明。此外，唐君毅还指出："心之理，乃与其余一切天地万物所由生之理，乃同一之理。一切天地万物所由生之理，即一生成之理。"④ 对"心之理"和"生之理"的实现过

---

① 唐君毅：《中国哲学原论·原道篇》卷一，自序，第24—25页。
② 唐君毅：《中国哲学原论·原道篇》卷一，自序，第25页。
③ 张倩：《朱陆之通邮：唐君毅对阳明学的诠释和发展》，《贵阳学院学报》2018年第4期。
④ 唐君毅：《哲学概论》（下册），第373页。

程加以描述，逐渐成为《生命存在与心灵境界》所建构的"三向九境"系统，即"心通九境论"，以"心"与"境"互相感通为基本理念，解释一切道德活动和文化现象，并描述心灵活动的过程。其中，"心灵"即"生命"，即"存在"，三者均有活动能力，具有明确的主体性。在"生命心灵"的由前而后、由内而外、由下而上的三个方向活动中，皆有理性和理想的作用。

二　"心灵"的三向、三观与九境

唐君毅在早期的《道德自我之建立》中，就有对于"心之本体"的分析，突出了"心"兼具分析与综合的能力，并能够超越现实的有限性。从可以超越有限性上讲，人与人本无差别。唐君毅说："所谓你心之本身，他只是一纯粹之能觉者，你心之本身为一纯粹的能觉者，与他人的心本身之为一纯粹的能觉者，并无分别。"[1] 就现实性而言，"心之本体之联系于我有限的身体，乃是一事实。由它之联系于我的身体，使我不满足于身体之封闭性，使我要求破除此封闭性，而求有所认识，而即于此认识活动中表现它自己"[2]。在此超越性与封闭性的统一中，唐君毅把"心之本体"作为道德自我、现实世界的本体，既超越现实世界、现实生活，又表现于现实世界、现实生活之中。

贺麟在1947年出版的《当代中国哲学》中评价《道德自我之建立》一书，认为："他（唐君毅）指出心之本体之存在及其真实至善即是道德自我的根源，且说明心之本体即现实世界之本体。最后，讨论精神或心之本体之表现于生活文化的各方面，以明人性之善及一切生活皆可含神圣之意义。可以说代表一种最富于玄学意味的理想主义

---

[1]　唐君毅：《道德自我之建立》，第41页。
[2]　唐君毅：《道德自我之建立》，第118页。

的道德思想。"① 贺麟的这种说明,体现了唐君毅早期哲学思考的特点,即思辨性强,且理想主义色彩浓。在《文化意识与道德理性》的思考和写作中,唐君毅越来越关注现实的社会文化问题,寻求理想与现实的贯通。

道德理想主义一直贯穿在唐君毅的哲学构建中。在《中国哲学原论》中,唐君毅援引中国哲学史上对于"心"的种种论述,进一步说明"心"至善、即体即用的特性。唐君毅写了《原性篇》一卷,从整个中国哲学史的发展中,分析"性"这一范畴的发展,又在其他几卷中涉及对于"性"的讨论。相较而言,他在《中国哲学原论》中对于"心"的讨论则较少,比较集中的是《导论篇》中对于先秦各家关于"心"的说明。这在唐君毅自己看来,也是一个遗憾。他说:"心与性固密切相关,然既是二名,则以心为主而论,与以性为主而论,所摄及者,便当仍有不同。即以秦汉以后之思想而言,其中有以性为主而论时,所当特重,而以心为主而论时,则不必特重者。……复有以心为主而论时,为吾人所当重,而以性为主而论时,又不必特重者。……唯在宋明儒者,则虽或重性、或重心,然言心必及性,言性必及心,则二者恒必归于合论。但此非谓一切时代之中国哲学家皆如此也。今吾只通中国哲学史以原性,而未原心,则固已对专连及于心之若干问题,不能不有所忽矣。"② 直到《生命存在与心灵境界》中,唐君毅才对"心"展开了细密分析。

在《生命存在与心灵境界》中,唐君毅综合了以往的相关论述,用三道路、三方向来细致描述心灵的活动,用"感通"把传统心学中"知行合一"的结构进行新的说明,先把知行分开,再强调"真实知起

---

① 贺麟:《唐君毅先生早期哲学思想》,载贺麟《哲学与哲学史论文集》,商务印书馆1990年版,第202页。
② 唐君毅:《中国哲学原论·导论篇》,自序,第13页。

第六章 构建"心通九境"的心学体系

真实行"和"真实知必归于真实行"。这些理论尝试,从哲学上说明了"心"具有分析与综合能力、兼通内外的缘由,把人对于客观世界的了解作为心灵活动的必要阶段,且是初级的、第一阶段,进而强调心灵通过对客观知识的超越与整合,真正成为生命存在之主。"心通九境"的心学体系,是其道德理想主义思想之大成。

在唐君毅看来,事物种种性质、现象的呈现仅仅是性质、现象之和,人不能由此肯定有一个集合了诸种性质、现象的个体存在,也不能由此肯定外在于具体物的超越"实体"存在。他指出:"吾人知此中所谓个体物一一之相时,此知之指向于相,同时即有一将此相'推出于外,更以之期望同类之相之呈现'之活动;而此期望,更必须次第得其所期,以见一群恒常之性相之相续呈现,然后得有常在之个体物之建立。但吾人于此,又不能径凭此所呈现诸性相之和,即说之为一个体。以此和仍是性相,非实体故,亦不能由此诸性相,应有一所附属之底质等,以知其有一实体。"① 在破除了从"个体"把握"本体"的思路后,唐君毅认为,"本体"的确立,必须从事物的活动、功用、关系中来把握。就此可见,唐君毅彻底扬弃了熊十力"本体—现象"的哲学思路,而发挥熊十力"实体—功用"的思路。

因此,唐君毅说明"心灵"的活动,其实也是为了证明"心"的主体意义,说明"心"的活动。"境"即"境界"。在唐君毅晚年所形成的心学体系中,"境"的含义比较复杂,基本内容为"心之所对、所知"②。从"物"的角度来看,"境"包括客观物以及物的意义;从"心"的角度看,"境"还包含心灵对自身的了解,即"以心观心"的结果。心灵的感通活动不同,所产生的境便不同。"心通九境"的系统,即是通过心灵多方向、多方式活动而产生的九种境界。

---

① 唐君毅:《生命存在与心灵境界(上)》,第115页。
② 唐君毅:《生命存在与心灵境界(上)》,第11页。

具体而言，心灵活动的三种方向，即"三向"，第一向是指"心"由前向后、由内向外、由下向上而往的活动；第二向是指"心"由后向前、由外向内、由上向下而往的活动；第三向则是前两向的综合，是前后、内外、上下各个方向互相往来。[①] 心灵于"三向"的活动中展现心灵自身往来之韵律节奏、生命心灵之超越自身而进入外在、心灵真知自身的内外相通。

在心灵活动之"三向"的基础上，心与境形成了多种关系，包括相互并立、依次序先后生起、高下层位不同等。在多种关系中，可以反观心灵活动的方向和方式。唐君毅把反观心与境的关系的活动，总结为"顺观""横观""纵观"三种。其中，"顺观"即由心灵活动之由前后活动、进退屈伸上进行了解，是对心灵自身之主体性的了解；"横观"即由心灵活动之由内向外方面进行了解，对客观事物有所把握；"纵观"即由心灵活动之内外相通、前后相连、上下相贯来发现主客相通、理想与现实相关联。其中，"三观"又可以互相包含。[②] "九境"即是在心灵活动的三向、三观中，分别观体（源泉）、相（现象）、用（变化），观种类、次序、层位而形成的。其中，客观境即心灵向外"横观"的结果。其中，万物散殊境是观体的结果，依类成化境是观相的结果，功能序运境是观用的结果，三者共同构成"九境"之"客观境"。接下来，主观境是心灵向内"顺观"的结果，感觉互摄境是观体的结果，观照凌虚境是观相的结果，道德实践境是观用的结果，三者共同构成"九境"之"主观境"。最后，超主客境是心灵合内外"纵观"的结果，归向一神境观体，我法二空境观相，天德流行境观用，三者共同构成"九境"之"超主客境"。

---

① 唐君毅：《生命存在与心灵境界（上）》，第38—39页。
② 唐君毅：《生命存在与心灵境界（上）》，第40—41页。

第六章 构建"心通九境"的心学体系

表 6-1

心		物	境			境的类型
三向	三观		九境			
第三向	纵观	体、相、用	归向一神	我法二空	天德流行	超主客境
第二向	顺观	体、相、用	感觉互摄	观照凌虚	道德实践	主观境
第一向	横观	体、相、用	万物散殊	依类成化	功能序运	客观境

在唐君毅的思想中,"心灵"活动而形成"九境","心"与"境"不是认知主体与客体,而是一种具有交互性、融摄性、共时性的统一体。这种探讨,强调本体即存在于活动过程、活动结果之中,人们不应当离开生命进程、人的创造活动来谈本体。李维武从唐君毅"即哲学史以言哲学"的方法入手,结合其融通儒道的思路,指出"心通九境"的系统"是'心'开辟、建构、创造'境'的结果。这种'心'不是纯粹的理性精神,而是与'生命'、与'存在'结合在一起的主体意识,首先是一种生命的创造力,它包含理性、道德,但又远不止理性、道德,而首先表现为人的生命活动。……他吸收了道家重'生'的思想资源,而与儒家重'心'的思想资源相会同圆融"[①]。这种研究说明了唐君毅如何汲取中国传统哲学中的理论资源。

从会通西方哲学的角度看,唐君毅在"心灵"与"境界"关系的建构中说明心灵的本体意义,也是非常符合18世纪以来"理性"哲学的思路的。这一时期的哲学思想中,"理性"不再是"先于一切经验、揭示了事物的绝对本质的'天赋观念'的总和",而是"一种能力、一种力量,这种能力和力量只有通过它的作用和效力才能充分理解",

---

① 李维武:《心通九境:唐君毅与道家思想》,《中华文化月刊》1997年4月。

"仅从它的结果是无法充分衡量的,只有根据它的功用才能看清"①。正如有论者所指出的,"《生命存在与精神境界》一书体现了中西哲学空前广泛的融合,这一融合的实质与核心即在于:如何在有关生命、存在、心灵之超越的理解中融摄认知的理解,书中广泛地论及科学、逻辑、知识论等方面的内容,但这一切又都为一充满了生命情调和道德意味的超越心灵所统摄"②。唐君毅的这种理论构建,也直接指出中国心性学中"本体"的丰富内涵,以"主体"为根本,不能简单与西方形而上学等同。

三 "感通"活动中的心境相依

唐君毅以"生命""存在""心灵"合一,通过"心"与"境"的"感通"来确立自己心学体系的骨架,是对变易、生生等中国传统哲学核心理念的融会贯通。有论者指出,唐君毅"感通"思想建立在《周易》"感通之理"上,显示了唐君毅哲学的易学背景和基础。而在牟宗三的哲学中,易学是其"道德形上学"的补充。这也体现了唐君毅与牟宗三建构形上学的不同路向。唐君毅通过对"感通"理念的建构,创发了一个"生命存在与心灵境界"的心性本体论和哲学判教体系。③ 在"感通"理论的支撑下,唐君毅说明了心灵活动的动力,心灵与境之相依、俱存俱现是世界之层层展开。其中,性是心灵之体,情是心灵之用。通过性情而确立超越之信心,高扬心性之学,对于解决意义危机、现实境遇上的困顿具有重要作用。这不仅是唐君毅从生命体验中流淌出的智慧,更是对传统心学的理论拓展。

---

① [德] E. 卡西勒:《启蒙哲学》,顾伟铭等译,山东人民出版社1988年版,第11页。
② 郑家栋:《唐君毅〈生命存在与心灵境界〉述评》,《浙江学刊》1990年第2期。
③ 刘乐恒:《唐君毅易学思想中的"感通"问题》,《周易研究》2014年第3期。

第六章 构建"心通九境"的心学体系

"感通"即"寂然不动,感而遂通"①,唐君毅哲学体系中的"感通"观念,也是此意。"感通"既是天地生生不已的过程,也是心灵活动的过程。唐君毅专门援引《周易》的内容进行说明:"在无思无为之世界中之天地万物,与此易之为书、及吾人之心,即皆同在一寂然不动之境。然当卦爻既定,则易之为书,显出其象象之辞,亦显出其辞所象之天地万物中之若干类之物,与物与物所结成之若干之事;而我即可由此若干之物象、事象以定吉凶,而知我之若干进退行止之道,亦降至于有若干之思与为之境。是即可称为易之为书之'感而遂通',亦我心之'感而遂通'。此中同时即有原为我心所虚涵虚载之天地万物之全体中之若干之事物,自'寂然不动'之境出现,而亦'感而遂通'。"② 在唐君毅看来,易学系统用卦、爻、象、辞来说明自然事物与现象,并判定吉凶祸福,无时无刻不包含着人对自身的理解和把握。天地万物的"寂然不动,感而遂通",与心灵的"寂然不动,感而遂通"是同一的,心灵的活动也是"寂然不动,感而遂通"的。

接下来,唐君毅认为,用"寂然不动,感而遂通"的思路来看天、人、物、我,"即见一切天地万物皆由寂而感,由无形而有形、由形而上,而形而下。即见一切形而下之有为,而可思者,皆如自一无思无为之世界中流出,而生而成。知此,即可以入于易传之形上学之门矣。然此形而上学之门,则正为可由人将此易之为书作卜筮之用时,再反省此书之能由'寂然'而'感通',与天地万物之能由'寂然'而'感通',与天地万物之能由'寂然'而'感通',而可直下契悟得者也"③。对于"感通"的契悟,即是对宇宙从"无"中生

---

① (唐)李鼎祚:《周易集解》,王丰先点校,第418页。
② 唐君毅:《中国哲学原论·原道篇》卷二,第142页。
③ 唐君毅:《中国哲学原论·原道篇》卷二,第142页。

"有"的过程的体悟，亦是对宇宙、人心由"寂"而"动"的反思，是对"道"的活动历程的把握，"浑然与物同体"的境界也由此确立。唐君毅通过对"感通"活动的描述，说明心与境（物）的互相敞开，用现代哲学的思路和表达阐发中国传统心学的核心内容。

进而，唐君毅认为无论"心"有没有具体发用，"体"与"用"都不离。当本体没有发用时，体之用在于存养其体。他说："此心之虚明灵觉，自存养而自相续，即其用。在此用中，无任何所觉，亦表现理、表现性。"[①] 当"心"与"物"相接触，即由"感通"而实现心灵"知境而即依境生情、起志"[②] 的过程，九境之层层展开，"感通"一方面在前五境（万物殊散境、依类成化境、功能序运境、感觉互摄境、观照凌虚境）中与"意味"相通，另一方面又在后四境（道德实践境、归向一神境、我法二空境、天德流行境）中把"意味"提升到更高的层面。

就"心"的本性而言，"心"活动的范围可直至"天下"；就"心"的实践而言，"心"的作用范围局限在具体生活之中。因而，唐君毅非常强调具体生活对于人心之仁的现实影响。"儒者之仁心，虽无不爱，而足涵四海万民而无遗；然此心之落实，则只在于当前之我与人相感应之具体生活。"[③]"心"之发动必指向于"物"，在感物的过程中，"心"一直保持着的主体性和理想性，与物互动，保持能动性。这也就是唐君毅所指出的，"此德性心，在其自悦自安，而无间充达之历程中，乃永不能化为对象"[④]。

在"感通"活动中，心、性、理的一体性也呈现出来。唐君毅指

---

① 唐君毅：《中国哲学原论·原教篇》，第327—328页。
② 唐君毅：《生命存在与心灵境界（上）》，第13页。
③ 唐君毅：《中国哲学原论·导论篇》，第112页。
④ 唐君毅：《中国这些原论·导论篇》，第112页。

出:"自理之有一定内容上看,即明似与心有所不同。盖心之与物感通,既变动不居,此心之自身,即如只为以能觉,而无一定内容看。此能觉之感物,既感此,而又能舍此,以更感他,即见其虚灵而不昧;而心之自身,唯是一虚灵之明觉,便无一定之内容;其内容,皆当是此心之与物感通,而有所发用时,所表现之性理上言者。"[1] 虚明灵觉,可以说明唐君毅回溯传统心学,整合心学与理学来深化自己以"自觉力"解释心的学术根源,实现中国传统哲学的现代表达。宇宙本体之"生生不已",根本上是一种广大、自由的创造原则,人直下承担这种创造原则,日新己德,保证宇宙之"生生不已"能够不间断,是真正的与天地合流的大德,心、性、理在根本上通而为一。

第三节 如实知的扩展与真实行的贯通

唐君毅说明本体之"真"的思路,在《道德自我之建立》中主要以"应该意识"的确立来说明。在《生命存在与心灵境界》中,这种思路凝结为对于"真"与"妄"之转换的分析,强调"妄心""妄境"的真实存在及其转换为"真心""真境"的方向性。唐君毅指出:"吾人之心灵恒不能对种种境作如实观,而不免于有妄心与妄境。吾人之心灵,知妄是妄,固是真。于一切妄,皆可由知其为妄,而去妄得真,则妄真可转。"[2] 真知所具有的转化妄心、妄境的能力,是"应该"层面的"知情意"合一、"知行"合一。唐君毅把这方面的内容描述为"人自知其知所依以生之真实之情意,而知此妄之所自起,知此妄之为妄,以去此妄见,而更生起真实之情意,并自宅其知于此真实之情意

---

[1] 唐君毅:《中国哲学原论·原教篇》,第323页。
[2] 唐君毅:《生命存在与心灵境界(上)》,第18页。

中，则仍当归于以此知自内照明此情意，而与之俱行"①。"自知"作为其中的重要环节，尤其体现在知妄以后生起对"真"的情感态度和意志坚持。在自知的内容中，除了凸显"应该层面"的真情、真性、真心之外，唐君毅还把"求客观事实"的内容补充进来，自觉补充了心之本体的"认识心"向度，集中在客观境的讨论部分。

首先，在讨论人的认知活动之始，唐君毅就非常明确地提出，"分类"的过程是人的思维活动与事物的客观性相互建构的过程，"人之思想之形成种种之类概念以定类，可直接本于其对一个体事物自身之纯粹的性相以定"②。人们对客观对象的规律和结构的认识，是划分"类"的依据。通过认知事物现象和属性的相似性，人们把万事万物划分成诸多类。"分类"的结果则是一方面使世界从无序走向有序，另一方面也通过模拟的方式沟通事物之间的联系，把人和人的世界纳入一个总体关联中来把握。唐君毅指出，"分类"的认知意义，是人类生活不可或缺的内容。人们的各种行为，都与人的相关知识联系在一次。

同时，唐君毅还指出，纯粹认知的"分类"给人类生活带来的负面影响也是人们需要警惕的。他说："人之思想自规定其进行方式，自造类概念，以说明其自己，亦无异其自造一天罗地网，自入于其中，如蚕之作茧而自缚。蚕不能不吐丝以自缚，否则蚕无安身处；人之思想亦不能不自规定其进行方式，否则其思想不能进行；而人亦不能不自思想此方式、造类概念，以思想其自己之思想知识之如何形成，然后方能自知其思想知识之果为如何，以使其思想知识得由被知为如何，而得存在于能思想其思想之更上一层位之思想之主体中，以得其安身

---

① 唐君毅：《生命存在与心灵境界（上）》，第25页。
② 唐君毅：《生命存在与心灵境界（上）》，第156页。

第六章 构建"心通九境"的心学体系

处也。"① 获取对于事物的知识，主要是认识论问题。而寻求主体的安身处，则需要主体的价值意识来发挥作用。从中国哲学中寻找认知功能与价值功能相统一的"心"，把知识和价值恰当地整合起来，是唐君毅"心学"的根本思路。

其次，在唐君毅的心通九境哲学中，还用个体生命的有限与无限相统一来表达存在之"真"，是主体绝对性的重要内容。他说："吾人之生命能真实通于无限之生命，即能成为此无限之生命。吾更将说吾人之生命，原为一无限之生命；亦不能以吾人现有之一生，为吾人之生命之限极。然此无限之生命，又必表现为此有限极之一生。吾人之有限极之一生，亦为此无限之生命之一极。此极，是无限生命之一极，亦吾人之为人之极。……每一人，皆当先自视为一吾，并知克就吾之为一吾言，乃唯一之吾。唯吾自视为唯一之吾，人人皆自视为唯一之吾，然后吾乃能立人极，人人乃皆能立人极。故此'唯一'亦有普遍意义。此唯一之吾，亦可说为一绝对之独体。"② 进而，唐君毅用心与境的感通之论个体生命之"真"的中国哲学话语，表达了有限与无限相统一的哲学论证。他说："使唯一之吾，由通于一永恒、悠久、普遍而无不在，而无限；生命亦成为无限生命，而立人极；故吾人论诸心灵活动，与其所感通之境之关系，皆所以逐步导向于此目标之证成。"③ 而真正成就个体之"真"的人格，则需要中国哲学中的工夫论来实现。

在此基础上，唐君毅还指出："儒者所言德性之知，即对仁心仁性之自觉，此乃全为自发自动，而主宰人之见闻之知之活动方向者。由其充内形外，即可裁成自然与人间之世界者。此德性之知，纯属于主

---

① 唐君毅：《生命存在与心灵境界（上）》，第159页。
② 唐君毅：《生命存在与心灵境界（上）》，第26—27页。
③ 唐君毅：《生命存在与心灵境界（上）》，第27页。

体,谓之为纯主观亦可。然又实为能通于外在之自然与人间,而以裁成世界为志者,则又为最客观的。"①需要注意的是,唐君毅对于"客观"的使用,是康德意义上的,并不是合乎事物本身的规定。康德对于"客观"的说明,建立在现象和物自身二分的基础上,承认人类理性的界限,认为人类理性为自然和自由立法。"客观"不是合乎事物本身,而是"取决于一种规范性的结构形式,以判断的普遍必然性作为标准,由先验演绎的方法进行证明"②。以"德性之知"为"最客观"、最具普遍必然性,是唐君毅从根本精神上接纳康德哲学,并力求沟通康德哲学与心学的表现。唐君毅对于康德哲学的援引,也成为其哲学体系不同于传统心学的一个方面。

最后,在唐君毅看来,本体之"真"与"善"贯通的根源,在于"知"与"行"必然合一,即"真实知"起"真实行"。唐君毅先正面提示出知、情、意既有区别又一体相连的理性思路,由情、意引生的"行",与"知"具有内在的关联。他说:"知、情、意,虽皆属人心灵生命自体之活动或用,而其为用与性相,固不同。大率知之活动,能知人自己之心灵自身与他物之体、相、用,而不能改变之;情意之行之活动,则可对其他人物或自己之心灵之自体,更有一作用而变之。此即知行二者之不同。然心对境若先无情上之感受,亦无知之感通;人心若初不求应境,亦对境无情上之感受。又感受、感应,亦是一感通于境之事。"③针对人们常有的区分知、情、意,进而分裂知与行的观点④,唐君毅又提出:"知既自知其为知,必更求自知其为知之所依

---

① 唐君毅:《西方人文主义之历史的发展(下)》,载氏著《中国人文精神之发展》,第81页。
② 姜海波:《理性的区分与传统形而上学的没落》,《杭州师范大学学报》2019年第2期。
③ 唐君毅:《生命存在与心灵境界(上)》,第24页。
④ 唐君毅把这种观点概括为"人谓知与情意有别,乃自知只对境有所感通,而不必对境之有所感受、感应说。感受是情,感应是意或者志行"。唐君毅:《生命存在与心灵境界(上)》,第24页。

第六章 构建"心通九境"的心学体系

以生,则必更知及此情意。既知及此情意,更知:无此情意则知不生,无情意之行以继知,知之感通不能完成;则人可更知此知之生,乃后于此情意之行;亦知此情意之行,乃主乎此知之生与成者。"① 唐君毅对"知"的说明,始终强调"知"不能离开人的情与意,"知"与"行"的贯通具有必然性。

从工夫论的角度来审视"感通",说明去妄归真如何实现,是唐君毅心灵哲学的一个向度。在唐君毅看来,妄来源于心灵活动,是对真知的否定。他说:"妄生于混,混生于心灵活动与其境之有种种,可供人之混。然此混之根原,又不只在此心灵活动之有种种,而分别与其所对境相感通;而亦在心灵之诸活动,原亦能自感通。若人之一一心灵活动,皆分别与一一之境相感通,以各得其应,各得其实,而不自相感通,则亦无混此境为彼境之可能,亦无妄之可能。然以人之心灵之诸活动,原能自相感通,则其一活动,便可夹带其原所感通之境中之事物,以通入其他活动之感通之境之中而不自知。此即妄之所自始。"② 从唐君毅对于"混"的分析中,可见他对于传统心学的再表达。一方面,"心"与"物"相接可能引生"混",表现为心与境不能一一对应,是对传统心学中关于"恶"的来源的进一步说明。另一方面,唐君毅还指出,心灵自身的活动中,本身也包含着"混"的可能,通过个体向内反省与涵养来克服这种"混",对接到了传统儒学的工夫论。唐君毅区分心灵活动的观、向、与境的差别,更加清晰地呈现由混生妄的可能和过程,把传统工夫论中的"知行合一"推向了细微和精密,心灵与境界的序、类、层位的异同成为唐君毅工夫论中需要重视的内容。

在不同境界中,人的心灵活动不同,产生的弊端不同,需要的

---

① 唐君毅:《生命存在与心灵境界(上)》,第 25 页。
② 唐君毅:《生命存在与心灵境界(上)》,第 19—20 页。

救弊方式也不同。区分"心灵"在"观照凌虚境"和"道德实践境"中的不同,即是这种思路的典型表现。在"观照凌虚境"中,心灵超越经验世界,以自我直觉、自我反观的方式成就对心灵自我的真切认识,人之哲学思维,对形而上的探究主要在"观照凌虚境"中表现。而"道德实践之心灵,异于此观照的心灵者,在其对现实存在事物,兼有'知其为存在'之实感,而更以其所由观照而得之理想意义,与此实感所得相遭遇,遂形成一求继续实现此理想意义,于现实存在之具体的道德理想"①。这也就是李杜指出的,"观照凌虚境的主要依据是人的心灵的理解活动,道德实践境的主要依据则是人的心灵的道德理性的活动。……由于道德心灵所见到的现实世界与自己的生活常有欠缺,而要求改进,故道德生活为一种主动的实践生活,而不是被动的感知或静态的观照的生活。因此人从事道德生活即永远在改过迁善之中"②。

唐君毅强调,人对于道德原则呈现于自己与他人之间的区别的无视,以责己之心责人,导致道德精神的颠倒,成为当今时代一个非常重要的问题。他说:"此大颠倒,是使原当内在于人之自觉心之道德原则,或人当本之以对自己之意念行为,是是非非,以迁善改过者,全部外在化,为可供人随意取用,来施行对他人判断斥责之道德语言。"③这也是唐君毅从为人之学的角度,来阐述道德问题的根源的基本思路,力图说明缺乏个体道德自觉这一内在根基,而简单、直接地追求普遍性,单纯向外运用批判理性所导致的问题之严重性。如何恰当地把握人我之别、内外之别,是心性之学中非常重要的内容,这在今天需要引起人们的格外重视。

---

① 唐君毅:《生命存在与心灵境界(上)》,第606—607页。
② 李杜:《唐君毅先生的哲学》,(台北)台湾学生书局1982年版,第96页。
③ 唐君毅:《论精神上的大赦(上)》,载氏著《中国人文精神之发展》,第271—272页。

唐君毅分析和建构心学系统的思路可以做以下概括：以"统类心"来说明人文世界的形成及其整体性，以"德性心"和"虚明灵觉心"来展开对于人文世界的超越反省，确立"心"的德性主体和人文含义，并把"统类心"的内容涵括进心学系统，构建了"心通九境"的心学体系，以人心说明人性和人文世界的充分展开。这是唐君毅心学的最终归宿，也是对人类文化活动的根源、动力、方向等问题的最终表达，具有鲜明的文化哲学色彩。

第七章　儒学客观向度的展开

唐君毅的文化哲学，除了说明文化根源、文化动力，发挥中国人文传统在规范人心、整合价值、凝聚力量方面的积极意义之外，还主张通过客观精神的展开来促进人文传统的现代开展，呈现传统文化内在超越理路中的"外向开拓"维度，通过全面保守中国文化的精神价值来实现中国文化的现代转化，进一步实现中华民族的发展。其中，社会团体的发展、现代国家的构建、科学技术的发展，都是儒学面向现代社会时，需要做出回应的内容。同时，儒学客观向度的展开，也是儒学现代发展的必要内容。

第一节　沟通传统心性论与西方理想主义

如何缓解现代社会中的个体原子化、共同体虚化，应对社会价值的失范和社会秩序的重建，是现代新儒学外在向度中的基本问题之一。唐君毅继承了传统"皇极"观念，一方面继承并拓展了陆象山以"中""理"论"皇极"的思路；另一方面汲取并改造了黑格尔的客观精神，把"皇极"理解为事功之学，以道德理性为根据，说明个体活动、社会团体与国家一体贯通。在他看来，"人极"与"太极"之贯通,是中国文化之精义所在;而"皇极"虽在中国文化中古已有之,却未能充分展开;"皇极"的拓展与更新,是实现中国文化现代发展的关键,也是疏解现代中国文化困境的资源,强调中国现代国家建设应有的独特性。

一 拓展陆九渊的"皇极"思路

在中国传统哲学中,"皇极"即"皇建其有极",是洪范九畴中的第五畴,基本意思是君王治理社会的规范、法则。关于它的具体含义,自古以来聚讼颇多,汉代、宋代思想家的解释差异较大。概括而言,汉儒把"皇"解释为"大"或"君",把"极"解释为"中"。孔安国《洪范传》指出:"皇,大;极,中也。凡立事,当用大中之道。""大中之道"是汉儒对"皇极"较通用的解释,强调"大中至正"是王者治理社会的基本方略:君主应以中正之德,行宽容之政,使臣民皆能有中正的品德和行为。唐代孔颖达在《尚书正义》中对"皇极"的疏解与汉儒一致。宋儒对"皇极"的解释则比较多元,王安石、曾巩、苏轼都有过讨论。在宋代学者对《洪范》的政治哲学解读中,北宋重"五行",南宋重"皇极"。[①] 唐君毅所关注的是朱熹与陆九渊在"无极与太极之辨"中关于"皇极"的论述,继承陆九渊的解释,并拓展其范围。唐君毅在阐释中国哲学义理的《中国哲学原论》中,把"皇极"解释为事功之学;在揭示中国文化的精神价值、沟通中西文化精神以形成新的文化发展方向的《中国文化之精神价值》中,把"皇极"描述为客观精神,是道德理性在社会生活中的充分呈现,是理想沟通人与我的客观化过程。

朱熹反对汉儒的"皇极"解,认为把"极"释为"中"不合理,

[①] 丁四新:《再论〈尚书·洪范〉的政治哲学——以五行畴和皇极畴为中心》,《中山大学学报》2017年第2期。

"极"的含义应当是"准则"或"至极"。他训"皇"为"君",把"皇极"解释为"以其一身而立至极之标准于天下",意即君主以自身的言行为天下树立最高的标准。与汉儒相较,朱熹的解释使上下文的贯通更加顺畅,在方法上把汉儒强调的"中正"这一具体内容抽象为"至极之标准",强调王者正己以正天下的示范意义;在文献解释上,朱熹把《洪范》"皇极"与《大学》"正心诚意"以及"壹是皆以修身为本"的主旨关联在一起,更加能够说明"皇极"是九畴的核心。这种解释颠覆故训,却也为后人所广泛遵从。①

陆九渊对"皇极"的解释则与朱熹不同,他延续了汉儒训"极"为"中"的思路,并进一步指出:"极""中""理"三者同一。陆九渊曾言:"此理乃宇宙间之所固有,……极亦此理也,中亦此理也,五居九畴之中而曰皇极,岂非以其中而命之乎?民受天地之中以生,而诗言'立我烝民,莫匪尔极',岂非以其中命之乎?……此理至矣,此外岂更复有太极哉?"② 在陆九渊看来,"极"是"理",是"中",是民得天地之受而生的根据,也是社会秩序的根据。这种解释把"皇极"的内在源头直接推于"天",超越了借助"君"来解释"皇极"的思路,并用"天之所以与我者,即此心也。人皆有是心,心皆具是理,心即理也"③ 这个著名的心学命题,把"皇极"的主体从君王转化为每个人,"觉民行道"的思想史意义非常明显。

陆九渊的这种解释,强化了个人对家、国、天下负责的经世精神。他提出"皇极之建,彝伦之叙,反是则非,终古不易。是极是彝,根乎人心,而塞乎天地"④ 的判断,正是就此而有。有见于此,唐君毅认

---

① 丁四新:《论〈尚书·洪范〉的政治哲学意义及在汉宋的诠释》,《广西大学学报》2015年第2期。
② (宋)陆九渊:《陆九渊集》,钟哲点校,第28页。
③ (宋)陆九渊:《陆九渊集》,钟哲点校,第149页。
④ (宋)陆九渊:《陆九渊集》,钟哲点校,第269页。

为"象山明摄太极皇极之义，于此心此理之中"①，徐复观也称赞陆九渊"内外兼管，恰到好处"，"象山之心学，一面为个人国家社会之融合点，一面为人对国家社会事业负责之一种生命力的解放"②。

自古以来，关于"极"的内涵聚讼颇多。唐君毅力图兼通古训，肯认陆象山以"中""理"释"皇极"的合理性，并认为朱熹与象山的思路是相通的。唐君毅说："极字之古训如何，乃纯属文字训诂之历史性之问题，至极太极之极，当以何义为本，则兼为一义理之次序之理论性问题。"③ 从"极"的文字上看，唐君毅根据《说文解字》中"极，栋也"的说法，提出"栋居屋中，亦在屋上，而正屋必先正栋；则'极'应兼涵'中'与'至极或标准'二义"④ 的引申，进而提出"训极为中或至极，皆同合于古训"的判断⑤，为象山的解释寻求文义的根据。陆九渊以"中""理"释"皇极"，并用"心即理"直接同一的论说，把"心"与"皇极"打通。这种解释，直接呈现"心"的价值根源意义、分辨善恶的能力，强调"心"在伦理生活、社会行为中的根源地位。

在此基础上，唐君毅还从沟通朱子与象山"皇极"思想的角度提出了说明，体现象山"皇极"思想的兼容性。他说："象山之言极为实字，乃谓极字所指所状之理为实。此亦朱子所同许。朱子注太极之理，谓兼为'造化之枢纽，品汇之根底。'言其为根底，乃就其为至极义说。言其为枢纽，则亦兼自其为在造化之'中'，而主乎造化说。中之至极，同为表状其所指之实理之辞。其所指之实理，既兼有'至极'及'在中而主乎造化'之二德，则陆子之训太极之极为中，于古训既

---

① 唐君毅：《中国哲学原论·导论篇》，第516页。
② 徐复观：《象山学述》，载李维武编《徐复观文集》第二卷，第223页。
③ 唐君毅：《中国哲学原论·导论篇》，第427页。
④ 唐君毅：《中国哲学原论·导论篇》，第427页。
⑤ 唐君毅：《中国哲学原论·导论篇》，第427页。

亦有所合，朱子固毋庸加以非议也。"① 在"主乎造化"的终极意义上，唐君毅把象山和朱子关于"极"和"太极"的思路沟通在一起。

唐君毅以"事功之学"指称"皇极"，是在陆九渊心学的脉络中展开的。其中，内蕴着事功之学与普通的功利之学有本质上的不同的判定。在中国思想史上，普通的功利之学，主要是基于"利益"而引发的讨论和行动，重点在于"利"；事功之学则主要基于"功"来讨论，以"建功立业"为行为追求，除了"利益"追求之外，还包含着更为超越性的道德因素，具有丰富的社会政治内涵和实践风格。② 唐君毅对于"皇极"内涵的解释，与陆九渊一致，认为"全幅人文之大化成于自然之天地万物，而不以偏蔽全，是为皇极。皇者，大也；极者，不偏之中也"③。

如何在所有的社会活动、文化活动中充分彰显"心"的主宰意义，是唐君毅拓展传统"皇极"思想的核心问题，这即是在整个人文世界彰显至中至正之道。"皇极"须有内在的依据，与"太极"相贯通；"皇极"必与外在的时势相协调，与"人极"相呼应。合而观之，"太极"、"人极"、"皇极"之一贯，可以经由"心"之形上性来说明；分而论之，皇极中包含着"太极"、"人极"的理想要求，是心性本体自我活动、向外开拓的结果。通过"心"自身的活动把道德理想、客观知识、具体活动整合起来，可以充分体现道德理性的通贯作用。唐君毅强调，社会团体和国家即是人们道德理性活动的结果。

从现代新儒学整体的思想观照来看，唐君毅的皇极思想显示出继承而又超越心性之学、关注社会生活的向度，丰富了现代新儒学的外

---

① 唐君毅：《中国哲学原论·导论篇》，第427页。
② 王健：《法家事功思想初探——以〈商君书〉、〈韩非子〉为中心》，《史学月刊》2001年第6期。
③ 唐君毅：《中国哲学原论·原道篇》卷一，第4—5页。

部内容。唐君毅通过"皇极"所呈现出来的心性本体贯通社会、政治生活，把心性本体刚健的生命创造义和理想活动义充分呈现出来。

二 以心性论统摄客观精神

在唐君毅的思想中，"文化即人之精神活动之表现或创造"①。"精神"是心性本体与具体文化活动的中介，是心灵与外物、他人感通的过程，本身即具有客观性与主体性，是心灵之理想性与客观外物之现实性的统一。为了说明"精神"的这种特性，唐君毅借助黑格尔的客观精神论，说明中国传统心性之学与现代文化的相通性，并用"客观精神"指称"皇极"。黑格尔是较早从整体上反思现代性的哲学家，唐君毅吸收其"客观精神"和辩证法思想，又强调"辩证法之真根据，只有通过康德、费希特之实践理性之理念，乃能于开始点得其一确定之实指处"②。康德的实践理性，在唐君毅看来，即儒学的道德理性与心性论。唐君毅做出这种解释，旨在彰显道德理性在各种文化活动中的统摄地位，代表着现代新儒学沟通传统心性论与现代社会的一种思想方向。

唐君毅把黑格尔哲学的精神概括为"在分裂的世界中追求'一'"③，准确地揭示了黑格尔辩证法的精髓：通过对特殊性的否定来追求普遍性。唐君毅认为黑格尔哲学最大的功绩在于"依理性以考察此绝对的'一'之的精神之昭露其自己之各种不同之特殊形态，与其如何关联而相转化；在关联与相转化中表现此'一'元的普遍精神自己"④。辩证法是普遍理性展开为各种精神的自我运动的说明。从辩证法和精神运

---

① 唐君毅：《文化意识与道德理性》，第30页。
② 唐君毅：《西方近代理想主义之哲学精神》，载氏著《哲学论集（下）》，第635页。
③ 唐君毅：《西方近代理想主义之哲学精神》，载氏著《哲学论集（下）》，第703页。
④ 唐君毅：《西方近代理想主义之哲学精神》，载氏著《哲学论集（下）》，第634页。

动入手，唐君毅准确把握了黑格尔哲学中普遍性与特殊性的关系、克服个体精神与共同体精神的断裂与冲突，在个体与共同体的融合中实现个人的全面发展，超越启蒙哲学的个人主体自由而开启社会总体的自由发展的思路。"黑格尔辩证法的理论图景中包含着通过对统一的哲学的追求来扬弃精神的分裂和异化形式，其目的是要治愈现代性的苦恼。"[1] 黑格尔精神哲学中的这种理论架构，被唐君毅用来论证其"心灵为体，精神为用"的文化哲学思想。在唐君毅看来，"黑格尔论文化之大慧，则在其依辩证法以指出不同之文化领域，乃同一之精神自我之客观的表现，其自身所递展出之精神形态"[2]。

在唐君毅的思想中，"精神"和"心灵"有一个基本的区分。这在本书的第三章中已有说明，此处不予重复。唐君毅认为客观精神尚不足以成为社会文化活动的根源，须从"实践理性"这一有生命力、创造力的主体来把握社会文化活动的根源，把客观精神与"皇极"融通起来，超越康德和黑格尔。因为"康德之哲学，则初由分析知识之可能条件开始。黑格耳哲学，亦根于其逻辑之范畴论。此皆非生命性的思想"[3]，而实践理性的特点是要求"'通过理想之普遍实现'以表现其自己"[4]，与理论理性、逻辑理性有根本上的不同。

从儒学仁心仁性、成己成物的角度来把握"实践理性"的精义，是唐君毅汲取黑格尔"客观精神"和辩证法的核心旨归。这是基于中国文化传统的根基做出的调适，典型地体现了现代新儒学以中国哲学为本，来融摄西方思想的治学思路，一方面反映出唐君毅要借鉴西方

---

[1] ［意］文森佐·费罗内：《启蒙观念史》，马涛、曾允译，商务印书馆2018年版，第56页。
[2] 唐君毅：《文化意识与道德理性》，第12页。
[3] 唐君毅：《西方人文主义之历史的发展（上）》，载氏著《中国人文精神之发展》，第57页。
[4] 唐君毅：《西方近代理想主义之哲学精神》，载氏著《哲学论集（下）》，第638页。

第七章 儒学客观向度的展开

哲学的合理成果来充实、提升中国哲学的开放性心态和建构性价值理念，另一方面也体现了唐君毅抱持以心性之学为根基的中国文化的根本态度，是中国文化精神的守望者。

首先，唐君毅对"客观精神"的理解，是在人的道德理性基础上展开的，自始至终都与人的道德主体不分，道德理性渗透其中，并自我呈现。他高扬人的主体性，始终关注人文世界。而黑格尔的"客观精神"，是主观精神与它自身之外的无限材料接触之后，展现在社会、伦理生活之中。李维武指出了唐君毅"心"的主体性活动与黑格尔"绝对精神"自我运动的不同："黑格尔体系是'绝对精神'自我运动、自我展开的结果。这种'绝对精神'从本质上看是一种理性精神，是一种具有能动创造作用的理性主体。唐君毅体系则是'心'开辟、建构、创造'境'的结果。这种'心'不是纯粹的理性精神，而是与'生命'、与'存在'结合在一起的主体意识，首先是一种生命的创造力，它包含理性、道德，但又远不止理性、道德，而首先表现为人的生命活动。"① 唐君毅改造黑格尔"客观精神"和辩证法，是要为客观精神安立一个心性之源，也是要通过辩证法的"扬弃"图式，来说明心性主体的动力意义和统一意义。

其次，唐君毅认为，"由康德之超越自我，至菲希特之绝对意志，至黑格耳，而此派之思想之归宿，乃在一形而上学中之绝对理性之概念。此仍是一超人文之概念"②。在黑格尔的笔下，历史是"绝对精神"的漫游史而不是人的历史；在唐君毅的史论中，历史首先是人的历史，所谓"道"必须依凭人的活动得以展现。故而，唐君毅在构建自己的哲学时，强调与黑格尔思想的差异。在黑格尔的思想中，"精

---

① 李维武：《心通九境：唐君毅与道家思想》，《中华文化月刊》1997年第4期。
② 唐君毅：《西方人文主义之历史的发展（上）》，载氏著《中国人文精神之发展》，第57页。

神"通过自我否定而展开其发展历程,道德与其他文化领域并列;而在唐君毅思想中,"精神"是心灵与物相感通的结果,且不会通过自我毁减来上升,道德既是文化活动的一种,又内在于一切文化活动之中,成就、涵盖一切文化活动。唐君毅把描述意识运动的"正—反—合"辩证法理解为"普遍理想"展现为"未合理或不合理之特殊的现实",从而体现"普遍理想之实现于特殊现实"的过程①,提示出一条由理性(情感)而有理想,又由理想而有现实的内外相通之道,进而展开其文化讨论的基本思路。

这种思路,在一定意义上也促进了中国人对黑格尔哲学的研究。贺麟在20世纪40年代介绍黑格尔哲学在中国的传播时曾指出:"唐君毅先生写了一部《人生之路》,这是他根据黑格尔的《精神现象学》的方法来写的一部唯心论著作。但对于我们理解黑格尔哲学有一定帮助。"②

在儒家哲学体系中,工夫论是心性论的延续。说明如何在具体的社会文化中保持道德理性的主宰地位,是唐君毅"皇极"思想的重要内容,也进一步彰显了唐君毅对黑格尔"客观精神"的改造。他认为,"由康德至黑格耳之理想主义哲学,善言普遍与特殊之合一,普遍心、绝对精神之内在于个体之人心,尤多可取资。但在儒家哲学看来,此中之重要者不在理论,而在工夫。工夫到了,自有知性知德及知天之实感"③。一方面,人要在自己与他人、自己与外物的互动中体会到超越性的理性、理想的真实不妄;另一方面,人要在具体的活动中通过真实情感来保持、涵养理性理想的超越性,在具体的生活实践中把握

---

① 唐君毅:《西方近代理想主义之哲学精神》,载氏著《哲学论集(下)》,第636页。
② 贺麟:《五十年来的中国哲学》,第123页。
③ 唐君毅:《西方人文主义之历史的发展(下)》,载氏著《中国人文精神之发展》,第82页。

自身个性与天道的合一，时刻保持道德理性、心灵的整体性和创造性。

通过各种具体意识的"隐""显"转化，"心灵"便体现在经济、政治、科学、军事等具体活动中，人的道德理性始终居于主导地位，并保证各种具体活动在根源处相互关联。唐君毅运用这种自我超越的辩证法来论述"九境贯通之道"。他曾言："至吾正面的贯通九境之道，则要在知一境之显为一境，即隐另一境于其中，而可本显以知隐，亦可更本隐而再显之。由此而可次序将诸境一一转出而说之，以成其依序以升进之说。"① 在这种融通中，唐君毅把"体用不二"的思路与黑格尔的辩证法做了结合，其中，"理想"是"心"和各种活动相结合的具体表现，是心之本体在具体文化活动中的显现；"文化理想"是否自觉、丰满，文化活动是否真正依理想而生，是唐君毅进行文化评价的核心指标。

第二节　社会组织与国家的现代形态

在唐君毅看来，清代以来的儒学发展，以及近代以来的西学传播，都是在推动事功之学的发展，促进皇极的丰富。这是"心灵"向外活动，感应外在世界的结果；这也是"心灵"自我完善的必要阶段。唐君毅强调，到了现代，人类的知识理性扩充，人类各种理想的才能真正形成；只有客观精神充分发展，才能使道德理性与社会团体、国家活动相贯通，完成人格的自我实现。唐君毅对于社会组织的讨论，可以区分为对于依赖章程、法规等组织化程度较高的社会团体的讨论，也可以从他对于"友道"的诠释中，发现以兴趣和共同价值观凝聚的松散的社会团体的讨论，以及更加理想化的社会团体相处之道。

---

① 唐君毅：《生命存在与心灵境界（上）》，第56页。

一 社会组织的文化功能

聚族而居是中国人传统的经济、生活组织方式,在婚姻制度、宗族观念的影响下,血缘认同逐渐发展出地缘认同,以仁民爱物、行义守信为核心的村规、民约,则成为地缘认同的一种表现。诚如费孝通所指出的,在稳定的社会中,地域关系又是血缘关系的扩展与投影,"地域上的靠近可以看做是血缘上亲疏的一种反映",背井离乡之时,同乡者总是会以血缘、地缘关系为依赖,建构起亚社会结构。以血缘亲情为基础的仁爱,经过"老吾老以及人之老,幼吾幼以及人之幼"类比外推的思维方式,成为人们待人接物的主要方式,逐渐形成了中国传统社会的"差序格局"。①

随着生产方式由家庭化生产转变为社会化大生产,人们对"共同体"的感知,除了"家庭(族)"之外,还增加了以工作为纽带而形成的单位、社会团体。同时,在现代分工条件下,人们容易束缚在自己的工作、生活的空间之内,难以从社会分工中的某一点上发现自己活动的价值与人类生活全部价值之间的关系。这也造成了职业、单位与社会、国家的疏离。就此而言,现代新儒学需要重建心性本体与社会生活的关联性,尤其需要重视建构责任意识、担当精神与日常生活的关联,强调人与人之间互相欣赏、互相扶助的重要性,以达到现实生活中的共生共在。

唐君毅把当时的时代问题的特性概括为两个方面,一是"世界之各种不同的文化系统发生接触中,所产生的许多错综的关系与冲突、矛盾,则不限于纯文化思想方面,而包括现实的社会政治经济之各方面,亦即是牵涉到人类文化之全面中之各方面";二是"各种纯粹文化

---

① 费孝通:《乡土中国》,北京出版社 2005 年版,第 100—102、40 页。

思想的力量，遂与各种现实的社会、政治、经济之力量互相结合，互相利用，以求扩张，而加强其冲突，加深其问题"。① 这使得现代社会面临的文化问题异常复杂。如何实现政治、经济、社会领域的分途发展，又如何由客观理想把分途发展的各种现实力量整合在一起，实现人文世界的全面发展、人类生活的理性化，是唐君毅文化哲学的重要内容。这直接指向了一个现代社会共同体建构的核心问题。

唐君毅指出，普遍抽象的理想并不能成为人与人之间真实的团体结合。文化理想和文化活动应当在分途发展的基础上，实现整合。这也是道德理性自我实现的内在要求。具体而言，这是"内心理想之分别客观化而超越化，以成一超越而客观之理想；及自觉地使此理想，表现为客观存在的社会文化诸领域、各种社团之组织、科学知识、生产技术、工业机械文明、国家法律，及民主自由与宗教精神等"②。

从抽象普遍的理想，到人与人之间的真实团体形成，需要三个环节，一是"理想之客观化为一事业"；二是"在此事业中，具体的个人与个人之直接的人格接触，所产生之彼此爱护、佩服、互助等自然情操与道义关系"；三是"共同的团体意识已形成之后，所共建立的团体之法纪规律，所转而对于个人之名誉上法律上的有效制裁"。③ 其中，第二点又是关键，是个人分别表现自己的才能与个性，发展各种各样的经济、政治、社会事业的基础。"先有一公共之目的，呈现于各个人之自觉之中"④，是唐君毅强调的社会公共组织的第一个要素，也是公共组织存在的根据。这种公共组织，与以私人利益为基础的团体，是完全不同的。在社会公共组织中，通过规则、章程来体现其公共目的，

---

① 唐君毅：《当前世界文化问题》，载氏著《中华人文与当今世界（下）》，第8页。
② 唐君毅：《中国文化之精神价值》，第499页。
③ 唐君毅：《民主理想之实践与客观价值意识（上）》，载氏著《中华人文与当今世界（下）》，第105—106页。
④ 唐君毅：《文化意识与道德理性》，第205页。

把每个成员切实地联系在一起,并通过成员间的分工与合作来实现公共目的,这个过程同时也是个体理想自我实现、个人理性自我发展的过程。

唐君毅对于法纪、规则的强调,则代表着他对社会团体有效整合的客观力量的关注,对于道德、理想何以根植于一个相互承认的、可靠的社会网络之中的思考。个体之间相互"承认",是维持社会团体稳定的基础。霍耐特指出:"从整体上说,爱、法律和团结,这三种承认形式构成了人类主体发展出肯定的自我观念的条件。"[①] 以上唐君毅对于社会团体文化功能的讨论,主要是就组织程度较高、比较紧密的社会团体来进行的。

二 友道在共同体中的拓展

"友"集中体现了中国传统思想中以兴趣聚合人群的思路,只是在以家庭、家族生活为主导的传统社会,趣缘认同只是成就个体仁德的"辅助",是兄弟之爱的推扩。《尔雅》中有"善兄弟为友"的说法,《说文解字》则指出"同志为友,又从二相交"。在这个意义上,传统儒家思想强调"君子以文会友,以友辅仁"[②],朱熹把"以友辅仁"解释为"讲学以会友,则道益明;取善以辅仁,则德日进"[③],彰显朋友之间相互学习,共同成就个人道德境界的意义,并形成志趣相投、亲密互助、互相学习的"友道"。这使人们获得一种超越血缘和身份的"爱"之体验,享受共同兴趣带来的快乐。发挥"友"的理想导向、平等互助精神,是明代后期中西文化交流的重要切入点;晚明以后,

---

① [德]阿克塞尔·霍耐特:《为承认而斗争》,胡继华译,上海人民出版社2005年版,第175页。
② 杨伯峻:《论语译注》,第130页。
③ (宋)朱熹:《四书章句集注》,第140页。

以顾炎武、黄宗羲等为代表的启蒙思想家们从讲学的社会团体、朋友关系引申出国家的原则、君臣关系，高扬平等意识，以对抗从家族制的原则所引申出的国家原则。①

唐君毅在论述传统"友道"时，首先把"重友道"上升为传统中国社会生活的一个重要特色。他指出："中国过去社会生活之特色，一方是无明显之阶级对峙，一方即为重友道之扩大，而轻朋党之结合。"②进而，唐君毅认为，"友道"是在具体的生活情境中来体验共同的文化理想，并能够互相理解，互相尊重，包容差异。在他看来，"中国之友道意识，乃中国儒家所特看重。朋友之相交，赖志同道合。……中国所谓志同道合，则恒不是一抽象的目的理想之同。'同志于道'之道之内容，恒是指具体的人生文化理想之全体。同志于道，只是说，同有担负道之全体之向往。然各人对此道之全体中之所认识、所偏重，则不必同，而在一时一地，各人所志之事，亦不必同"③。唐君毅强调，"友道"重"和"而不重"同"，友人之间精神相通，互相攻错求善并能彼此礼敬，是"友道"的基本表现。他说："中国之求友，乃取求友以相攻错。……中国之友道意识，遂纯为向外开拓之心量，以友天下之善士之精神。此向外开拓之心量，乃依于一对我以外友人之敬意，以与友人之精神相感通。……朋友有相规以善之义，然无数谏之义。朋友之关系，永为一主一宾而相遇以礼敬之关系。"④ 以"和而不同"来确认个体之间的交往原则，也彰显了道德批判在人们现实交往中的不可或缺。

唐君毅指出，以劝善、礼敬为基础的"友道"在今天社会生活中

---

① 萧萐父、许苏民：《明清启蒙学术流变》，人民出版社2013年版，第10—11页。
② 唐君毅：《中国文化之精神价值》，第271页。
③ 唐君毅：《中国文化之精神价值》，第273页。
④ 唐君毅：《中国文化之精神价值》，第274页。

的积极意义,在于促进各个社会团体的并存与互相尊重,成就每个人的自由。他认为:"若吾人对凡依抽象理想或共同利害而形成之社会组织,皆自觉的规定其功能,限制其权力之所及,而兼以一'扩大的友道之意识',通贯于个体人格之关系间;则人与人间,虽所属之社团组织不同,而亦能互敬其所以异,以相涵容,于异中见同,睽中见其类;知人生之一切不同文化活动、文化事业、社会组织皆可并行不悖,以生发成就,自不须日争自由而个人皆自易得其自由,天下定而社会宁矣。"① 就现实社会团体间的冲突及化解来看,唐君毅的这种思路体现出较强的理想色彩,但在理论上却颇为重要,既考虑了现实生活中各种规则、组织的积极意义,又保持了道德理性的批判功能。

在论证"社团"之理性基础之后,唐君毅把国家理解为"统率此社会中各种团体之团体"②,并以此为基础讨论"国家"在道德理性自我实现方面的必要性。从根本上讲,社会团体和国家,都是人类理性活动求客观化的表现,都是基于人类理想而有的组织形式。只是两者功能不同,社会团体是理性自我的综合表现,各种社会团体则是某一理性活动的结果,如经济组织、学术组织、慈善组织等,都是人们某方面理想的现实表现,而国家则是各种社会组织的整合,为各种社会组织提供保障。这也即是唐君毅所概括的:"个人之理性活动,为要求客观化者,由此而有诸社会团体与国家。一般社会团体,为社会中人之各种理性活动之分别客观化之产物,而国家为人之统一之理性活动客观化之产物。"③ 对于国家道德意义的强调,是唐君毅论证客观精神的归宿。

---

① 唐君毅:《中国文化之精神价值》,第 276 页。
② 唐君毅:《文化意识与道德理性》,第 215 页。
③ 唐君毅:《文化意识与道德理性》,第 245 页。

三　国家的道德意义

在西方世界，启蒙运动产生了现代市民社会，进而出现了国家和社会、公共领域与私人领域的区分，国家与社会、个人呈现出断裂，原子化的个人组成社会，社会与国家又有一定的分离。这使得传统的共同体精神走向瓦解，个人作为有限而自主的个体，如何实现其生命的意义？这成为现代化过程中不得不面对的主体生存问题。在现代社会，共同体虚化成为一个非常重要的现象。个体意义的迷茫与共同体的虚化又具有内在关联。为了纠正这一偏蔽，唐君毅的思路是强调每个个体生存根基的统一性，并通过现实生活中的社会、国家来实现、强化这种统一性。黑格尔的思路为唐君毅提供了借鉴。

如何理解国家的合理性，是近代中国政治社会发展中的一个非常重要的问题。国家在社会共同体的建设中起着主导作用，这是中国近代共同体建构中不同于西方的重要特点。[1] 据统计，在1898—1903年，卢梭、孟德斯鸠、斯宾塞、穆勒等人的自由主义学说，大量传进中国，以专书或论文的形式出现的西方政治学论著的译本，多达48种，以卢梭的天赋人权论和社会契约论最受欢迎。[2] 唐君毅反思霍布斯、休谟、卢梭、洛克、斯宾塞、马克思等人的国家学说，认为"国家意识"在根本上即是"能绝对超越其自己之超越意识"——"发自吾人之理性自我，而依理性之推扩而成"[3]。这种理解，重点在于超越种族生物本能来说明社会国家得以建立的原始根据，拒绝把国家解释为高级有机体、法律机关之说，是中国"文明国家"观的发展。

---

[1] 袁年兴：《元身份的政治寓意与共同体建设——近代中国共同的解构与重构的过程逻辑》，《文史哲》2019年第4期。
[2] 熊月之：《中国近代民主思想史》，上海人民出版社1986年版，第312—318页。
[3] 唐君毅：《文化意识与道德理性》，第258页。

在唐君毅看来，种族本能的根据是"一盲目不自觉之生理心理系带"①，这种本能在人类进化过程中逐渐减弱，而个体意识逐渐增强，因此而有人之自觉。人类理性活动与人类的种族本能之间，存在着必然的断裂。"国家"建立在个体自觉的基础上，同时又要求个体能超越自己而关注到全体。这种解释具有较强的综合性，一方面延续了近代以来从个体解放来论说国家建立的思路，把个体自觉和自立作为国家的基础；另一方面又把"理性""理想"具有动力源作用贯穿在"国家"之中，是对中国人"现代国家"观念中的传统因素和现代因素的综合说明。这种理解，反映了唐君毅国家观的独特之处："个人人格之观念可以融解于国家之观念，而可视国家为一人格而有意志，唯依于吾人能在他人之前，超越吾个人之国家观念，以肯定他人之国家观念，而形成一普遍的国家观念、普遍的自我人格之观念之意识。"② 由此，唐君毅把调节冲突、限制不合理视为国家的消极根据，把人的理性活动客观化作为国家的积极根据。

唐君毅认为，自己的国家理论与黑格尔的国家理论最为相近，集中表现在三个方面。一是"国家"是必然性的存在，且不会消失。"国家之存在有理性上之必然性，国家为完成吾人理性自我道德意志之客观精神""吾人对于国家之责任，遂为通过理性而定然的确立"。二是"国家"本性至善，本原清净。"人之超个人的理性活动道德意志，乃人之一切政治活动之真正本质所在"，政治意识是一种"协调融合贯通"的意识。三是"国家"在本质上是精神之凝聚。"国家如一大人格自我之精神实体及国家有其包括个人意志之大意志。"③ 但黑格尔把国家理解为"有机体"，则是唐君毅反对的。

---

① 唐君毅：《文化意识与道德理性》，第251页。
② 唐君毅：《文化意识与道德理性》，第258页。
③ 唐君毅：《文化意识与道德理性》，第254—257页。

第七章 儒学客观向度的展开

黑格尔这样论述"国家"的基础和原则:"个人与家庭构成两个理想性环节,从中产生出国家,虽然国家是它们的真实基础。从直接伦理通过贯穿着市民社会的分解而达到了国家——它表现为它们的真实基础——这种发展才是国家概念的科学证明。"[①] 个体与家庭是黑格尔国家观的两个基础,家庭分解为市民社会,再从市民社会发展出超越个体意志的国家,国家成为超越家庭有限性和市民社会有限性的完满、无限的存在。"国家"是黑格尔论述客观精神的逻辑终点。在黑格尔看来,"现代国家的本质在于,普遍物是同特殊性的完全自由和私人福利相结合的。……普遍物必须予以促进,但是另一方面主观性也必须得到充分而活泼的发展。只有在这两个环节都保持着它们的力量时,国家才能被看做一个肢体健全的和真正有组织的国家"[②]。

就个人与国家的关系而言,黑格尔也强调,个人不能以"原子"的方式任意活动,而是必须在与他人的互动中完成自己的现实活动,必须与国家统一在一起。这是黑格尔克服市民社会的盲目性、随意性的理论说明。黑格尔通过对于国家理性的说明,指出了个体与共同体同时发展的可能。他认为,以分工为基础的现代社会,在促进个体能力发展的同时,又会成为技术的附庸;以利己个体为主体的自由市场,不能真正推动社会共同体的发展,需要有体现普遍性的国家理性来调控。黑格尔的这种思想,洞察到了现代性的总体架构,对于德国以及后发的现代性国家具有重要的指导意义。[③] 唐君毅强调个人必须通过公共目的形成社会团体,也直接指出了主体自由必须在整体中获得真正实现。正是基于这种对个体与社会团体、国家的理解,唐君毅才强调,没有客观精神的充分展开,个人的道德理性并不能充分发展。

---

① [德]黑格尔:《法哲学原理》,范扬、张企泰译,商务印书馆1961年版,第256页。
② [德]黑格尔:《法哲学原理》,第197页。
③ 仰海峰:《现代性的架构:世界性与民族性的双重审视》,《哲学动态》2014年第4期。

唐君毅在论证人的道德理性普遍存在之后，着力解决国家之合理性的问题。他的思路主要是指出以此为各种文化活动内在统一的根据，并高扬道德主体自我超越、自作主宰的力量，说明人类具有从源头处化解各种思想文化与现实力量相结合而造成冲突的可能，并强调理想的国家应当是在道德意志基础上的真、善、美、神圣的统一，这成为国家自身所具有的精神性力量的重要来源。唐君毅对国家意识的说明，为我们提供了一种反思民族国家，构建新型文明国家的思路。

唐君毅认为："直接自国家为道德意志之客观化，以完成吾人道德意志而言，即至善者。自道德意志皆本于一理性自我之普遍理性活动言，则道德意志之客观化为国家，即普遍理性之实现于人群，而为至真者。自国家之包括各种团体个人之不同活动，及在其历史之发展中，恒归使此诸活动之发自私欲而相冲突者，皆相抵销，而归于和融贯通，而合于不同时代地位之人之理性自我道德意志所共同要求言，则为一种美之具体表现。自其可视做超越个人之精神实体普遍人格为个人之理性自我道德意志所肯定为包括诸个人而纵贯时间以存在者言，则含神圣之性质，为超越而现实之神圣事物。"① 中国建立国家，应以"个人、社会团体组织、与国家三观念之配合贯通，以与中国文化之根本精神相契合"② 为思想基础。

唐君毅对于"国家"的说明，偏重于从"道德理性"的角度，从人格完善、公共善的实现等传统理性的角度来进行说明的。在这种"国家"意识中，包含着"天下"意识和古典"理性"观念。有论者指出，在传统意义上，柏拉图和亚里士多德都认为"理性"是指"辨

---

① 唐君毅：《文化意识与道德理性》，第262—263页。
② 唐君毅：《理性心灵与个人、社会组织及国家》，载氏著《中国人文精神之发展》，第191页。

别是非善恶的能力",政治以共同善为目的,政治理性等同于公道和正义。由马基雅维里开启的"理性"脱离道德内涵,成了"一种纯粹的计算能力",而"国家理性"只追求统治者的利益,是一种赤裸裸的利益政治和权力政治。现代政治不再是通过正义和追求美德而维系政治生活的艺术,而是一种追求、保护和扩张权力的技艺。无论人们如何理解"国家理性"这一概念,"国家理性"总是关于"为何要有国家"与"国家应当为何"的历史解释、政治期许、法权规范和道德训诫。[1]唐君毅对于"国家"的说明,整体上偏重于传统道德理性意义上的"国家",彰显"国家"的超越意义与价值功能,对现代政治国家的建构逻辑提出了反思。

正是在这一思路下,尽管唐君毅也重视人民、政府、土地在国家中的基础地位、中介作用,但他更指出,国家作为一个价值载体所具有的超越意义才是更为核心的凝聚力之源。他说:"国家非只是一谋人民福利之工具,乃吾人可于其中发现真理美善与神圣之价值者,而国家之存在,即一方所以完成吾人之道德意志,一方亦值得吾人对其理性基础加以真实之了解,对其历史加以审美的欣赏,对其超越的存在加以宗教性的礼赞者。"[2] 唐君毅从真、善、美、神圣合一而言的国家理念,具有更加广阔的综合性特征。他强调,个人的道德理性、道德意志对于国家意识的支撑,是最为根本的支撑。"吾人之真正理性自我道德意志能支持纵贯时间中之国家存在者,乃因吾人之真正理性自我之求客观化其理性活动,而表现为道德意志,乃自始即为一超时空,而纵贯一切时空之意志。"[3]

---

[1] 许章润:《国家建构的精神索引——今天中国为何需要省思"国家理性"》,载许章润、翟志勇主编《国家理性》,法律出版社2010年版,第7页。
[2] 唐君毅:《文化意识与道德理性》,第263页。
[3] 唐君毅:《文化意识与道德理性》,第259页。

这对于解释中国人的国家意识的特殊性做出了一种说明。中国现代"国家"观念的确立过程，是将近代西方民主政治的国家思想和传统的中国民族认同思想结合，并且将国家认同与民族认同的问题联系在一起的过程。近代思想史的一个重要特点，就是将国家的主权、独立、振兴和富强看作民族复兴的基本保障，将国家主权和国家认同看作民族认同的中心问题，而将民族认同作为取得国家独立、主权的必要手段。① 基于中国特殊的文化生态，在现阶段的中国，在国家认同中，既包含道德、情感层面的对于以人口、土地为基础的文化—心理的归属感认同，此即归属感认同；又包含法律、理性的对国家政权系统，即对主权、制度的支持，此即赞同性认同。② 两种认同模式并存，造就了当下中国国家认同方面的某些特性，甚至可以说，文化—心理层面的归属感认同起着更加重要的作用。这也是中国的国家认同不同于西方国家认同的重要特征。

从文化—心理层面讨论国家，唐君毅提出的核心命题是"国家乃积文化历史而成"③，非常准确地把握住了历史文化特点对于现代国家构建的重要性。他指出："吾生于何地何人群，吾客观化吾之理性活动之事，即须包含对于该人群中，他人所客观化于我前之理性活动之肯定。由是而以前之他人所肯定之团体，所肯定之国家，吾即须先加以肯定，然后方能形成我之特殊目的，特殊理想，进而求客观化之于我所在之人群，以改进此人群所组织之团体与国家。"④ 而通过民主、法制的发展以及公民意识的培育来增强个体对国家的赞同性认同，纠正以往国家意识中的不足，是现代国家意识中的一个重

---

① 李禹阶：《华夏民族与国家认同意识的演变》，《历史研究》2011 年第 3 期。
② 肖滨：《两种公民身份和国家认同的双元结构》，《武汉大学学报》2010 年第 1 期。
③ 唐君毅：《中国文化之精神价值》，第 522 页。
④ 唐君毅：《文化意识与道德理性》，第 248 页。

要内容。

唐君毅对此也有充分的认知。他指出："唯由国家法律之观念，以为分立并存之各种社会团体组织之统摄原则，并保障分立并存之各种社会团体组织之活动与个人之活动，而后文化之分途发展，乃各有其社会性之轨道，而免招致社会与人文世界之分裂。"[1] 以"法律"为国家统摄原则的根本保证，是唐君毅国家观念中最具现代意义的部分，强调国家对于社会统合的意义，与黑格尔伦理国家的思路相一致。孙向晨指出，基于个体权利建构起来的现代主权国家，具有强烈的契约论色彩，但还非常需要一种精神性的整合力量。"民族国家"体系是现代性世界体系的一个重要特征，只是这样的概念依然有它的局限性，以此来涵盖中国这种具有文明类型特质的国家会出现很多问题。[2] 唐君毅对于"国家"中的道德理性的强调，体现出基于中国文化特质而产生的思路和方式，是现代化过程中关于中国特殊性的思考。

第三节　科学的必要性与局限性

在中国，人们以"格致"称呼西方近代科学，将其中的"即物穷理"解释路向诠释为探求自然界事物的规律，这使得"格致"有了认识论的意义，增加了通过对事物的客观了解而获得对事物本质和规律的把握这一内容。然而在以"格致"作为"科学"同义语流行于中国的相当长的一段时间内，传统的伦理学意义的"格致"与此并行不悖。后来，严复、谭嗣同等人甚至认为真正的"格致"就是像近代科学那样去认识外在事物。这意味着以认识论意义的"格致"

---

[1] 唐君毅：《中国文化之精神价值》，第520—521页。
[2] 孙向晨：《民族国家、文明国家与天下意识》，《探索与争鸣》2014年第9期。

取代了伦理学意义的"格致"。① 葛荣晋梳理"格物致知"解释发展史,指出,中国格物致知的演化,大体上经历了三个历史时期:唐以前,格物致知是一个纯粹的伦理学命题,这是它的产生时期;到了宋元明清时期,格物致知既是伦理学命题,又是认识论命题,二者融为一体,这是它的鼎盛时期;到了近代,格物致知才真正从伦理学中脱离出来,变成了一个纯粹的认识论命题,这是它的衰落时期。② 整体而言,中国近代的认识论发展依旧没有摆脱与伦理学扭结在一起的传统特质。"科玄论战"中关于"科学的人生观"问题的提出与讨论,即是生动的说明。

如何准确、全面地理解科学、民主、进步、自由的含义与标准,是真正更新中国文化传统的关键。科学、科学精神、科学主义在中国近代以来的社会文化思潮中广泛出现,并引起长久争论,足见"科学"的重要性。丁文江在"科学论战"中指出:"科学不但无所谓向外,而且是教育同修养最好的工具,因为天天求真理,时时想破除成见,不但使学科学的人有求真理的能力,而且有爱真理的诚心。……了然于宇宙生物心理种种关系,才能够真知道生活的乐趣。这种'活泼泼地'心境,只有拿望远镜仰察过天空的虚漠,用显微镜俯视过生物的幽微的人,方能够参领得透彻,又岂是枯坐谈禅,妄言玄理的人所能梦见。"③ 把科学方法、科学结论与道德修养、价值观塑造结合起来,成为科玄论战留给人们的一种思考方向。其中,科学思维方式对于人的影响、物质世界的丰富对于人类生活的意义,都成为补充和拓展中国传统文化的内容。

---

① 陈卫平:《中国近代哲学的转型:变革与继承的统一》,《安徽师范大学学报》2012年第5期。
② 葛荣晋:《中国哲学范畴通论》,首都师范大学出版社2001年版,第478页。
③ 丁文江:《玄学与科学》,载张君劢、丁文江等《科学与人生观》,岳麓书社2011年版,第20页。

一　对科学的理解

"科学"在严复等思想家的介绍和推广下，成为中国近代以来文化革新的重要观念，在中国引起了广泛的讨论。胡适在为1923年出版的《科学与人生观》作序时，描述了中国思想界对于"科学"的理解趋势。胡适指出："这三十年来，有一个名词在国内几乎做到了无上尊严的地位；无论懂与不懂的人，无论守旧和维新的人，都不敢公然对他表示轻视或戏侮的态度。那个名词就是'科学'。这样全国几乎一致的崇信，究竟有无价值，那是另一问题。我们至少可以说，自从中国讲变法维新以来，没有一个自命为新人物的人敢公然诽谤'科学'的。"[①] 同时，胡适还提出："自从《欧游心影录》发表之后，科学在中国的尊严就远不如前了。"[②] 1923年开启的"科玄论战"，围绕着科学能否解决人生观的问题、科学与哲学的关系等问题展开讨论，一个重要的收获就是使人们意识到"哲学""科学"如何界定成为基础性问题。在这场论战里，科学派强调科学方法和科学功能的万能，而玄学派则指责科学功能和科学方法的局限，两者对"科学"的理解和界定，有科学主义乃至唯科学主义的倾向，而不是就科学本身进行的讨论。这种思路，对于中国现代学术思想产生了较为深远的影响。

熊十力对于科学的理解，在当时而言可谓持中之论。他说："近世科学技术发展，人类驱于欲望，而机械大备，又不得不用之以求一逞。于是相率趋于争斗，而兵器之穷凶极惨，且未知所底。为矫激之论者，或咎科学不为人类造福，反为人类之祸。余固不以此说为是。科学于人生大道，所发明者何限，其影响于人类精神者甚大且遍。此固有识所共知，无须深论。余固不肯轻视科学，但亦不敢以科学为万能。余

---

① 张君劢、丁文江等：《科学与人生观》，岳麓书社2011年版，第9页。
② 张君劢、丁文江等：《科学与人生观》，第11页。

以为人类如欲得真幸福，决非可仅注意外部，如环境与制度之改良。而内在因素，实至重要。所谓内在因素者，必性命之理得，而后嗜欲不淫。嗜欲不淫，则万物相安于各适。"①

熊十力对于"科学"的理解，受到科玄论战的影响，同时也表现出超越科玄论战的局限，试图就"科学"本身来寻求其在学术体系中的合理地位及其发展，跳出科学与人生观的纠结来立论。唐君毅对于科学的理解，与熊十力非常相似，在《十力语要》中有唐君毅和熊十力关于科学问题的书信记载；但唐君毅对于自然科学的多重讨论，体现出一种更为复杂的心态，讨论的角度也更加多元，既有对其认知向度的诠释，又有对其文化过程的探讨，但都是就自然科学展开的。他对自然科学使日常生活抽象化的分析，是一种综合性的理解。

首先，唐君毅认为，从认知向度来看，自然科学是心灵活动的结果，是一种"用心方式"的表现。具体而言，自然科学可以区分为物理科学和生物科学，两者用心方式亦有不同：物理科学的用心方式是是单向的，具体为"顺一向之因果之历程，以观因之生果，与果之恒异于因；因向于果，而果不向于因"；生物科学的用心方式是双向的，具体为"顺二向之因果历程，以观一生物体之自为因，以与环境中物接触而致果，以成其自体之发育；而见因能生果，果以成因，而不异于因；因向于果，果亦还向于因"。② 这种在因果关系的系统中探寻，以自然知识作为自然科学的直接表现形式，关注科学在方法和活动过程中表现出了现实品格，以认知向度来理解科学。其中，从"用心方向"上来说明，是唐君毅心学思维在解释科学上的体现。

在"心"与"境"感通的模式下，唐君毅把"知"的起点描述为

---

① 熊十力：《读经示要》，第127页。
② 唐君毅：《人文学术与自然科学社会科学之分际》，载氏著《中华人文与当今世界（上）》，第204—205页。

"知之指向活动之及于此相",最初表现为"只是具此知之心自身之作一开朗。此开朗,即心之自呈现一虚"①。进而,唐君毅用康德认识论中的"空间"范畴、知性、表象等内容进行解释。他说:"对此虚之纯粹直觉,即康德所谓对纯粹空间之直觉。心之知以此虚、此空间,摄受此相,而显为一被动者。然在心之知摄受此相时(受),此知之'指及此相'之指,即将此相更指出,(作意)而表现之,已成康德所谓表象或表相(想)。此则更为有自动之意义者。又此知之指出此相,以成表相时,同时应亦透过此相而超越之。由此超越,而此知即可离此表相,而转而摄受他相,或形成其他之表相;更能离此其他表相,以重现原先之表相,以重现原先之表相,以形成康德所谓再认知表相。"②

唐君毅的这种理解,与他对于康德哲学中"知性"与"理性"的理解相关。在唐君毅看来,康德"使知识世界内在于我们知的纯粹理性。超越的形上本体,虽超越知识所对之世界之表象,而又内在于我们之行的实践理性"③。"知"与"行"在"理性"的范围内统一,是唐君毅以"道德理性"作为一切文化活动之根据的理论基础。当然,唐君毅在这里使用的"理性",是中国传统哲学中的"性理",是天与人、形上根据与形下世界相关联的内在一致性。从根本上看,唐君毅虽然关注到康德以"知性"寻求知识统一性和普遍性,以"理性"克服"知性"在思维领域的片面性、单一性的内容,却对于康德以"理性"为知识划定界限,为"自在之物"留下空间的一面重视不够,最终以中国哲学中的"性理"思想、天人合一的思维方式来确认"理性"的强大的统一性,成就"德性之知"的最高地位和统一性内容。

其次,唐君毅还从文化过程的角度来理解科学。他认为,科学

---

① 唐君毅:《生命存在与心灵境界(上)》,第117页。
② 唐君毅:《生命存在与心灵境界(上)》,第117页。
③ 唐君毅:《西方近代理想主义之哲学精神》,载氏著《哲学论集(下)》,第615页。

"求知自然之理,并依之以改造自然世界,或制造出理想中之事物,以符人之情意上各种特殊要求",用这种精神"以熔铸物质材料,而使吾人之理想中之事物,得客观化于自然世界,而成为人所共识、共享用,亦兼以贯通我与他人之精神,而成为客观精神之媒介"①,具有积极意义,主要表现为科学与人们活动的结合。从这个层面展开的讨论,实际上是对于科学之运用,即技术层面的展开,彰显自然科学之运动所带来的丰富成果。唐君毅认为,自然科学的一个非常厉害之处就是"由科学之应用,所造成之世界改变。……科学似已可使我们能渐随心所欲的改造我们直接经验的世界中之一切事物,同时使此直接经验中之事物,连人自己在内,在科学之面前,战栗于存在与不存在之间。这种厉害,与我们上述的:科学能使我们探测所不知而求知,亦使我们疑惑所自以为知,而自认不知,使我们在知与不知间轮转。此皆同依于科学之能使人超越凌驾于其直接经验世界事物之上,而自其外或其后的关联着去加以了解,并加以控制的精神"②。可见,科学对人类精神的影响是唐君毅关注科学的核心问题。

最后,从自然科学使日常生活抽象化的角度,唐君毅又迫切地感受到近代科学实用精神之过分膨胀、物质生活高速发展所导致的人的物化以及对人生之具体体验的忽视。这也是他针对近代中国在西方文化冲击下"失去了反求诸己之精神,而将一切理性的批评能力向外用"③的时代风气所着力强调的。在唐君毅看来,对于富强、科学等价值的追求,成为一个需要反思的过程。"向外用之理性批评力,与人之向外求知识的理智力,乃相依而发。此都是只耗竭其心力于对象之前。

---

① 唐君毅:《中国文化之精神价值》,第506页。
② 唐君毅:《论西方科学精神》,载氏著《中国人文精神之发展》,第105—106页。
③ 唐君毅:《我们的精神病痛》,载氏著《中国人文精神之发展》,第240页。

其所得者,只为一抽象而干枯之概念。"①

此外,唐君毅高度肯定科学家进行科学研究的理想主义精神,褒扬追求新知识的开辟意义和超越精神。他说:"科学家之研究精神,在根本上,乃人超越其已有经验,以向前去接近凑泊对象,以开辟经验,而验证其原来对于对象本身内部所作理论构造或假设是否为真之精神。而决非只一向后回顾已成经验,而在已成经验材料上从事简约工作,或运用逻辑手续于经验基料之上,以形成假设或理论构造,求未来经验之实证之精神而已。"②另外,科学家们"明知不能由经验得完全保证,而科学家仍要去或敢于造作科学理论,以待尚未存在之理想中的未来经验,去决定此理论为真或为妄之命运,此之谓科学家之理想主义精神。而科学家此种不甘于受已成经验之限制之理想主义精神,正为科学之核心"③。从科学家的超越精神来说明科学精神,可以说是唐君毅理想主义在理解科学时的一种表现。

从研究方法和研究对象的角度看,唐君毅认为,"科学"应"重用分析的理智",去研究"形数或自然的对象"。④强调"科学"应以自然为研究对象,是唐君毅界定"科学"的一个主要特点,因为只有自然界才适用"分析的理智",可以被当作纯粹客观的研究对象。"科学"对人文研究是否适用,唐君毅比较谨慎。他说:"如果人文科学之研究人文现象,而只用分析的理智,只把他当一纯客观的对象来研究,则此一人文现象即无异另一种自然现象。我十分怀疑真另有人文科学一名存在的必要。如果不只是用分析的理智去研究人文现象而兼用其他的方法,如所谓同情的理解,则我们可说人文科学不是典型的西方

---

① 唐君毅:《我们的精神病痛》,载氏著《中国人文精神之发展》,第243页。
② 唐君毅:《论西方科学精神》,载氏著《中国人文精神之发展》,第98页。
③ 唐君毅:《论西方科学精神》,载氏著《中国人文精神之发展》,第99页。
④ 唐君毅:《论西方科学精神》,载氏著《中国人文精神之发展》,第95—96页。

科学。"① 唐君毅如此界说"科学",与他学术思考的核心问题相关:中国应如何吸取西方的科学,来弥补中国文化的短板,强调:"我们要识取西方科学精神之特殊点之所在,仍当于其形数之学及自然科学中求之。"② 而在人文领域内,中西文化各有其优长,需要互相学习。

不过,我们也要看到,唐君毅分析自然科学使得日常生活抽象化时,对于"科学"和"科学主义"没有做出相应的区分;唐君毅所针对的问题主要是科学主义的。从认知向度看,科学主义的特点在于"将科学泛化为一种形上的世界图景,并相应地将科学引申为构造的原理",形上的世界图景、科学方法泛化、价值原则外推、科学原则渗入实践领域,这些都是科学主义的典型特征③,科学获得了建构世界之普遍原理的地位。故而唐君毅对自然科学的探讨多集中于如何使它在人类学问中获得恰当的地位,如何在人文精神的引导下获得充分、合理的发展。

二 科学的必要性

唐君毅对于西方哲学史上,由纯粹的认知心灵所造成的心灵解放,有非常清晰的认识。他说:"依此西方近代之经验主义思想、演化思想之发展,至实用主义之视由任何用类概念集合成之学说,只为形成人之思想上作试探假设之工具之说,而西方希腊中古以来以类概念代表一客观实在之思想,即一去而永不复返,而由类概念之自身原无指实之意义,人亦即无妨自由加以构造,以形成种种对实际事物,可能的假设,而更无拘束。人之形成构造种种可能的类概念之事,亦得一空

---

① 唐君毅:《论西方科学精神》,载氏著《中国人文精神之发展》,第96页。
② 唐君毅:《论西方科学精神》,载氏著《中国人文精神之发展》,第97页。
③ 杨国荣:《科学的形上之维——中国近代科学主义的形成与衍化》,上海人民出版社1999年版,第3—7页。

前之大解放矣。"① 这也是近代思想大解放的一种表现。

从现代心学、现代儒学的发展来看，分析"心"的活动历程，在知物思物的过程中，也是逐渐呈现知之性与物之性，在知识上和生活上建立真正的自我的过程。唐君毅对传统儒学中知识向度的缺乏有非常深刻的认识。这从他对荀子思想和格物致知的分析便可以看出。唐君毅多次说明，中国传统哲学所讲的"智"，虽然具有知识的内涵，但更多地以人生经验和智慧为主导。他说："中国传统所谓智，并不只是西方所谓知识。知识是人求知所得之一成果。而中国传统所谓智，则均不只指人之求知之成果，而是指人之一种德性，一种能力。中国所谓智者，恒不是指一具有许多知识的人。而至少亦当是能临事辨别是非善恶的人，或是临事能加以观察，想方法应付的人，或是善于活用已成之知识的人。"② 这也是他比较重视朱熹格物致知思想中客观知识面向的原因之一。

唐君毅非常重视通过科学知识来支撑良知展开的一面。他认为，通过人的"高度的能分析辨类之理智"，"能分别的自觉其各种活动、各种目标之不同；并分别的肯定各种社团组织之性质与价值，而形成清晰的概念；兼明白了解此各社团组织之活动，与个人活动及国家之关系"，这是"分析辨类之科学的理智，帮助成就中国国家社会之组织，以为人之仁心超升流行之轨道之价值"③ 的基本思路。这也是对于荀子思想中所强调的"人通过清楚明白的认知，可以达到对'道''理''德'的体察，进而将之真切落实到现实的修身、治国、平天下"④ 的进一步引申。有论者指出，在唐君毅的思想中，求真之科学

---

① 唐君毅：《生命存在与心灵境界（上）》，第170页。
② 唐君毅：《哲学概论（上册）》，第17页。
③ 唐君毅：《科学对中国文化之价值》，载氏著《中国人文精神之发展》，第135—138页。
④ 王正：《重思荀子之"大清明"》，《现代哲学》2019年第5期。

纳入良知，将科学作为良知的分殊表现，从而拓展了良知的内涵与外延。良知不否定科学，但坚决拒斥由人的自然欲望、自然本能、自然心理等构成的物质身体世界。在唐君毅看来，良知能随事反省，总能起而批评之，指出其罪恶，最终超越本能欲望。在现代条件下良知统治自然这一目标的实现，必须也必然借助于科学的力量。在此意义上，以认识自然、改造自然为目的的科学，被唐君毅视作良知的好伙伴。[1]

人们掌握的具体知识越多，智慧越丰富，人们对理想的理解和把握也就越深刻，越可能具有更多的超越空间，越能够体会事物的意义，日常生活的意义就越丰富，人们的精神生活就越通达。唐君毅指出："吾人之日常生活，实处处充满此广义之一理想之向往，处处有超越意识超越自我之呈现。而吾人所直接接触之现实事物，实随时启示各种不同之理想意义于吾人之前。吾人之理想愈高，其方面愈多，则吾人所接之现实事物，愈呈现其理想的意义。吾人之经验知识愈多，智慧愈高，即愈能由一理想意义以知其他理想意义。故现实世界虽似为一平面，而为一切人所公共认识之世界，然对各种人，则呈现出不同深浅广狭之理想意义。而在有不同理想之心灵下，人分别持其理想，以与现实事物相接，而分别表现其理想意义，并权衡其对理想之现实之效用价值后；则似同一公共之现实世界，即染上不同之理想意义之光辉而分殊化，凸凹不平化。"[2] 这也是科学的必要性中特别重要的部分。

有见于中国近代以来的文化史进程，以及时人对于科技的崇拜与迷恋，唐君毅非常清醒地指出："对此缺点与弊害，我们不须依

---

[1] 贡华南：《良知、自然与科学之争：20世纪中国哲学的精神趋向》，《学术月刊》2021年第4期。

[2] 唐君毅：《文化意识与道德理性》，第33—34页。

任何外在的西方文化之标准，或依一人之哲学所任意编造的标准，来加批评。……我们今必须改而从中国文化完成其自身的发展，充量实现其自身的理想之所需要上，说中国之当发达科学。其未能发达科学，乃其内在的缺点，而致其自身之弊害者。唯如此之批评，乃是依于中国文化自身之内在的标准，而为一内在的批评，而后可引发出中国人之自作主宰的去发达中国科学之精神。"① 促进客观认知、科学思维的充分发展，本身也是现代新儒学更新传统哲学的一个重要方向。

关于科学的必要性，唐君毅的结论是："人之科学的理智，若无仁心以主之，而真任其往而不返，则推类至尽，必落入怀疑主义、虚无主义，而科学知识技术之应用，亦可有价值，亦可无价值。由此而知中国文化中仁教之可贵。此为吾人对科学之大智。但中国文化之忽视科学的理智，与科学知识技术，则为使中国文化中之仁教，不能真正伸展开拓，而完成其至高之发展，而或使中国人反沦于大不智者。由是而我们如真爱护中国文化，与其中之仁教，对比仁教本身有仁心，而望其不毁，则不能不依仁以求科学之智。"② 很明显，唐君毅是在反对科学至上的思潮中将科学纳入他的人文思想体系，主张从人的精神内部来探寻科学的价值，承认科学精神对中国传统文化的批判，并认可科学对于提升人之精神的积极意义，力图使中国文化的发展容纳、贯通科学精神。在一定程度上讲，这对于消除科学与人文的分裂所带给世人的困惑和痛苦有积极意义。

在唐君毅看来，"只从怕国家民族灭亡，并为提高人民之物质生活，而提倡科学的实用技术，尚不足以真正接上中国重仁的人文精神之核心。因为中国之重仁的人文精神，在其最高义上，是要使一切人

---

① 唐君毅：《科学对中国文化之价值》，载氏著《中国人文精神之发展》，第129—130页。
② 唐君毅：《科学对中国文化之价值》，载氏著《中国人文精神之发展》，第152页。

完成其人格，而使整个人类世界，成为人格世界，且并不只以国家富强，人人物质生活之提高，为最高理想"①。科学对于中国文化自身发展的一个重要价值，即在于"物质器物是人类之人格精神相互表现之一媒介，因而物质器物之世界，亦即使人与人直接经验世界相互贯通，合以构成客观的人格世界、人文世界之公共基础的思想"②。唐君毅非常重视科学在促进中国文化现代化中的作用，以及科学在促进理想人文世界的实现上不可或缺。但他依旧强调，科学只能提供达到目的的手段和方法，决定目的的是人对自身和社会的理解。

三　科学的局限性

熊十力开启的现代新儒学一脉，批评科学主义，但对科学赞美有加，试图在"内圣外王"的心性论架构中，确立科学发展的基础，并以此为心性论复兴的基础和可能。熊十力指出："西洋科学虽发达，而无以善其用。彼惟不自见本性，故不能有合理之生活。科学发明，反为人类自毁之具。咎不在科学。人生毕竟还需要一种超知能的哲学，即《大学》'明明德'之学是也。如欲根本改善人类生活，何可偏恃科学？西洋宗教则依他，而不悟自本自根，其所宗仰而勉徇之善行，非由自觉之发，故不免流于伪。"③"《大学》总括六经旨要，而注重格物。则虽以涵养本体为宗极，而于发展人类之理性或知识，故未尝忽视。经学毕竟可以融摄科学，元不相忤。"④

面对时人寄望于社会科学的发展来解决自然科学技术膨胀所导致

---

① 唐君毅：《科学对中国文化之价值》，载氏著《中国人文精神之发展》，第131—132页。
② 唐君毅：《科学对中国文化之价值》，载氏著《中国人文精神之发展》，第132—133页。
③ 熊十力：《读经示要》，第63页。
④ 熊十力：《读经示要》，第84页。

的苦难和难题危机的现象，唐君毅也表达了担忧。他认为这种意见有见于社会科学在改造自然科学中所获得的巨大成果，虽然社会科学可以脱去自然科学的概念化思维的影响，逐渐重视人的价值、理想、文化与人格，可以研究人类高级文化，却始终受科学态度和科学方法的局限，终究不能了解人自身。① 在他看来，要真正了解人类政治文化现象，必须从它们的根本——道德理性着眼，保持一种超越的、反思的向度。这是"科学"所不具备的，这也是科学的局限性。

唐君毅在处理德性与知识的关系上，主张德性与知识的各自发展，在两者充分发展之后，再求贯通。他指出："德性之知乃对我之'如何运用此见闻等能力及见闻之知识'及'此运用之目的与方法是否合理'之知，即对我之意志行为之知"，德性之知与见闻之知"有照外照内之别。然此二知，又可同时并起，而显为二层之知。而照内之一层，则恒涵盖于照外之一层之上，则主宰之。此照内之德性之知，是知人之存在自己……此德性之知乃断然不能求诸外者"。②

同时，我们还应该看到，唐君毅在强调康德哲学中以实践理性统摄纯粹理性之外，对于康德哲学所强调的以纯粹理性滋养实践理性的一面也有所关注，体现为他对于科学独立发展的重视，并以此为基础，强调知识之知与德性之知的双向开展。以德性之知涵摄科学理性，是唐君毅弥补科学局限性的基本思路。具体而言，需要从两方面入手，一方面要"发展中国先秦儒学，及程朱陆王之言尊德性而道问学之教，以摄入科学知识之一支"；另一方面，"须使此科学知识之一支，再综合于传统之精神之中，以合为一更新之中国文化及中国思想之发展"。③

---

① 唐君毅：《人的学问与人的存在》，载氏著《中华人文与当今世界（上）》，第77—78页。
② 唐君毅：《西方人文主义之历史的发展》，载氏著《中国人文精神之发展》，第81—82页。
③ 唐君毅：《中国哲学原论·导论篇》，第356页。

这种思路较熊十力"将人之求科学之事，摄于格物一目下，而再现格物为良知之发用"，通过把良知的范围扩大到开物成务和格物致知来实现科学知识和德性知识的融通[①]与牟宗三之"良知坎陷其自己，以化出了别心"来成就知识相较，更加强调科学知识的独立性。唐君毅从德性之知与知识之知双向发展的理论层面，指出了知识之知与德性之知的四种关系："俱时而呈现之同一关系""更迭而呈现之相斥关系""目的与手段之相从之关系""交互并在之关系"。

整体而言，唐君毅对于知识活动与良知活动的讨论，虽然想要划定科学知识的范围，进而使得科学知识独立发展，但由于没有把知性思维与理性思维彻底区分开来，始终强调知识对于表达良知的意义，甚至认为道德理性应该统摄知性，使得这两个领域都没能独立、充分发展，并不能完成他所提出的谋求科学独立发展的任务。这也成为中国哲学、文化哲学继续发展的一个着力点。

---

① 赵卫东：《分判与融通——当代新儒家德性与知识关系研究》，齐鲁书社2006年版，第193—290页。

第八章　会通中西文化的思想张力和理论困境

唐君毅在现实文化冲突中反思当时中国的文化问题，在中西文化比较中开启对文化哲学的思考。他确信心性本体之善的力量，能够使人面对真实具体的生命存在，疏解人生的各种矛盾，实现人生理想。与个人的生命体验和理想追求并行不悖，唐君毅还把社会文化建设、国家理性等问题纳入其文化哲学的思考范围，立足于中国哲学的心性之学，阐扬中国文化的精神价值，寻求中西人文精神的沟通与互构，吸纳西方科学、民主，来完善现代中国人的个体人格，并通过社会组织、公共团体的建设，来实现人文社会的理想化，进而思考未来人类文化的方向。这是唐君毅文化情怀的典型表现，也是其一生文化实践的重要内容。在文化民族性和时代性的共同烛照下，唐君毅的文化哲学思想与其他现代新儒家之哲思一起，取得了巨大的理论成就，同时也存在一定的理论和实践困境。

第一节　时代性纠结

唐君毅文化哲学确立了文化的德性基础，并描述道德理性在人文世界中的发用流行以及收摄凝聚，具有面向社会生活、日常生活的向度，彰显了中国文化的主体性、庸常性，并在中国哲学之"纵贯纵讲"的模式中，注入"纵贯横讲"的内容和方式，从强调道德省察的文化传统中引申出对社会批判、科技发展、社团建设、文化重构的重视。尽管如此，唐君毅的文化哲学也有其内在困境。这主要在于唐君毅对文化的时代性认识不足，对于"现代性"背后的支撑性的经济、政治根源的讨论偏于道德和理想的动力功能，对科技、资本的独立性和根本性重视不足。同时，唐君毅又在现代文化建设中加入了克制现代文化弊端的思考，具有一定的后现代特征。从"如何建设现代中国文化"这一问题来审视，唐君毅文化哲学显得不够聚焦，对于传统文化和人类理想的讨论颇多。但是从"人类未来文化如何发展"这一问题来思考，唐君毅整合传统与现代，积极保留传统文化的优秀成果，克服现代文化中过度个体性的内容，则具有比较鲜明的超越性和合理性。

一 对"超法治"的追求

在唐君毅的思想中，法治是通向理想的社会治理的一个阶段。他认为，从人类理想人文世界的实现来说，法治应当成为礼治的支撑；当礼治目标实现后，法治则可以隐退。唐君毅理想的礼治，是既包含传统的德治基础，又包含现代法治与民主的"超法治"，是"不只依附于治者之主观之个人意志道德意志"，"必既有客观之法治与民治之制度之存在，以阻止政府中人意志之降落，复有客观之人民顺此理性原则之引导，所共同培养出道德意志，以支持促进政府中人之道德意志；然后中国过去德治人治礼治之理想，乃能真正实现"[①]。这种思路，一方面延续着中国传统社会"法"从属于"礼"的特点，又努力克服中

---

① 唐君毅:《文化意识与道德理性》，第290页。

国传统社会中"法"难以充分发展的弊端,在现代法治的基础上,重新实现"礼治"与"法治"的整合,并以"礼治"为主导;另一方面,也体现出唐君毅对于以个体权力为基础的现代民族国家、民主法治所持有的审慎态度,始终强调人的道德自律是更加持久、更加深厚、更加有效的治理方式。

张祥浩曾指出,尽管唐君毅思想的重心不是政治,他的学术思想中却包含着一个政治哲学体系:政治的形上依据是超越自我与现实自我的矛盾和综合,国家是理性自我客观化的表现,人民是国家的基础,民主政治高于贵族政制和君主专制,但并不是最完善的政制,其缺点是只能依赖人民道德意识的提高,理想的政治是礼治、人治、德治和民主政治的会通,实现和维护世界和平的唯一途径是发展文化教育事业。[①] 这种概括,从唐君毅对于礼乐文化[②]和道德国家的分析中,可见一斑。

"礼治"作为中国传统宗法社会下伦理政治一体化的主要治理模式,强调以具有高尚道德的圣王为共同体的核心,以"礼"来维持社会秩序和情感基础,以教化来统一共同体的目标,用温情脉脉的方式来维持共同体稳定。任剑涛指出,以伦理感召的社会统治方式和政治治理之道,伦理感召要发挥功用,需要三个条件。"一是身负伦理榜样力量的感召者存在,二是认同伦理榜样而悉心效仿的被感召者的存在,三是感召者与被感召者能够良性互动,而最终形成人人洋漾其间的伦理之上的社会氛围,成就以伦理道德的感召达到社会政治治理的目的。"[③] 道德的纽带作用在"礼治"中非常重要。唐君毅对于"礼治"的向往,是他肯认"道德理性"的主宰意义的逻辑引申。但我们也要

[①] 张祥浩:《唐君毅思想研究》,天津人民出版社1994年版,第145—166页。

[②] 张倩:《德性基础和礼乐类型——唐君毅对中国路径的探索》,《光明日报》2011年7月15日第12版。

[③] 任剑涛:《伦理政治研究——从早期儒学视角的理论透视》,吉林出版集团有限责任公司2007年版,第159页。

看到，这种"礼治"是建立在现代法治充分发展基础上的新的社会治理模式，德治、礼治的真正实现，需要以通过法治培养有真正道德意志的人为前提。唐君毅对于"超法治"的追求，也是"天下"这一礼乐、文化共同体逐渐与国家这一政治共同体合一的过程。在反抗西方文化全面统治的背景下，这种思路意在提出一种新的共同体，或者说人类社会的相处模式：以国家为中心的政治共同体必须服从于礼仪、道德，而不能把道德、礼制降低为一种治理国家的手段，防止仁与义的丧失所导致的共同体解体。

在现代社会，传统生活中靠私人感情和道德维系日常生活的领域日益缩小，而非日常生活的领域逐渐扩大。这需要通过社会组织建设剔除非日常生活领域中的血缘、宗法、经验等自然原则，确立民主、法治等原则。这会导致人与人之间的伦理范围越来越小，对于伦理榜样的认同、与伦理榜样的互动也愈发困难。同时，在中国现代化的过程中，工具理性高扬，人们将一切化约为工具性的器物系统，为了获得更多的利益而对自身以外的事物采取利用的态度和方式，使得人们的价值感、真实感都无法确定，最终陷于物化、平庸、不安的状态，在追逐对象化的功用时日益背离自己的价值根源。市场经济对文化生活的各个领域都产生了巨大影响，加重了文化市场中的商业化和世俗化。正视大众文化功利化、平面化和简单化特征，积极应对文化转型期的价值失落、道德缺失等现象，需要道德理想发挥作用。从这个意义上讲，儒学日常生活理论中的情感原则、文化意味成为化解现代化弊端的可用资源。

唐君毅以"礼乐生活"为核心，强调礼治精神对民主、法治、契约、公平、效率、正义等现代生活理念的超越与涵括，在其追求现代化的主题中，自觉地包含着超越现代性弊端的设计；这种超越性设计，又必须从中国传统的文化资源中寻找依据。唐君毅解释了如此设想的

第八章　会通中西文化的思想张力和理论困境

原因。首先,法治有其理性基础和现实依据。他说:"由各个人对其自身权利之肯定执持,则使人与人之权利互相限制,由是而使人得超越其一人之权利观念,而承认他人之权利,而有一切人之权利,皆当加以成立之理性原则之建立。"① 其次,道德教化的目标真正实现后,法律就自然成为不必有的内容,可以退出历史舞台。唐君毅认为:"中国过去哲人,唯知直接欲本教化以使人人皆成圣贤,而实现德治人治礼治之理想。如此教化之目标达到,治者皆圣君贤相,人民皆圣贤,则以法律限制人之权利,保障一切人之权利之观念,诚可不必有。"② 这成为唐君毅"超法治"思想的重要内容。

从基本理念和文化精神上看,唐君毅对于"超法治"的理解、肯认和向往,是基于天人合一、超越主客对立的中国文化基本精神,而引申出来的。正如张世英指出的:"中国哲学的发展前途应该是既要召唤主客二分和主体性,以发展科学,发扬民主,又要超越主客二分和主体性以达到天人合一、人与自然交融的高远的自由境界。没有主客二分和主体性,就没有科学的、进取的精神,但若停留于主客二分,则终因主客彼此外在、彼此限制而达不到心灵上的自由。这种自由只有在人与物交融、人与自然交融的天人合一境界中才能获致,这种自由高于政治上的民主所给予的自由,高于获得科学上的必然性知识所获得的自由,也高于道德上的自由……超越主客二分,超越主体之超越,则是哲学之最高任务,是人之为人的安身立命之所。"③

唐君毅的"超法治"追求,在思维方式上还体现出辩证思维的特点,强调"法治"的过程性,通过"法治"克服传统"礼治"思想中的等级观念与特权政治,进而达到既维护人格平等、尊重个体差异,

---

① 唐君毅:《文化意识与道德理性》,第290页。
② 唐君毅:《文化意识与道德理性》,第290页。
③ 张世英:《中国传统哲学与西方后现代主义哲学》,《社会科学战线》1994年第2期。

又能涵养人与人之间相互欣赏、彼此成就的情感，克服工具理性膨胀、人与人之间冷漠、算计的弊端。唐君毅把以德治人、以情感人的"礼治"精髓与个体自主、人人平等的"法治"核心结合起来，而形成新的"超法治"，从内容和思维方式上看，是对于传统礼治的"否定之否定"，以及对于法治的"辩证否定"。有论者指出，中国古代法具有几个特点：偏重"刑"（刑法规范和刑事手段）而忽视法的概念所应包含的其他内容；偏重"用"而忽视"体"的方面，轻思辨，轻逻辑，好笼统；偏重法的艺术方面而忽视法的科学方面。[①] 对于这些弊端，唐君毅有清醒的认知，体现在他对法治、民主的论述中。

有论者指出，现代新儒学忽视了"个体权利""个体自由"这个现代起点，只强调心性可以达到绝对律令的高度，不知道现代道德必须从个体自由开始。新儒学错失这个自由的个体，继续拘泥于内圣之学，在个体问题上有着强烈的道德精英主义色彩，在人生实践的觉悟中，把一切都看成成德成己之物。[②] 这种观点确有所见。但若从"超法治"的追求来看，唐君毅在肯定个体权利的基础上，更加关注个体自由如何能够更加合理地发展，通过个体道德自觉来限定个体自由的合理范围和限度。这个问题本身，具有鲜明的超越现代性的价值指向，代表了现代新儒学自身发展的内在线索，即超越现代性的未来指向。

二 以职业道德为重点的新道德建设

就目前的情况而言，现代新儒学对于传统儒学的解释思路与阐释重点都发生了变化，强调儒学的现代重建必须认知现代生活，必须切入现代生活，对过于内化的心性儒学有相当的批判和扬弃。对于理想

---

① 范忠信：《中西法文化的暗合与差异》，中国政法大学出版社2001年版，第30—40页。
② 孙向晨：《论中国文化传统中"家的哲学"现代重生的可能性》，《复旦学报》2014年第1期。

人格的讨论,内蕴于这种思路的变迁之中,基本立场从德性优先,转向了德智并用,强调仁智双彰的重要性。这对于回应理想人格中如何减少狭义道德束缚,提高人对科学的兴趣,对国家、民主的理性认知,奠定了新的理想人格的精神基础。中国现代社会,儒学与现实政治制度的解构,儒学和传统研究完全被纳入西方式知识化、专业化的教育体系,退居学院化知识性一极;作为中国社会民众生活状态的传统礼仪礼俗,遭到严重破坏,不再具有它在自然历史因革连续性中承载完整文化信息的作用。儒学失去了它与社会民众生活之关联的载体。① 在这种转变中,君子人格的建构就需要关注人现实的工作状态,从中寻求新的生长点。

贺麟指出,在工业化的中国社会,儒者应有新的气象,中国人也应当有儒者气象。他认为:"在工业化的社会中,须有多数的儒商、儒工以作柱石,就是希望今后社会中的工人、商人,皆成为品学兼优之士。亦希望品学兼优之士,参加工商业的建设,使商人和工人的道德水准和知识水平皆大加提高,庶可进而造成现代化、工业化、文明化的新文明社会。"② 加强儒学与各行业从业者的思想关联来实现儒学与现代社会的互构,是一种非常现实的思路,也是心学传统下,强调普通民众的道德主体性的进一步发展。

徐复观的思路则更加具体。他认为,职业道德是近代道德的最具体的内容,而知识分子职业道德缺失,成为制约中国现代化发展的重要原因。他曾言:"一种使现代化迟滞不前的重大原因,乃在于知识分子,缺乏真正地职业观念,因而缺乏真正地职业道德。"③ 徐复观所谓

---

① 李景林:《儒学关联于民众生活的现实载体》,《河北学刊》2004 年第 6 期。
② 贺麟:《儒家思想的新开展》,载贺麟《文化与人生》,商务印书馆 2015 年版,第 12 页。
③ 徐复观:《我们在现代化中缺少了点什么——职业道德》,载李维武编《徐复观文集(修订本)》第一卷,湖北人民出版社 2009 年版,第 150 页。

的职业道德,"是在自己职业的本身,于有意无意之中,承认它具备有无限的价值。认为实现职业的价值,即是实现自己人生的价值,因而把自己的生命力,完全贯注于自己的职业之中,把职业的进步,当作自己人生的幸福"[1]。这种对于职业道德的思考,不同于一般意义上的以职业为核心的道德讨论,如医德、师德等,而是更侧重于职业分工基础上的道德整合。

这种讨论,是基于现代社会分工细化、专业化给人的发展带来的弊端来展开的。在现代新儒家看来,专业分工带来的弊端,主要有两方面,一是把人束缚在生产线上,人越来越被等同于生产工具。这与马克思主义所揭示的人的异化有相通之处。二是造成人与人之间的情感缺失,难以产生真正的互相爱护、互相欣赏的情谊。唐君毅对于上述弊端的说明,颇具代表性。

唐君毅指出,现代社会分工的发展,使得人们越来越被束缚在自己工作、生活的空间之内,难以从社会分工中的某一点发现自己活动的价值与人类生活全部价值之间的关系,这导致人的物化和平面化。这是现代人难以承认普遍理想,进而确信道德理性的原因。在唐君毅看来,为解决这一问题,须减少文化活动的种类,使人们在"同一或类似之形式下,可有各级工夫之深浅之活动"[2]。另外,现代社会分工的发展,使人与人之间的关系成为平等的分工合作关系,竞争、合作关系使得相互之间的爱敬、欣赏、赞美之情难以真正确立,人们的精神世界缺乏纵向提升的空间而趋于平面、分散。[3] 这种观点,有见于现

---

[1] 徐复观:《我们在现代化中缺少了点什么——职业道德》,载李维武编《徐复观文集(修订本)》第一卷,第151页。
[2] 唐君毅:《民主理想之实践与客观价值意识(上)》,载氏著《中华人文与当今世界(下)》,第117页。
[3] 唐君毅:《民主理想之实践与客观价值意识(上)》,载氏著《中华人文与当今世界(下)》,第126—128页。

代社会分工体系中,人们各自孤立,自私自利加剧,人们被束缚在特定的职业之中,道德情感迟钝,难以全面发展。因而,充分发挥社会团体的文化功能,是唐君毅提出的建构新型理想人格的基本路径。

现代社会,人们情感的缺失在唐君毅看来是一个根基性的问题;解决这个问题,需要发挥古典式的师友伦理的"纵的经道精神",使之与现代社会之分工合作的"横的纬道精神"相结合。在这样的思路下,从道德情感的启发入手,由情感而理想,由理想而理性,唐君毅通过文化批判,以人与人之间真诚的情感交流为依据,完成了他对文化建设思路的探讨。他重视礼乐生活的意义,也由此而来,以使人的生活达到"每个人之生活的重心,在了解真理,欣赏美,实践道德上的善"① 的境界。

社会学大师涂尔干认为,社会分工日益复杂,使得人们必须通过合作来共同完成社会生产任务,这导致人与人之间的相互依赖性增强,个体通过职业进入社会生活,而职业教育使个人获得社会需要的知识和技能,个人就业又满足了社会的需要。② 在职业教育中融入以人类责任为核心的人文教育,引导人们挺立人文精神,造就全社会对人类发展的责任感和使命感,这不仅是君子理想人格当代建构的必要基础,也是人全面发展、摆脱人的物化的内在要求。

唐君毅强调:"一切教育方针,务使学者切实瞭知为学、做人同属一事。在私的方面,应知一切学问知识,全以如何对国家社会人类前途有切实之贡献为目标。惟有人文主义的教育,可以药近来教育风气专门为谋个人职业而求智识,以及博士式、学究式的为智识而求智识之狭义的目标之流弊。"③ 在职业教育中融入人文教育,也与民众责任

---

① 唐君毅:《人文精神之重建》,第45、47页。
② [法]埃米尔·涂尔干:《社会分工论》,渠东译,生活·读书·新知三联书店 2017年版,第109—158页。
③ 唐端正:《唐君毅先生年谱》,载唐君毅全集编委会《年谱·著述年表·先人著述》,第72页。

感的提升密切相关，也是士人"达则兼济天下"的现代转化。这种思路，彰显了儒学强调教化功能的一贯思路，但未将社会分工、生产发展所导致的职业流动性增强、人的技能提升与素质全面发展的张力纳入其中，对于现代社会发展动力中的科学技术、社会制度、道德观念三者之间的联系重视不够。

尽管存在着上述问题，我们也要看到，现代新儒学重构君子理想人格时，也是沿着知识化、职业化的思路进行的。从这个意义上讲，现代新儒学彰显知识分子超越个人利益、超越职业限制的"公共意识"，是对君子人格的转化，是儒学现代发展中的一个重要组成部分。唐君毅在其中所做出的理论分析，以及通过新亚书院所展开的教育实践，都成为现代新儒学重构理想人格的努力。这种建构思路，是对原始儒学积极参与社会实践，有保持清醒的批判意识的理想人格的进一步拓展，强调了职业道德在理想人格构建中的作用。这种学术努力，有助于鼓励人们在现实的生产生活中，弘扬中国优秀传统文化。

第二节 复杂现代性视野中的整体思考

中国传统文化除了与现代性接轨的一面，还有制衡现代性弊端的一面。从这个意义上讲，中国传统文化的现代转型问题，本身也是一个具有多元向度的问题，除了调整自身以适应现代社会之外，如何发挥其规制工具理性、抑制个体欲望膨胀的功能，也构成中国优秀传统文化创造性转化的题中之义。对于后发现代化的中国而言，这种多元现代性视角下的现代文化发展观，具有更强的合理性。现代新儒学的文化研究，早期着重讨论"传统文化能为现代提供精神支撑"的问题。当今，越来越多的人认同这种观点。有论者指出："被称为传统文化的东西，必定是在社会有机体组织及人的心理—生理结构中有着生命力和潜影响力的东西,这些业已积淀为人的普遍心理—生理素质的因素时刻在规范、支配着人们未来的思想、行为,不具备这一特征,就不能划归传统文化的范畴。"① 后来,现代新儒学的思路中又增加了"中国传统文化能够克制现代化的某些弊端"的主张。唐君毅作为现代新儒学的第二代重镇,思想中对于上述两方面内容都有体现。

一 反思西方现代文化的个性与普遍化

从文化史上看,现代性首先是欧洲解决自身中世纪发展困境的产物。有论者指出,17 世纪以后,欧洲的思想家很少使用"现代性"这个词,但很少有人与现代性规划无关:洛克、孟德斯鸠和卢梭的焦点是新的治理形式及其合法性基础;斯宾诺莎、莱布尼茨更加关注正在形成的欧洲之形而上学基础;休谟、斯密等人则把实践哲学从道德领域推入经济领域;康德以其启蒙视野升华了欧洲现代性规划,将其推到世界历史的高度,黑格尔则已经考虑它的完成形态。② 唐君毅会用"近代"来指称西方中世纪之后的历史时期。他认为:"近代西洋的文化,是从反中古宗教开始的。而近代人文主义之精神之发扬,从神转到人之思想之提倡,正是构成近代之异于中世之关键所在。"③ 对于西方近代文化的这种整体性把握,也成为唐君毅主动接受康德和黑格尔思想的重要原因之一。

在反思启蒙的问题上,康德明确地表达了宗教信仰与人类理性之间的冲突,并认为这种冲突是不可避免的,也是对人类最有害的。康德说:"我把启蒙运动的重点,亦即人类摆脱他们所加之于其自身的不

---

① 邵汉明:《中国文化研究 30 年》中卷,人民出版社 2009 年版,第 84 页。
② 胡大平:《马克思对现代性想象的超越及其思想史效应》,《哲学研究》2013 年第 10 期。
③ 唐君毅:《宗教精神与现代人类》,载《人文精神之重建》,第 26 页。

成熟的状态，主要是放在宗教事务方面，因为我们的统治者在艺术和科学方面并没有向他们的臣民尽监护之责的兴趣；何况这一不成熟的状态既是一切之中最有害的而又是最可耻的一种。"① 在黑格尔哲学中，辩证法反对启蒙思想把有限的主体作为理论的中心，强调人与宇宙有机统一，把精神的辩证运动、自我实现作为世界的根本规律。在这种框架下，当下与历史、未来密切联系在一起。黑格尔对于启蒙的反对，一是在于启蒙打破过去和现在的联系，这种断裂带来严重的危机，但是启蒙运动对于这种危机漠不关心；二是在于强调主体性原则在历史中的决定作用，导致了精神的疏离化和苦恼意识。上述两方面共同导致了法国大革命。② 神学解体之后，如何重新寻求个体的有限性与无限性相统一的讨论，澄明普遍性与特殊性、历史与当下的关系，进而为个体生命确立超越性根基，成为新的时代问题。唐君毅以此问题为切入点，思考中国传统文化中的现代性内容。

首先，唐君毅从普遍性与特殊性相结合的角度，说明康德、黑格尔哲学的优长，并把这种思考与中国传统工夫论相结合，从工夫论的角度彰显中国传统哲学中关于普遍性与特殊性，以及历史与当下、未来的一贯性的讨论。他说："由康德至黑格耳之理想主义哲学，善言普遍与特殊之合一，普遍心、绝对精神之内在于个体之人心，尤多可取资。但在儒家看来，此中之重要者不在理论，而在工夫。工夫到了，自有知性知德及知天之实感。"③ 唐君毅把工夫的学问称为"圣贤之学"，并指出："此圣贤之学，全在人之内在的实践。由内在的实践至

---

① [德]康德：《答复这个问题："什么是启蒙运动？"》，载康德《历史理性批判文集》，何兆武译，商务印书馆2017年版，第31页。
② [意]文森佐·费罗内：《启蒙观念史》，马涛、曾允译，商务印书馆2018年版，第35—41页。
③ 唐君毅：《西方人文主义之历史的发展（下）》，载氏著《中国人文精神之发展》，第82页。

外在的实践,则为伦理政治之实践,及由延续历史文化之责任感而生之讲学教育之实践。由此内外二种实践,即儒家之一贯的知行合一之教之内容。"① 取康德、黑格尔哲学中关于普遍与特殊关系的理论说明,使之成为中国儒学工夫论的一种辅助,是唐君毅哲学思考的目标,也是消化西学之体的核心进路。

唐君毅认为:"近代西方思想之发展,至少其中有一条线,是从讲神而讲人,讲人而只讲纯粹理性,讲意识、经验;而下降至重讲生物本能、生命冲动。"② 唐君毅认为,这种发展轨迹,是一种下降,是对人的片面化理解。因此,西方现代文化要继续发展,需要重新找到发展的方向和动力,重新审视人的超越性。如何处理中国传统文化中安身立命的生命智慧与西方文化中的超越精神,是中西文化在更深层面交流融合的内在要求,亦是对科学、民主、自由等现代理念进一步探索的要求。在这种沟通中西文化视野下,唐君毅坚信"中国人文精神之返本,足为开新之根据,且可能有贡献于西方世界"③。

其次,唐君毅强调西方文化自身的系统性。其中,逻辑地包含着以西方现代性为普遍性的警惕,也因此更加强调中国人吸收西方的现代文化因素的时候,需要有"自作主宰"的精神。同时,这种思考也能避免仅从西方文化来理解现代性而造成的单一现代化思路,为中国文化自身的独特性寻求发展空间,并探讨现代化发展的多元可能。由此可以看出,在理解中国传统文化时,唐君毅的思路呈现出发掘中国传统文化中的逻辑基础和问题意识,彰显心性之学的一贯性和根源性。

---

① 唐君毅:《西方人文主义之历史的发展(下)》,载氏著《中国人文精神之发展》,第82页。
② 唐君毅:《宗教精神与现代人类》,载氏著《人文精神之重建》,第27页。
③ 唐君毅:《人文精神之重建》,自序,第3页。

唐君毅对于现代文化的整体思考，通过他与牟宗三、徐复观、张君劢联名发表的《为中国文化敬告世界人士宣言——我们对中国学术研究及中国文与世界文化前途之共同认识》（以下简称《宣言》）集中表达出来。这篇宣言撰写和发表的初衷，是纠正西方汉学界对于中国文化的偏见，纠正某些中国人对本国文化的错误认识。1958年元旦，《宣言》发表后引起了我国港台地区和海外华人学者的高度关注，并产生了始料未及的效果。《宣言》提出要对"西方人士对中国学术之研究方式，及对中国与政治前途之根本认识，多有未能切当之处，实足生心害政"①进行检讨，明确提出并详细论述了中西文化应当相互学习的观点。有论者指出，这不仅反映了宏阔的全球意识，而且体现了挺立中国文化精神价值的民族立场，难能可贵。该《宣言》强调的民族自尊、自信，不仅对于崇洋媚外的文化心理是有力的针砭，而且对于全盘否定民族传统文化的虚无主义，也是深刻的批判和合理的矫正。②

整体而言，唐君毅通过中国传统天人合一思想来诠释中国的心性论，将"天"视为一个价值性范畴，将"人"视为道德性存在，"天人合一"是一种境界追求，是人在安身立命的终极根源处达到与天合一，是人的道德力量的根源。以此为立足点，唐君毅强调中国传统文化可以积极参与现代化进程，从根本上确立了人之为人的超越性根基。

"天人合一"思想是中国古代智慧的集中体现，反映了中国古代颇具特色的整体性、直观性的思维模式，是中国传统文化的精华之所在，包含人与自然、人与社会、人的境界追求等多方面的内涵的统一，包

---

① 唐君毅等：《中国文化与世界》，第3页。
② 李宗桂：《中国文化的发展路向和民族精神的自我挺立——从三个"文化宣言"看中国现代化的文化努力》，《社会科学战线》2008年第10期。

括中国传统文化的总体问题。中国传统文化的现代转型,不能忽视对于这一总体问题的回应和创造。因此,有论者指出:"从中国哲学的视角做现代性批判,最集中的话题,在于以传统的'天人合一'论批评西方文化对自然的征服所导致的环境危机,以儒家仁智统一的理论批评西方主客二分的知识论传统,以传统心性论以及圣人理想批评西方实证主义对传统形而上学的消解、相对主义导致的价值迷失。"[1]

随着中国现代化进程的不断加深,学者们对于中国现代化的特殊性有了越来越深刻的认识和反思,对于现代中国的总体性根据的追问也越来越多,既是中国的,又是现代的"形上学"构建问题越来越引起人们的重视。如何能够更加整体、深刻地回应中国现代化建设中所遇到的问题,需要回到中华文明自身的文化源头中去。唐君毅等现代新儒学理论中,对于中华文明之独特性的梳理,可以成为这种思考的理论借鉴。

二 中西文化各自"返本开新"

中华民族拥有五千年的文明史,形成了独特的文化传统。近代以来,中国人在强国富民的迫切愿望下,对传统文化进行了批判性反思。在西方近代文化的冲击下,中国传统文化中的负面因素被放大,格外引人关注。唐君毅说:"现代中国所感受之问题,皆与近代西方文化对中国文化之冲击有关。"[2] 其中颇为重要的一条是"科学与征服自然战胜自然之精神结合,形成了近代之工业文明"[3],工业文明所彰显出来的进步性,成为中国人向往、追求的目标,同时,也产生了各种复杂

---

[1] 高瑞泉:《现代性批评在中国的兴起与走向——近30年中国知识分子思想倾向的转变》,《杭州师范学院学报》2006年第4期。
[2] 唐君毅:《宗教精神与现代人类》,载氏著《人文精神之重建》,第25页。
[3] 唐君毅:《宗教精神与现代人类》,载氏著《人文精神之重建》,第25—26页。

的文化心态。如何理性把握西方近代文化的根源，进而反思这种文化的发展方式，也是中西思想家所共同面对的问题。

在世界范围内，自19世纪末20世纪初，以涂尔干、齐美尔为代表的一些西方人文社会科学家就开始突破传统与现代二分、对立的理论框架，提出理想的文明形态应是现代与传统的互补。中国学者在20世纪20年代，就自觉地讨论这一问题。20世纪50年代以来，传统与现代互补的思想得到很大发展。美国学者希尔斯在其名著《论传统》中提出"实质性传统"的说法，认为实质性传统是"退到了社会生活中更为隐蔽的部分，但他们会通过复兴和融合而一再重新出现"①。这些对于传统与现代关系的理论探讨，强调传统文化资源对于现代化的支撑意义，具有相当深刻的文化哲学意义。

方克立于1986年撰文《要重视对现代新儒家的研究》，把"现代新儒学"定义为"在本世纪20年代产生的，以接续儒家'道统'为己任，以服膺宋明理学为主要特征，为图用儒家学说融会、会通西学以谋求现代化的一个思想流派"②。这种说明对于学术界的现代新儒学研究产生了重要影响，提示出现代新儒学的几个关键内容：一是时间上的"现代"，即五四运动之后兴起；二是内容上的"现代"，即以"科学"和"民主"为目标；三是追求"现代"的方式，即返传统儒学，或宋明儒学之本，吸收西方哲学，开出中国现代的民主、科学之新。"返本开新"是学术界对于现代新儒学思想主旨的概括，也是现代新儒学说明传统与现代关系的思路。整体而言，以这种方式来说明"现代新儒学"，对于梁漱溟、熊十力、冯友兰等20世纪二三十年代兴起的第一代新儒学的论说具有比较强的解释力。对于唐君毅等第二代新儒

---

① [美]爱德华·希尔斯：《论传统》，傅铿、吕乐译，上海人民出版社1991年版，第344页。

② 方克立：《要重视对现代新儒家的研究》，《天津社会科学》1986年第5期。

第八章 会通中西文化的思想张力和理论困境

家而言，则显得比较单薄。

唐君毅在20世纪50年代提出"返本开新"，既针对"五四"彻底的反传统而来，也针对西方文化自身发展的弊端，同时还强调从中西文化的结合处进行"返本"的综合思考，进而为中西文化的"开新"提供更多的可能性。他说："我们要救当今之弊，须再生清以前宋明儒者之精神，发扬西方之近代理想主义，与中西方人文主义之精神。此是求中西学术文化精神之返本。然此返本，则同时是求开新。融会中西方理想主义人文主义之精神，与其文化思想，即开新的工作的始点。"① 在唐君毅的思路中，中西文化均需要一种"返本开新"的探索，并在"返本开新"的过程中，重新审视中西文化的特质，增强中西文化的互相吸收。

唐君毅所讲的"返本"，包含三个要素——一是宋明儒学的精神，二是中国人文主义精神传统，三是西方人文主义精神传统；"开新"，则主要是寻求中西人文精神之会通与再造。其中，不仅包含着吸收西方文化中民主、科学之"用"的层面，还包含着转化西方文化之"体"的任务，尤其是对辩证法、普遍性的反思。由此可见，在唐君毅所讲的"返本开新"中，西方人文精神传统具有重要的地位和价值，实际上不同于一般层面上所理解的现代新儒家之反传统儒学之本，开科学、民主之新的"返本开新"论。相较而言，唐君毅所讲的"返本开新"，更加重视中西文化传统各自的独特性，具有更加广泛的包容性和丰富性。这也指出了中国现代文化的发展，既要充分重视"现代性的西方传统"，也要重视"中国文化本身的传统"，两者结合才能真正开出中国文化的现代发展之"新"。

在唐君毅的思想中，"返本开新"具有更加多元和复杂的内容。

---

① 唐君毅：《人文精神之重建》，自序，第8页。

一是中国现代文化、西方现代文化均需要"返本",从各自文化源头发掘自身的现代性支撑。这种思考,力图从现代性自我发展的角度,去寻求中西对话、中西互补的可能性,共同制衡人的欲望无限发展的问题。从人类的现代化发展来看,唐君毅强调,必须超越把西方的现代化作为普遍性、以中国的现代化作为特殊性,通过普遍原理指导具体实践的方式来把握中国文化未来发展的思路,致力于寻求中国文化传统自身的现代化表达和内核。二是可以从"反求诸己"精神的新开展、中国人文精神的新开展、西方道德理想主义的新发展等线索来寻求中西文化各自的"开新"。西方现代文化需要结合古典文化中对于人的讨论,重新审视当下人类的生存和发展问题,中国传统文化则需要从内在化的心性之学中,开拓出关注客观世界、社会组织的外在向度。

唐君毅综论中西文化,认为"中国文化过去的缺点,在人文世界之未分殊的撑开,而西方现代文化之缺点,则在人文世界之尽量撑开或沦于分裂。……我希望中国将来之文化,更能由本以成末,现代西方文化更能由末以返本。这亦即是中西文化理想之会通,建立一理论基础,而为未来之中西文化之实际的融和,作一铺路之工作"①。这种思路从根本上不同于以"冲击—反应"模式回应中国文化现代化,而是从中国文化自身的弊端入手,承认中国传统文化中科学、民主、国家等外在向度的缺失。以此为基础,可以探索中国现代文化建设中的诸多深层次的问题,在中国文化的源头处和发展中寻求中国现代文化发展的内在支撑,补上中国传统文化自身的短板。这是唐君毅所强调的中国文化自身的"返本开新"。

从现实反思和理论演变的线索来看,唐君毅强调,西方文化也需

---

① 唐君毅:《文化意识与道德理性》,自序,第6页。

要回到"重视人自身"的文化源头处,寻找新的文化资源来支撑自我发展。他说:"西方文化之返本,赖宗教精神之再生,理想主义之发扬。"① 他认为,文艺复兴中的人文思想,对于"人"有完整的把握,"此整全的人格之理念,乃以直下通于神与自然之生命为内容"②,是西方人文思想中的高峰。而西方现代人文主义的根本缺点在于"莫有一本原上健康的传统",原因在于"西方人文主义,在十九世纪以前,主要在礼仪历史知识文学技术艺术中求表现。亦即只能在人类文化之这些方面之表现上立根,而未能在人类文化之全体,及人性或人之存在之本质上立根",而"西方哲学之自然主义,则恒不能免于化人于自然物。人文主义亦难在只为一自然物之人的观念中立根。西方近代理性主义,又恒只重人之纯粹理性活动一面。此理性活动根本上是要看一外在对象的。看人自己,亦要把人自己对象化为外在化的。因而只能成就科学,而树立不起人之主体性、自作主宰性"。③ 通过对西方人文思想的反思,唐君毅坚定了对中国文化中人文传统的自信。

唐君毅认为,人文主义并非西方哲学的主流,中国在当前的文化建设中所要汲取的并不是西方的人文思想,而是科学与民主等非人文与超人文的内容,以达到取长补短的目的。但是,西方人文主义发展中的问题,也是中国文化建设中需要关注的。"因为他们之问题所在的地方,即我们能贡献我们的智慧的地方,使我们能自觉我们之传统的人文思想之价值的地方。亦即我们能用我们之智慧,来开拓我们之传统的人文思想的地方。"④ 在他看来,现代社会的诸多问题都与西方人

---

① 唐君毅:《宗教精神与现代人类》,载氏著《人文精神之重建》,第28页。
② 唐君毅:《西方人文主义之历史的发展(上)》,载氏著《中国人文精神之发展》,第57页。
③ 唐君毅:《西方人文主义之历史的发展(下)》,载氏著《中国人文精神之发展》,第77页。
④ 唐君毅:《西方人文主义之历史的发展(上)》,载氏著《中国人文精神之发展》,第37页。

文主义的发展有关,解决现代社会的问题,需要从传统人文思想中寻求资源。

唐君毅认为,21世纪之中国,应当是"人的中国或人文的中国",是"以中国文化之中心观念之'人'为本的世纪;即人的世纪或人文的世纪"①。以"人"为中心的多维讨论,是唐君毅文化哲学研究的核心。

唐君毅对"返本开新"的多角度讨论,为我们审视中国传统文化资源提供了多元借鉴。唐君毅在天人合德的境界追求中,通过天与人的内在张力开显人文之境,其逻辑理路中包含着从天人合一展开天人二分,并在此分化的基础上强调其通而为一的合理性和必然性。这种理路表现出对以西方文化为代表的现代性的批判意识,但是他对"天人合一""天人合德"等文化精神的概括,对于其中的直观思维、类比思维批判性不够,对于逻辑思维重视不足。从中国的文化自身发展来审视,有论者认为,直觉与理智的结合,是传统思维向现代思维过渡的桥梁。② 从传统文化与现代化的关系来看,美国著名汉学家艾恺提出,强调"直觉"对于全体的认识能力是"反现代化"的,是文化哲学脉络中高扬本民族文化,而排斥科学与知识性思考的着力点之一。③ 如何把中国文化的自我发展与世界文明的进程更好地融合在一起,是唐君毅"返本开新"思想留给我们进一步思考的问题。

---

① 唐君毅:《海外中华儿女之发心》,载氏著《中华人文与当今世界(上)》,第69页。
② 韩强:《现代新儒学心性理论评述》,第299—308页。
③ [美]艾恺:《世界范围内的反现代化思潮——论文化守成主义》,贵州人民出版社1991年版,第26—27页。

结语　唐君毅文化哲学的生命力

唐君毅文化哲学中的诸多思考，颇能反映 20 世纪中国文化学、文化哲学研究的主旨和轨迹。在中国文化、中国哲学的现代转型中，"个体""权利""平等""自由"等许多观念虽然可以从哲学义理和形上学的角度进行探讨，但它们毕竟与纯粹的哲学范畴不同，而是与社会生活、社会变革联系在一起，带有丰富的经验内容。对这些观念进行梳理和总结，文化哲学具有研究视角和方法上的优势。唐君毅文化哲学的相关内容，可以为建构一个展示中国风格和中国气派、关注和指导中国社会文化实践和人的日常生活世界的、成熟的文化哲学体系提供理论思考。

第一节　以文化哲学确立人的整体性研究

从人的整体性、主体性角度来反思文化的根据和动力，是文化理论研究的重要内容，可以通过文化学、文化哲学来研究。简言之，文化学、文化哲学都可以概括为对人类文化现象的总体性反思，是关于文化的"元研究"，追寻文化现象背后的根据和规律，在文化生活世界的基础上探讨人的本质。唐君毅对于文化学、文化人类学的研究有过说明，认为文化人类学和文化学的研究，都是把人作为客观对象来研究的科学。他说："人在此各种关于人的科学中，只能被分析的了解。

或使人只成为抽象的概念人。即在所谓文化人类学中，及现代美国之欲综合人类学心理学与社会科学以建立人的科学之运动中，亦只是把人作为客观对象之一'类'来研究为止。此所成之知识，仍只是一大堆关于人的概念之集合，而联成理论系统者而已。"① 文化人类学、文化学不能超越科学的局限。

要真正确立对于人的主体性和整体性的研究，需要文化哲学的讨论来支撑，从研究方式、研究思路上进行调整。唐君毅说："承认人之理念内容有多于科学的理智概念之内容的地方，即必须建立人的理念之自身，于人之科学理论之上；然后人能为科学之主体，而不至任各种关于人的科学概念，分裂了人，笼罩了人。"② 以人的整体性和主体性为根本问题，从哲学反思和文化批判相结合的角度来进行文化研究，以避免文化学研究的概念化弊端，是唐君毅文化哲学的基本思路。通过文化哲学的研究来避免对人的碎片化理解，关注生活世界的整体性以及哲学研究的现实取向，我们可以进一步思考唐君毅文化哲学的生命力，进而明晰唐君毅以文化哲学规整中国哲学的思路。

唐君毅重视从中国哲学自身的范畴系统中分析文化本身、文化根源、文化动力，在继承传统心学的基础上，重新论述"气""理""心"的基本含义以及三者贯通为一。具体内容包括：以"气"论"文化"，即以"气"作为"人文化成"的直接根据，进而说明"理"决定"气"，"心"主宰"理"。他从心与理相依存、相契合的角度立论，具体说明心之一本与分殊，申论"心"这一文化活动的根本动力的主体性和创造性。最终，唐君毅以"心通九境"的哲学体系，彰显"心"作为文化本体的主体性和创造性，通过心灵活动来说明主体与客体的交互性、并在性，人类的认知活动、价值活动、实践活动都在心与境的相依相通中完成。这种架构，在形式上与卡西尔以"符号"为

---

① 唐君毅：《西方人文主义之历史的发展（下）》，载氏著《中国人文精神之发展》，第61页。
② 唐君毅：《西方人文主义之历史的发展（下）》，载氏著《中国人文精神之发展》，第61页。

中心所建构的文化哲学模式极其相似,但是"符号"在卡西尔的文化哲学系统中只象征一种内在的精神动力,因而只具有功能性的统一意义;而"道德理性"和"生命心灵"在唐君毅思想中具有鲜明的主体和动力意义,与以符号为基础的西方文化哲学存在着巨大的差异,彰显出基于中国传统心学来构建文化哲学的特点。

唐君毅强调文化的历史意义,并主张在保守文化价值的基础上,真正确认中国传统文化的不足和缺陷,更新文化传统中不合理的内容,在中西文化的沟通和交流中实现中西文化的共同发展。重建人文精神,也是唐君毅文化哲学的重要内容,强调在古今文化、中西思想的融汇中来理解人自身。以人文论来指称文化哲学,并由此把"文化哲学"作为哲学的内容之一,是唐君毅对文化哲学的基本理解。同时,他还认为:"中国当前之文化思想之问题,乃在如何自作主宰的把西方传来之科学知识、国家观念、自由民主之观念,融摄于中国之人文思想中,以消除、融解由中西文化之冲击而生的中国人思想上精神上所感之矛盾与冲突。"① 这既是唐君毅通过自己的个体生命体验提出的问题,也体现了对当时社会文化问题的把握。

在唐君毅看来,中国传统人文精神的传承和发展,是接受西方科学、民主观念的基础。他说:"对中国当前之文化思想之树立,一方是要承继传统之人文精神,一方是要开拓此人文精神,以成就社会人文之分途发展。由此即可自觉的建立科学为一独立之人文领域。由社会人文之分途发展而有各种社会人文组织,即可为民主自由之实现的条件,同时为富强的国家之社会基础。如此而见吾人之接受西方观念,正所以完成中国人文精神之发展。"② 人文思想成为唐君毅文化哲学中一个非常重要的内容,学者们对此研究颇多。对唐君毅人文思想的研究,从 20 世纪 80 年代末新儒学研究兴起之时即开始,并成为学术界

---

① 唐君毅:《人文精神之重建》,自序,第 10—11 页。
② 唐君毅:《人文精神之重建》,自序,第 11 页。

进行唐君毅思想研究的重点，一直持续到今天。① 在描述人文理想时，唐君毅亦以"人文的经济社会"为理想，根源于儒家尊重人文的一贯理论，从人之心性、人格之完成来论文化。

在说明文化活动之根本原则的基础上，价值的甄别、判定与选择问题，也是唐君毅文化哲学的重要内容。他强调价值论的人文取向，以"善""和谐"来界定价值，也是唐君毅文化哲学中的一个基础性预设。唐君毅认为，以"和谐界定善或价值"的意义，主要在于四个方面：第一，"如谓和谐之所在，即价值或善之所在，则不能只注目于具生命心灵之存在之主观的欲望快乐或兴趣，或其生命心灵之继续扩大中表现和谐；而当以一切存在事物之性质间，活动间，凡有和谐之表现，即皆有一价值之实现或善之实现"；第二，"价值或善表现于和谐之理论，非价值附从于存在事物之实体，或为一存在事物之单纯之性质之理论。亦非以价值只附从于一超越之实体，或化价值为一孤立自存之性质之理论；而为视价值乃存于'事物之由相关系而构成之整个关系场或一全体'中之理论"；第三，"依价值存于和谐关系中之理论，而价值又为可感受可经验者，则此所感受所经验之价值，即不只在客观，亦不只在主观。于是一般之价值论上，主观主义及客观主义之争，乃不必需者"；第四，"所谓本身价值与工具价值之分，亦只为相对。重在由具体情境以言价值之西哲，如杜威，即由此而根本反对

---

① 李宗桂指出，唐君毅"花果飘零"与"灵根自植"的文化心态，对道德精神和独立人格的反复申论都与其重视价值判断的"人学"密切相关。这种重价值判断的人学，有着确立"知性主体"，使人心向价值原则依归，超脱个人得失，维系群体关系的作用。以人文思想为核心，从文化精神的角度切入，唐君毅把中国文化的精神价值概括为统绪意识、内在超越、实践理性、融摄精神、天人合德五个方面，坚持以中国文化为本原的文化重构观，反映了中国知识分子传统的忧患意识和文化参与意识，反映了唐君毅对民族文化的执着之情和爱国之心，具有鲜明的时代色彩和个性特征，启迪我们立足现实，培养自信自尊之心，以开放的心灵去迎接西方文化的挑战，吸纳西方文化的长处，构建新的文化体系。（参见李宗桂《海外现代新儒家唐君毅文化思想简论》，《社会科学辑刊》1988年第5期；《评唐君毅的文化精神价值论和文化重构观》，《哲学研究》1989年第3期。）

此种价值分别之论者"。①

从价值哲学的角度来看，有论者指出，如何避免以"需要"的天然合理性来界定"价值"的本能论，成为学界分析近四十年来中国学术界对于哲学上"价值"研究的偏向。② 唐君毅从"善"与"和谐"的角度界定价值，成为我们反思上述问题的一种思路。在这种思路中，价值聚焦于"正价值"的讨论，而避免了"负价值"的纠缠，突出了人的道德理性的主导作用和普遍意义，彰显出"实践以善为目标"这一导向的合理性和普遍性。这种思考，也为人心人性不同的价值趋向在文化各部分之间建立了一种开放的联系和沟通机制，从而推进中国传统文化与现代生活相契合，推进在现实层面展开文化批判工作，是解决文化现实问题的探索性尝试。它所关涉的根本问题在于把不同的经验放置在不同的学科来处理是否具有正当性；以及这种处理如何保证文化活动的整体观照，并实现人的全面发展。以此为基础，唐君毅力图说明中国传统的为人之学与现代学术思想中的学科分类之间，既相区别，又可融通，代表了推动传统儒学走向现代学术的努力。整体而言，唐君毅对于"价值"的多重讨论，有助于我们辨别各种价值研究的优势与缺失，并从传统儒学现代化的视野下推进中国价值哲学的研究。

总体而言，唐君毅文化哲学架构宏大，思辨精巧，包含着对文化生活方方面面的关注，却因强调道德理性的根源义和本体义，与现实生活距离较大；他在梳理中国传统文化、拓展儒学价值领域的同时，对文化的民族性、现代文化精神有充分自觉，是中国文化现代化理论和实践的重要组成部分，也是中国文化哲学发展的重要环节。尽管从理论形态和现实层面讲，唐君毅的文化哲学有所不足，却在文化哲学之方法自觉上，表现出开拓之功，具有重要的学术价值。唐君毅文化

---

① 唐君毅：《哲学概论（下册）》，第411—415页。
② 王玉樑：《论价值哲学研究中的偏向》，《马克思主义研究》2015年第4期。

哲学为中国哲学、中国文化的研究范式的转型提供了一种有益的尝试。这种思考与他的问题意识和方法自觉密切相关。尽管目前研究较为薄弱，但是随着中国哲学现代化探寻的深入，对唐君毅文化哲学的关注会进一步提高。

第二节　以文化哲学彰显中国哲学的特殊性

中国哲学的构建，自始即是以西方哲学范畴来解释中国传统思想的尝试，在解释方法、义理架构、援引资源等方面聚讼颇多。近代以来，西方哲学以其强势影响限制了中国哲学史的研究，进而影响了中国哲学自身的繁荣。如何拓展哲学视野，从中国文化传统、中国人的文化经验中获取资源，是中国哲学发展不能回避的问题，文化哲学的方法自觉则内在于其中。同时，文化哲学研究本身，是现代哲学研究的重要范式，甚至可以说"文化哲学的理论自觉与现代性文化的自觉是同一个过程，正是由于文化危机的出现，才使文化哲学范式的诞生得以可能；反过来，文化哲学必然以解决现时代的文化困境为最终的理论主旨；而在对现代性的文化解释中，文化哲学得以彰显其合法性和优先性"[1]。以文化哲学来彰显中国传统哲学的特殊性，并以文化哲学来推进中国现代哲学的发展，是唐君毅哲学建构的一条线索。

在西方思想中，文化哲学是启蒙哲学之后以构建世俗世界为起点的哲学形态。文化哲学兴起后，打破了传统哲学将哲学视为文化组成部分的认识局限，从功能、关系、主体性等角度来加强对哲学本体的研究，重构了文化、历史与哲学的关系。整体而言，文化哲学中的核心问题与研究思路，与中国传统哲学中关注人心人性、人伦人文的特点更加契合。以文化哲学的思路来规整中国哲学研究，具有更强的合

---

[1] 付洪泉：《意识哲学还是文化哲学——现代性研究的范式问题》，《哲学动态》2007年第9期。

理性。朱人求指出,"礼崩乐坏"的历史文化危机和社会价值断裂,是儒家文化哲学产生的社会历史前提;"轴心期"中国"哲学的突破"是儒家文化哲学产生的哲学认识前提;以"文"为核心,包含象、仁、义、礼、道、质、心、性情等范畴,构成儒家文化哲学的范畴体系,"天人合一"和"中庸"则是儒家文化哲学的方法自觉。[①] 唐君毅的文化哲学建构立足于20世纪中国文化和社会的发展,延续着儒家文化哲学的思路和方法,并灌注强烈的历史意识、时代特点和民族自觉,从核心范畴、研究内容到主要方法,都与传统儒家文化哲学保持了比较高的一致性。其中,仁、礼、心、性、理、气等都是唐君毅重点讨论和转化的核心范畴。

唐君毅对中国哲学的理解,建立在这样一个预设的基础上:"吾信中国思想之所重,在言人性人事人文,而人性人事人文之本,毕竟在于人心"[②],而"中国哲学之以吾人当下之活动为根,亦自中国古代原始之政治社会文化中,生长而出"[③]。以此为基础,唐君毅进一步指出:"哲之一字,先用于圣王之负社会政治责任者,而有哲王之名。此中国哲学智慧,乃中国古人在一沉重之'对群体生命存在'之'责任之负担'之下,寅畏戒慎之情之中,次第生起,而缓步前进。"[④] 他在梳理中国哲学史时,发现中国哲学的发生和发展轨迹:"中国哲学思想,则毋宁是自历史文化之省察,以引出人生哲学,而由人生哲学以引出宇宙观形而上学及知识观。则论中国之哲学思想,正无先由知识论宇宙观下手之必要,而尽可直从中国先哲之人文观人生观下手。"[⑤] 唐君毅从中国哲学一贯重视人生、人文的传统着眼,指出中国哲学自始即是文化哲学,用文化哲学的思路和方法研究中国哲学,符合中国哲学自

[①] 朱人求:《儒家文化哲学研究》,安徽人民出版社2008年版,第1—18页。
[②] 唐君毅:《中国哲学原论·导论篇》,第92页。
[③] 唐君毅:《中国哲学原论·原道篇》卷一,自序,第9页。
[④] 唐君毅:《中国哲学原论·原道篇》卷一,自序,第10页。
[⑤] 唐君毅:《中国哲学原论·导论篇》,第93页。

身的特殊性。

中国的文化哲学,就其发展阶段而言,可以分为非自觉形态的文化哲学与自觉形态的文化哲学。中国传统儒学,是一套完整的价值形态、生活方式、文化理想,在文化史上表现出非常强的包容性和向善性,以道德为动力,追求人类社会的整体和谐,一直以非自觉的文化哲学形态存在,虽然以人心人性、人伦人文为研究对象,关注心性活动的动力意义和主体意义,却缺乏相应的方法自觉和体系构建。唐君毅从人文论和文化哲学的思路入手,彰显中国哲学的特殊性。

从对核心概念的梳理上看,唐君毅认为,儒学"仁"这一核心范畴的提出,就是孔子对于以往历史文化的综合提炼,即孔子"统六艺之文化于人心之仁","以后中国儒家论文化之一贯精神,即以一切文化皆本于人之心性,统于人之人格,亦为人之人格之完成而有"①。孔子的"仁"论中包含着对以往历史文化的尊重、敬意和担当,强调仁心仁性的主宰意义。唐君毅强调儒学对于中国人伦生活的根本影响,提出"伦常文教,是中国民族之灵魂"② 的判断。

从文化的讨论方式上看,唐君毅强调,中西哲学中,讨论文化的思路存在着根本差异。"西方哲人之论文化,与中国哲人之论文化之方式有一大不同。中国哲人之论文化,开始即是评判价值上之是非善恶,并恒是先提出德性之本原,以统摄文化之大用。所谓明体以达用,立本以持末是也。而西方哲人之论文化,则是先肯定社会文化为一客观存在之对象,而反溯其所以形成之根据。"③ 反对以文化为客观对象,是现代新儒学非常重要的共识。在《中国文化与世界宣言》中,以唐君毅为代表的几位现代新儒家学者指出,"中国与世界人士研究中国学

---

① 唐君毅:《文化意识与道德理性》,自序(二),第7页。
② 唐君毅:《百年来中国民族之政治意识发展之理则》,载氏著《中国人文精神之发展》,第160页。
③ 唐君毅:《文化意识与道德理性》,自序(二),第9页。

结语 唐君毅文化哲学的生命力

术文化者,须肯定承认中国文化之活的生命之存在"①,看到历史文化活动背后的人类生命活动。从中国文化的根源处的情感内容中,引申出传承者和研究者对于中国文化的情感态度,是唐君毅在中国文化、中国哲学研究中非常重视的内容,也是他力主西方文化需要返本开新的内容之一。

唐君毅以"道德理性"为文化哲学的中心观念,并以此关联"心之本体"和"心灵",一方面阐释中国传统哲学的智慧和精髓,另一方面展示人类各种文化活动的德性基础,从哲学批判和文化建构两个角度来发扬中国哲学的义理,确定并彰显中国哲学的独特传统,以谋求中国哲学的未来发展。同时,唐君毅还用"道德理性"和"心通九境"沟通康德的道德哲学和黑格尔的客观精神,形成了唐君毅以文化哲学探求中国哲学未来发展的理路。其基本内容在于:以文化哲学沟通中国传统哲学和现代哲学,在文化哲学的比较中凸显中西哲学之不同,并寻求中西哲学沟通与互构的途径。唐君毅以文化哲学规划中国哲学的努力,也是他所指出的"中国哲学研究之一新方向"——"由比较之观点,以训诂与义理交相明,而视中国哲学传统之为一独立之哲学传统,而加以了解研究之方向"②的一种探索。

儒学的价值形态在个体自由、权利方面的薄弱与缺失,成为新文化运动以磅礴之势发展开来的内在生长点。但是,在个体自由与权利确立之后,如何强化群体意识、合作精神、规范意识,以限制资本、市场所刺激的占有型个体主义,以及精致利己、价值虚无等问题,成为一个全世界都需要面对的问题。中国文化和西方文化在这一共同的时代课题面前,需要共同发挥作用。中国自觉形态的文化哲学建构,需要由此基本问题而展开;中国哲学、中国文化的未来发展,也需要以此为目标来建构。中国传统儒学作为一种非自觉的"文化哲学",常

---

① 唐君毅等:《中国文化与世界》,载《唐君毅全集》第四卷,第10页。
② 唐君毅:《中国哲学研究之一新方向》,载《中华人文与当今世界(上)》,第394页。

常沦为现实社会政治的注脚,而没有走向真正的整体性的人生、人文、文化反省和自我超越。经过自觉文化哲学的系统总结,中国哲学的义理特点将更加清晰,聚焦于道德建设、道德理性与文化活动的关联,可以在整合个体与共同体等现代文化问题上,发挥更加积极的作用。

有论者指出,文化哲学虽然在一定意义上可以表现为某些典型的文化现象和特殊的哲学研究领域,但是它的主要价值体现在两个方面:一是哲学理解范式,二是历史解释模式。作为哲学理解范式的文化哲学,主要关注人类的生活实践和人的生命价值;作为历史诠释模式的文化哲学,充分肯定历史的多样化内涵,肯定历史发展的多种途径,把探究的视野扩展到文化、价值、生活等诸多领域,通过比较文化学的研究展示人类文化的多元性。[1] 唐君毅的文化哲学,正是在哲学理解范式的层面上,使得儒学基于道德理性而展开的人文社会,获得了文化理论层面上的彰显。同时,在历史解释模式的层面,唐君毅的文化哲学揭示了中国哲学自古就是以"文化哲学"形态出现,使儒学基于道德理性而有人文精神,获得了文化理论层面上的彰显。

唐君毅在文化哲学的整体性视野、反思现代化的主题和构建理想人文主义的思维模式中,关注现代社会科技与人文的平衡、人类与自然的和谐。唐君毅文化哲学思想作为中国哲学中颇具代表性的思路,以传统文化与现代文化相结合立论,并指向未来的理想文化,具有非常深刻的文化意识与世界眼光。就整个现代新儒学思潮而言,自觉地阐扬中国文化基本精神,论证儒学之"常道"所具有的永恒意义是其根本旨归。这也从一个侧面观照了中国文化现代化的问题,并彰显了唐君毅关注人文世界之开显的文化哲学思想所具有的困境及其可能的发展空间。在现代与后现代的视域交叉中,唐君毅通过对现代

---

[1] 衣俊卿:《论文化哲学的理论定位》,《求是学刊》2006年第4期。

化弊端的批评来确立儒学的人文精神，内在地决定了对儒学"前现代性"的内容批判不够，对中国传统文化现代化的理论、实践的困难认识不足。

吸收和借鉴唐君毅文化哲学方法，在新的时代条件下发掘唐君毅文化哲学的理论成果，对中国文化哲学研究和发展具有重要意义。唐君毅文化哲学思想，作为一种理论形态，为我们考察文化整体、文化根源、文化实质以及道德自我如何实现人文世界等问题提供了理论资源，同时也总结了文化发展的各种具体经验，并提出继续发展的可能路径；作为一种诠释方法，深化了我们对儒学特质和中国文化精神的理解，启迪我们以开放的心态和积极的态度来建设中国新文化。中国的文化哲学正在向自觉的、成熟的理论形态跃进，唐君毅的文化哲学思想是这一进程中的组成部分。

参考文献

一 中文著作

陈序经：《中国文化的出路》，中国人民大学出版社2004年版。

陈来：《仁学本体论》，生活·读书·新知三联书店2014年版。

范忠信：《中西法文化的暗合与差异》，中国政法大学出版社2001年版。

费孝通：《乡土中国》，北京出版社2005年版。

冯友兰：《中国哲学史（上）》，华东师范大学出版社2000年版。

冯友兰：《新理学》，生活·读书·新知三联书店2007年版。

冯友兰：《新事论》，生活·读书·新知三联书店2007年版。

冯友兰：《中国哲学史新编（上）》，人民出版社2007年版。

冯友兰：《中国哲学史新编（下）》，人民出版社2007年版。

冯友兰：《中国现代哲学史》，生活·读书·新知三联书店2009年版。

傅伟勋：《批判的继承与创造的发展》，（台北）东大图书公司1986年版。

葛荣晋：《中国哲学范畴通论》，首都师范大学出版社2001年版。

韩强：《现代新儒学心性理论评述》，辽宁大学出版社1992年版。

贺麟：《五十年来的中国哲学》，上海人民出版社2012年版。

贺麟：《文化与人生》，商务印书馆2015年版。

何萍：《马克思主义哲学与文化哲学》，武汉大学出版社2002年版。

洪晓楠：《当代中国文化哲学研究》，大连出版社2001年版。

黄文山：《文化学及其在科学体系中的位置》，（台北）台湾商务印书馆1982年版。

景海峰：《新儒学与二十世纪中国思想》，中州古籍出版社2005年版。

李杜：《唐君毅先生的哲学》，（台北）台湾学生书局1982年版。

李维武：《20世纪中国哲学本体论问题》，湖南教育出版社1991年版。

李宗桂：《中国文化导论》，中山大学出版社2021年版。

林毓生：《中国传统的创造性转化》，生活·读书·新知三联书店2011年版。

刘述先：《文化哲学的试探》，（台北）台湾学生书局1985年版。

罗荣渠：《现代化新论——世界与中国的现代化进程》，商务印书馆2004年版。

牟宗三：《名家与荀子》，（台北）台湾学生书局1985年版。

牟宗三：《心体与性体（一）》，（台北）正中书局2006年版。

彭国翔：《儒家传统：宗教与人文主义之间》，北京大学出版社2007年版。

皮锡瑞：《经学通论》，吴仰湘点校，中华书局2018年版。

任剑涛：《伦理政治研究——从早期儒学视角的理论透视》，吉林出版集团有限责任公司2007年版。

单波：《心通九境：唐君毅哲学的精神空间》，人民出版社2001年版。

邵汉明：《中国文化研究30年》中卷，人民出版社2009年版。

沈清松、李杜、蔡仁厚：《冯友兰·方东美·唐君毅·牟宗三》，（台北）台湾商务印书馆1999年版。

萧萐父、许苏民：《明清启蒙学术流变》，人民出版社2013年版。

熊十力：《读经示要》，中国人民大学出版社2009年版。

熊十力:《体用论》,上海书店出版社 2009 年版。

熊十力:《十力语要》,岳麓书社 2011 年版。

熊十力:《新唯识论》,上海古籍出版社 2019 年版。

熊月之:《中国近代民主思想史》,上海人民出版社 1986 年版。

徐复观:《中国人性论史·先秦篇》,(台北)台湾商务印书馆 1969 年版。

颜炳罡:《当代新儒学引论》,北京图书馆出版社 1998 年版。

杨国荣:《科学的形上之维——中国近代科学主义的形成与衍化》,上海人民出版社 1999 年版。

杨泽波:《孟子性善论研究(再修订版)》,上海人民出版社 2016 年版。

衣俊卿:《文化哲学——理论理性和实践理性交汇处的文化批判》,云南人民出版社 2005 年版。

殷海光:《中国文化的展望》,上海三联书店 2002 年版。

叶海烟:《道德、理性与人文向度》,(台北)文津出版社 1996 年版。

张岱年:《中国古典哲学概念范畴要论》,载《张岱年全集》卷四,中华书局 2017 年版。

张君劢、丁文江等:《科学与人生观》,岳麓书社 2011 年版。

张祥浩:《唐君毅思想研究》,天津人民出版社 1994 年版。

赵卫东:《分判与融通——当代新儒家德性与知识关系研究》,齐鲁书社 2006 年版。

郑志明:《儒学的现世性与宗教性》,南华管理学院 1998 年版。

朱谦之:《文化哲学》,商务印书馆 1990 年版。

朱人求:《儒家文化哲学研究》,安徽人民出版社 2008 年版。

二 中文文集析出文献

成中英:《超融朱王——唐君毅论知与良知以及对〈大学〉的诠释》,载郑宗义编《香港中文大学的当代儒者:钱穆、唐君毅、牟宗三、徐复观》，（香港）香港中文大学新亚书院 2006 年版。

杜维明：《现代精神与儒家传统》，载杜维明、郑文龙编《杜维明文集》第二卷，武汉出版社 2002 年版。

贺麟：《唐君毅先生早期哲学思想》，载贺麟《哲学与哲学史论文集》，商务印书馆 1990 年版。

何晓明：《文化重构、社会整合与现代化主题增容——19 世纪至 20 世纪中叶中国知识分子对现代化道路的探索》，载冯天瑜主编《人文论丛（2000 年卷）：现代化进程研究专辑》，武汉大学出版社 2000 年版。

金春峰：《董仲舒思想的特点及其历史地位》，载金春峰《师道师说：金春峰卷》，东方出版社 2016 年版。

景海峰：《宗教化的新儒学——略论唐君毅重建中国人文精神的取向》，载方克立、李锦全主编《现代新儒学研究论集（二）》，中国社会科学出版社 1991 年版。

梁启超：《学与术》，载梁启超《饮冰室合集》第三册，中华书局 2015 年版。

刘述先：《港、台新儒家与经典诠释》，载刘述先《现代新儒学之省察论集》，（台北）"中研院"中国文哲研究所 2004 年版。

牟宗三：《文化意识宇宙的巨人——哀悼唐君毅先生》，载《唐君毅全集》卷三十，（台北）台湾学生书局 1991 年版。

徐复观：《我们在现代化中缺少了点什么——职业道德》，载李维武编《徐复观文集（修订本）》第一卷，湖北人民出版社 2009 年版。

徐复观：《向孔子的思想性格回归》，载李维武编《徐复观文集（修订本)》第二卷，湖北人民出版社 2009 年版。

徐复观：《象山学述》，载李维武《徐复观文集（修订本）》第二卷，湖北人民出版社 2009 年版。

许章润：《国家建构的精神索引———今天中国为何需要省思"国家理性"》，载许章润、翟志勇主编《国家理性》，法律出版社2010年版。

杨儒宾：《儒家身体观的原型——以孟子的践形观及荀子的礼义身体观为核心》，载李明辉主编《孟子思想的哲学探索》，（台北）"中研院"中国文哲研究所1995年版。

余英时：《综述中国思想史上的四次突破》，载余英时《国学与人文》，广西师范大学出版社2014年版。

袁保新：《对当代几个重要的儒家道德学诠释系统的分析和检讨》，载袁保新《从海德格、老子、孟子到当代新儒学》，（台北）台湾学生书局2008年版。

三　中文报刊论文

陈立胜：《恻隐之心："同感"、"同情"与"在世基调"》，《哲学研究》2011年第12期。

陈立胜：《良知之为"造化的精灵"：王阳明思想中的气的面向》，《社会科学》2018年第8期。

陈卫平：《中国近代哲学的转型：变革与继承的统一》，《安徽师范大学学报》2012年第5期。

陈卫平：《如何用马克思主义重建儒家人性论——评俞吾金〈中国传统人性理论的祛魅与重建〉》，《哲学分析》2018年第1期。

东方朔：《荀子的"所止"概念——兼论儒家"价值优先"立场之证成》，《河南社会科学》2011年第1期。

丁立群：《文化哲学何以存在》，《求是学刊》1999年第3期。

丁四新：《论〈尚书·洪范〉的政治哲学意义及在汉宋的诠释》，《广西大学学报》2015年第2期。

丁四新：《再论〈尚书·洪范〉的政治哲学——以五行畴和皇极畴为中心》，《中山大学学报》2017年第2期。

丁为祥：《从体用一源到本体与现象不二——儒学传统的现代跨越与张大》，《学术界》1999年第3期。

杜保瑞：《论唐君毅对朱陆工夫论异同之疏解及其误识》，《周易研究》2014年第3期。

方克立：《要重视对现代新儒家的研究》，《天津社会科学》1986年第5期。

付洪泉：《意识哲学还是文化哲学——现代性研究的范式问题》，《哲学动态》2007年第9期。

高瑞泉：《现代性批评在中国的兴起与走向——近30年中国知识分子思想倾向的转变》，《杭州师范学院学报》2006年第4期。

贡华南：《理、天理与理会：论"理"在中国古代思想世界的演进》，《复旦学报》2014年第6期。

贡华南：《良知、自然与科学之争：20世纪中国哲学的精神趋向》，《学术月刊》2021年第4期。

宫志翀：《战国两汉"人为天生"学说的政治哲学意蕴》，《哲学研究》2021年第1期。

顾红亮：《"理性"与现代性的价值依托》，《人文杂志》2006年第6期。

郭齐勇：《论唐君毅的文化哲学》，《求是学刊》1993年第4期。

何俊：《由礼转理抑或以礼合理：唐宋思想转型的一个视角》，《北京大学学报》2007年第6期。

何仁富：《儒家与中国"人文中心"的文化精神——唐君毅论中国人文精神（上）》，《北京青年政治学院学报》2006年第3期。

何仁富：《中国文化精神的客观价值及其缺失——唐君毅论中国人文精

神（中）》，《北京青年政治学院学报》2006年第4期。

何仁富：《中西人文精神的会通及中国文化精神的重建——唐君毅论中国人文精神（下）》，《北京青年政治学院学报》2007年第1期。

何萍：《文化哲学的哲学史论题》，《光明日报》2011年2月15日第11版。

胡大平：《马克思对现代性想象的超越及其思想史效应》，《哲学研究》2013年第10期。

黄有东：《"人文化成"："文化"的中国古典意义》，《现代哲学》2017年第3期。

惠吉兴：《解蔽与成圣：荀子认识论新探》，《河北学刊》2004年第5期。

蒋国保：《儒家君子人格的当代意义——以孔孟为论域》，《道德与文明》2016年第6期。

姜海波：《理性的区分与传统形而上学的没落》，《杭州师范大学学报》2019年第2期。

景海峰：《儒家思想现代诠释的哲学化路径及其意义》，《中国社会科学》2005年第6期。

乐爱国：《朱熹的"理"："生生之理"还是"只存有而不活动"》，《厦门大学学报》2016年第1期。

李存山：《"气"概念几个层面意义的分殊》，《哲学研究》2006年第9期。

李景林：《儒学关联于民众生活的现实载体》，《河北学刊》2004年第6期。

李维武：《心通九境：唐君毅与道家思想》，《中华文化月刊》1997年第4期。

李维武：《心理之间：本体的主体性与本体的理想性——以熊十力、冯友兰、贺麟为中心》，《社会科学战线》2018年第2期。

李翔海：《论儒学现代转型的两条基本路向》，《齐鲁学刊》2007 年第 6 期。

李禹阶：《华夏民族与国家认同意识的演变》，《历史研究》2011 年第 3 期。

李宗桂：《海外现代新儒家唐君毅文化思想简论》，《社会科学辑刊》1988 年第 5 期。

李宗桂：《评唐君毅的文化精神价值论和文化重构观》，《哲学研究》1989 年第 3 期。

李宗桂：《中国文化的发展路向和民族精神的自我挺立——从三个"文化宣言"看中国现代化的文化努力》，《社会科学战线》2008 年第 10 期。

梁燕城：《西方后现代主义与中国儒家哲学》，《社会科学战线》1994 年第 2 期。

林安梧：《从"牟宗三"到"熊十力"再到"王船山"的哲学可能——后新儒学的思考向度》，《鹅湖》2002 年第 1 期。

刘志琴：《礼——中国文化传统模式探析》，《天津社会科学》1987 年第 6 期。

刘乐恒：《唐君毅易学思想中的"感通"问题》，《周易研究》2014 年第 3 期。

孙向晨：《论中国文化传统中"家的哲学"现代重生的可能性》，《复旦学报》2014 年第 1 期。

孙向晨：《民族国家、文明国家与天下意识》，《探索与争鸣》2014 年第 9 期。

孙向晨：《双重本体：形塑现代中国价值形态的基础》，《学术月刊》2015 年第 6 期。

王健：《法家事功思想初探——以〈商君书〉、〈韩非子〉为中心》，

《史学月刊》2001 年第 6 期。

王英：《良知不是纯形式——以王阳明为中心》，《理论界》2009 年第 12 期。

王玉樑：《论价值哲学研究中的偏向》，《马克思主义研究》2015 年第 4 期。

王正：《重思荀子之"大清明"》，《现代哲学》2019 年第 5 期。

肖滨：《两种公民身份和国家认同的双元结构》，《武汉大学学报》2010 年第 1 期。

仰海峰：《现代性的架构：世界性与民族性的双重审视》，《哲学动态》2014 年第 4 期。

杨儒宾：《两种气学　两种儒学——中国古代气化身体观研究》，《中州学刊》2011 年第 5 期。

杨泽波：《跨越气论的"卡夫丁峡谷"——儒家生生伦理学关于自然之天（气）与仁性关系的思考》，《学术月刊》2017 年第 12 期。

衣俊卿：《论文化哲学的理论定位》，《求是学刊》2006 年第 4 期。

袁年兴：《元身份的政治寓意与共同体建设——近代中国共同的解构与重构的过程逻辑》，《文史哲》2019 年第 4 期。

曾昭式：《论荀子的心学论证——以〈正名〉为例》，《现代哲学》2019 年第 5 期。

张世英：《中国传统哲学与西方后现代主义哲学》，《社会科学战线》1994 年第 2 期。

张学智：《中国哲学中身心关系的几种形态》，《北京大学学报》2005 年第 3 期。

赵敦华：《作为文化学的哲学》，《哲学研究》1995 年第 5 期。

郑家栋：《唐君毅〈生命存在与心灵境界〉述评》，《浙江学刊》1990 年第 2 期。

周辅成:《唐君毅的新理想主义哲学(上)——论〈生命存在与心灵境界〉》,《齐齐哈尔大学学报》1991年第2期。

周辅成:《唐君毅的新理想主义哲学(下)——论〈生命存在与心灵境界〉》,《齐齐哈尔大学学报》1991年第3期。

周辅成:《向唐君毅先生致敬——健全"人极"哲学,实现"致中和"社会》,《邯郸学院学报》2007年第2期。

四 中文译著

[德] 阿克塞尔·霍耐特:《为承认而斗争》,胡继华译,上海人民出版社2005年版。

[法] 埃米尔·涂尔干:《社会分工论》,渠东译,生活·读书·新知三联书店2017年版。

[美] 丹尼尔·贝尔:《资本主义文化矛盾》,严蓓雯译,人民出版社2010年版。

[德] E.卡西勒:《启蒙哲学》,顾伟铭等译,山东人民出版社1988年版。

[德] 恩斯特·卡西尔:《人论》,甘阳译,上海译文出版社2004年版。

[日] 沟口雄三:《中国的公与私·公私》,郑静译,孙歌校,生活·读书·新知三联书店2011年版。

[日] 沟口雄三:《中国前现代思想的曲折与展开》,龚颖译,生活·读书·新知三联书店2011年版。

[德] H.李尔凯特:《文化科学和自然科学》,涂纪亮译,商务印书馆2007年版。

[德] 哈贝马斯:《交往行动理论·第二卷》,洪佩郁、蔺青译,重庆出版社1994年版。

[德] 黑格尔:《法哲学原理》,范扬、张企泰译,商务印书馆1961年版。

［德］康德：《历史理性批判文集》，何兆武译，商务印书馆2017年版。

［美］莱斯利·A. 怀特：《文化科学——人和文明的研究》，曹锦清等译，浙江人民出版社1988年版。

［德］文德尔班：《哲学史教程》下卷，罗达仁译，商务印书馆1993年版。

［意］文森佐·费罗内：《启蒙辨证法》，马涛、曾允译，商务印书馆2018年版。

［美］爱德华·希尔斯：《论传统》，傅铿、吕乐译，上海人民出版社1991年版。

后　　记

本书是在我的博士学位论文《人文世界之开显——唐君毅文化哲学研究》的基础上完成的。我于2007年9月进入中山大学哲学系攻读博士学位，2010年完成学位论文且获得学位，进入华南理工大学工作。工作以后，如何深化唐君毅的文化哲学研究，成为我一直关注的问题。经过近十年的思考和拓展，我于2019年以《唐君毅文化哲学研究》为题目，申报并获得了教育部哲学社会科学后期项目的资助，于2023年3月通过结项评审。

文化哲学作为一种在哲学层面深刻理解人的生存方式和社会运行模式的探索，是在文化现象的独特性日益凸显的基础上，深刻检讨近代以来理性主义哲学的全面性和根本性。西方文化哲学主要是从文化层面进行的哲学思考，关注生活实践、文化价值、文化符号等；中国文化哲学作为落脚于文化的哲学理论，强调日常生活、教化的意义。中西文化哲学既有区别，又可以沟通。

唐君毅是中国较早借鉴西方文化哲学方法和理论的当代学人，也是现代新儒学的重要代表人物之一。目前学界对他的哲学形上学、人文思想研究颇多。本书在现有研究成果的基础上，从文化哲学的角度彰显唐君毅哲学的独特性。第一是结合《中国哲学原论》

来分析唐君毅文化哲学中的"道德理性""生命心灵""文化意识"等核心范畴，说明唐君毅文化哲学的中国哲学根基，从一个侧面深化唐君毅文化哲学研究。第二是说明唐君毅以文化哲学的思路和方法规整中国哲学研究的努力方向。唐君毅把中国传统哲学概括为文化哲学形态，并提出现代中国自觉形态文化哲学的核心问题在于：面对西方强势文化，中国社会和文化如何走出传统，自作主宰地迈向现代。

20世纪80年代以来，中国的文化研究成就非常丰富，从不同的层面挖掘了中国传统文化的优秀成分，纠正了对中国传统文化简单否定的偏颇，文化自觉、文化自信更加强烈。同时，其缺失也比较明显，较多地停留于现象罗列和历史描述，缺少有深度的关于精神力量、价值源泉的讨论，没有自觉地把中国优秀传统文化与当代中国民族精神结合起来。唐君毅文化哲学中关于文化理想、人文精神的阐释可以成为当代中国文化哲学建设的一种借鉴，推动我们从理论层面继续探讨中国传统文化的优秀成分与时代精神相融合的路径。这种借鉴作用也需要与中国文化建设的具体经验相结合，提升中国文化建设的品质。

从学位论文选题到书稿的顺利完成，都离不开业师李宗桂教授的鼓励和指导。唐君毅的著作涉及内容非常广泛，所使用的概念和分析方法比较独特，对于初读者而言难度较大。从我最早阅读唐君毅所著《中国文化之精神价值》，到选题初定后学习《中国哲学原论》，再到后来研读《生命存在与心灵境界》，导师在读书顺序、知识积累、视野拓展和研究方法上都给予了充分指导，现在想来仍感亲切和充实。感谢李老师的指导和教诲。

感谢我国台湾"中央"大学李瑞全教授。在我攻读博士学位期间，我有幸获得李老师的邀请，于2009年3—6月赴我国台湾"中央"大学哲研所学习。在此期间，我不仅收集到了我国港台地区的相关研究资料，还在李老师的指导下学习了现代新儒学对康德哲学的解释和转化。这对于我了解唐君毅对康德哲学的借鉴大有裨益。

感谢中国社会科学出版社杨晓芳编审。在她的大力帮助下，我才能够克服困难，顺利完成本书的出版。

张　倩

2023 年 7 月 30 日